对外汉语教学语法丛书

◎总主编 齐沪扬

国家社科基金
重大项目成果

# 对外汉语教学语法
# 中级大纲

张旺熹 ◎主编
段　沫 ◎著

北京语言大学出版社
BEIJING LANGUAGE AND CULTURE
UNIVERSITY PRESS

© 2024 北京语言大学出版社，社图号 24114

**图书在版编目（CIP）数据**

对外汉语教学语法中级大纲 / 张旺熹主编；段沫著. -- 北京：北京语言大学出版社，2024.6. --（对外汉语教学语法丛书 / 齐沪扬总主编）. -- ISBN 978-7-5619-6600-6

I. H195.3

中国国家版本馆 CIP 数据核字第 2024T73U00 号

## 对外汉语教学语法中级大纲
### DUIWAI HANYU JIAOXUE YUFA ZHONGJI DAGANG

| 排版制作： | 北京光大印艺文化发展有限公司 |
| --- | --- |
| 责任印制： | 周　燚 |

出版发行：*北京语言大学*出版社

| 社　　址： | 北京市海淀区学院路 15 号，100083 |
| --- | --- |
| 网　　址： | www.blcup.com |
| 电子信箱： | service@blcup.com |
| 电　　话： | 编 辑 部　8610-82303647/3592/3395 |
|  | 国内发行　8610-82303650/3591/3648 |
|  | 海外发行　8610-82303365/3080/3668 |
|  | 北语书店　8610-82303653 |
|  | 网购咨询　8610-82303908 |
| 印　　刷： | 北京联兴盛业印刷股份有限公司 |
| 版　　次： | 2024 年 6 月第 1 版　　印　次：2024 年 6 月第 1 次印刷 |
| 开　　本： | 787 毫米 × 1092 毫米　1/16　印　张：21.25 |
| 字　　数： | 349 千字 |
| 定　　价： | 99.00 元 |

**PRINTED IN CHINA**

凡有印装质量问题，本社负责调换。售后QQ号1367565611，电话010-82303590

# 总　序

摆在读者面前的，是国家社科基金重大项目"对外汉语教学语法大纲研制和教学参考语法书系（多卷本）"（17ZDA307）的所有成果。这些成果包括大纲系列4册、书系系列26册、综述系列8册，以及选取研究过程中发表的一部分优秀学术论文集辑而成的论文集1册，共计39本著作，约700万字。这个项目的研制，历时5年有余，参加的研究人员多达50余人，来自国内和海外近30所高校。

2017年11月，全国哲学社会科学工作办公室正式公布"2017年度国家社科基金重大项目立项名单"。2018年4月14日，国家社科基金重大项目"对外汉语教学语法大纲研制和教学参考语法书系（多卷本）"的开题报告会举行。2019年8月，2017年度国家社科基金重大项目中期检查评估报告提交，2023年1月召开课题结项鉴定会。

根据专家组意见，特别是专家组组长赵金铭教授两次谈话的意见，按照全国哲学社会科学工作办公室立项通知书上的要求，本项研究牢固树立问题意识、创新意识和精品意识，立足学术前沿，体现有限目标，突出研究重点，注重研究方法，符合学术规范。项目的执行情况、所解决的问题和最终成果如下：

大纲、书系和综述是主要的研究成果。三类不同的成果面对的读者是不一样的：大纲是给教师教学与科研使用的，同时也顾及学习汉语、研究汉语的一些国际学生；书系主要是给在一线教学的对外汉语教师看的，以解决这些教师在教学过程中的实际问题为目的；综述是对大纲和书系的补充，主要面向对外汉语教师、汉语国际教育专业研究生和本科生，以及需要进一步了解、研究相关领域的群体，为这些人继续研究相关问题提供材料和方法。三种不同的读者群体决定了三类成果的不同写法。

## 1. 大纲研制

大纲研制的最终成果是两套大纲：分级大纲（初级大纲和中级大纲）和分类大纲（书面语大纲和口语大纲），共4册。语法大纲不局限于语法知识本身，而是以学习者语言能力的培养为目标。凡是能促进学习者语言能力的语法项目都应析出为大纲的项目。语法项目的编排依据的是语法形式，使用条件式来描述细目的功能。使用条件式有利于促进语法知识转化为语言能力。

分级大纲中语法项目的等级不宜简单理解为语言本身的难度区分，更应理解为习得过程性的内在要求。以促进学习者生成语言能力为目标，支持学习者语言能力生成的语法项目都应列目，项目编排以语法结构为基础，细目的描写以促进语言能力生成为重。大纲体现习得的过程性，总体上为螺旋形呈现。

目前对外汉语教学和科研依据的都是通用语体的语法大纲，至今尚没有分语体的大纲问世，这种状况显然与发展迅速的第二语言教学事业不相适应。书面语语法大纲和口语语法大纲的研制，填补了大纲研究的空白，在今后的教学指导、教材编撰、汉语水平测试等方面，都能发挥很大的作用。

## 2. 书系研发

我们在全国范围内分三批次遴选和推荐了撰稿人，这些撰稿人都有长期从事对外汉语教学的经历，且都是语法专业背景出身。从目前情况看，学术界和教学界都需要这一类书，这套书也具有填补空白的作用。而且，这套书是开放性的，条件成熟了可以再继续做下去，达到30本到50本的规模，甚至再多一些都是可能的。

书系的研发应以"语法项目"作为书名，不求体系完整，成熟一本撰写一本；专业性不能太强，要考虑到书系的读者需求，他们阅读这本书是为了解决教学上的问题，除了必要的理论阐述和说明之外，要尽量早一点儿切入到教学中去；提出的问题要切合教学实际，60~80个问题，其实就是这本书的目录，有人来查，很快就能对症下药，找到自己想要的东西；提的问题要有针对性，要有实用性，针对学生的水平等级，围绕这个语法项目，把教学上可能遇到的问题按等级排序。总之，这是一套深入浅出的普及性小册子，一定会受到广大对外汉语教师的欢迎。

### 3. 综述编著

按照标书要求，阶段性成果包括两套综述汇编。编著这两套综述汇编，首先是项目研制的需要，是和大纲研制、书系研发互相支撑、互相配合的；其次是近20年的综述汇编，学术界和出版界均尚无相关成果问世，很多研究者迫切需要这方面的资料；最后是这套综述汇编的写法与其他综述成果不同，两套综述不仅仅是"资料汇编"，里面更有很多作者的评议和引导，是"编著"类的"综述"，这类"综述"其实是不多的。这样的写法比目前在做的或者已经出版的"综述"要科学得多，实用得多。

综述分为两套：《近20年对外汉语语法教学研究》和《近20年汉语作为第二语言语法习得研究》。综述的主要读者应该是研究者，是关心该领域的研究者，作者收集的材料要尽可能齐全，作者所做的分析要有依据，作者做出的解释要能让研究者信服。两套综述都能做到对相关问题做出梳理，述评结合，突出评价的学术性、原创性和实用性，力图使读者对相关论题有一个全面的认识和深刻的思考，并为进一步的研究提供方向。

对上述这些成果的介绍只能点到为止，事实上，具体到每一本著述，都是有必要重点介绍的。好在每套书都另有主编，请读者自行阅读每套书的主编写的"序"吧。我这里还想向读者介绍的是这些著述的作者们，没有他们，这些成果难以问世。

本项课题涉及面广，研究人员多，在最初填写招标书时我们已经意识到了："本项研究工程浩大，……大纲和书系非一校之力可完成，将集中全国不同高校共同承担。"本课题前后参加研究的人员有50余人，分布在国内及海外近30所高校。如何将这些研究人员组织起来，集思广益，凝神聚力？课题组在"集全国高校之力"上，下了大力气。

原先设想由某个高校具体负责某块项目研究，但该想法在实际操作中遇到了问题。开题报告会后，课题组调整后的组织方式体现出优势来。四个研发小组的组长取代了原来子课题负责人的职位和功能，优势体现在：他们面对的是具体的项目，而不是具体的研究人员；他们针对项目选取研究人员，而不是为已有的研究人员配备研究内容；他们可以从全国高校选择自己相中的研究人员，而不需采取先满足校内再满足校外的程序和方式。人尽其才，物尽其用，效率提高，质量保证，自然是意料之中的结果。例如，书系组的 20 多位作者来自 15 所高校，综述组的作者来自 12 所高校。这是第一个方面。

第二个方面，就是充分利用会议的机会，将会议定位于有目标的会议、有任务的会议，让会议开出成效来。自课题立项之后，围绕着课题的研究进展，课题组已经开过多次会议。一是一年一度的"教学语法学术讨论会"，课题组所有人员都参加，至今已经开过多届：淮北（2017）、扬州（2018）、南宁（2019）、黄山（2020），等等。二是一年多次的课题专项讨论会，有需要就开。如在杭州，就分别开过综述组、数据平台组、书系组的专项讨论会；在南京、上海都开过大纲组的专项讨论会；2020 年 7 月，在腾讯会议上开过两次大纲组的专项讨论会；等等。这些会议目标明确，交流便捷，解决问题能力强，时间跨度短，是联络不同高校研究人员的好方式。

这套书的所有主编和作者都十分尽力。对外汉语教师的工作量很大，大多数人都有每周 10 节以上的课时量；况且，大多数人的手上还有自己的科研项目要做，还有自己指导的研究生的论文要看，还有各自的不同研究论文要写。种种忙碌和辛苦之中，要挤出这么多时间和精力，去从事另外一块研究任务，还是高标准、有要求、无报酬的研究任务，如果没有一种对对外汉语教师这个职业的由衷热爱，没有一种为对外汉语教学事业做点儿贡献的精神支撑，他们是断然不可能接受这样的研究任务的。更何况有些作者接受了两项不同的研究任务，研究强度和研究压力可想而知。因此可以这么说，这些成果渗透着作者们的辛劳，饱含着作者们的心血，每一本都是"呕心之作"，这样的赞誉是得当的。

北京语言大学出版社是这个项目的合作者和推动者。项目立项不久，出版社和课题组就有过接触。出版社前后两任社长和总编辑都向课题组表过态，希望这个课题的所有成果能在北京语言大学出版社出版，出版社愿意为课题的宣传、推广、出版尽责任，做贡献。2020年1月，课题组和出版社有过进一步的密切联系，敲定了详细的合作计划。2022年3月，出版社申报的"对外汉语教学语法丛书"成功入选2022年度国家出版基金资助项目。这些成果的出版，没有出版社的支持是做不到的。

再次感谢在漫长的研究过程中给予我们支持、帮助的所有老师和朋友。

展现在读者面前的是四部大纲：两部分级大纲和两部分类大纲。大纲的指导思想、理论背景和编写体例，读者自可以通过阅读大纲加以了解。在大纲即将研制完工、准备付梓印刷的时候，从研究人员角度思考，以下两点是大家的真切体会，很想写出来与读者们共享。

（1）大纲的研制是一个漫长的过程，这个过程一直伴随着研究人员的思考和摸索。研制这四部大纲，在学界都是首次，没有人做过，没有经验可以学习参照，一切问题都要自己解决。从回答为什么要研制分级大纲和分类大纲开始，三四年的研制过程中，无数的问题困扰着这些研究人员，需要他们面对。每走一步，都有一个问题等着，都需要解决了之后方能前行，方能继续下去，"走好过程"，这个过程教会了大家思考。

（2）大纲的研制是一个不断学习、不断改进、不断提高的过程，这个过程见证了这些研究人员的成长和成熟。通过这次研制，这些研究人员已经具有相当水准的专业背景，具有较为全面的知识结构，更重要的是具有相当强的科研能力：他们懂得编著大纲的基本原理，了解语法项目析出的程序和方法，严谨的研究风气已经渗入到每个科研人员的个人风格之中。可以这么说，大型科研项目对科研队伍的培育发挥了极大的作用。

谨以此作为总序。

齐沪扬

初稿于2020年7月

二稿于2022年5月

三稿于2022年12月

# 序

    国家社科基金重大项目"对外汉语教学语法大纲研制和教学参考语法书系（多卷本）"（17ZDA307）之大纲系列四册成果，现已完成并将付梓。项目总负责人兼首席专家齐沪扬教授嘱我为此系列四册书稿写个序。作为一名从事对外汉语语法研究的同行，我是深感荣幸并乐意为之的。

    教学语法大纲之于对外汉语语法教学理论建设和实践指导的价值毋庸置疑。正因如此，伴随着新中国对外汉语教学各个历史时期的发展，都会有一些类型、用途各异的语法大纲不断问世，直到 2021 年 7 月《国际中文教育中文水平等级标准》以国家语言文字规范的形式正式实施。而今天呈现给学界的两套四册成果（《对外汉语教学语法初级大纲》《对外汉语教学语法中级大纲》《对外汉语教学语法书面语大纲》《对外汉语教学语法口语大纲》），已构成一个体制基本完备、分级分类两相结合的对外汉语教学语法大纲系统。相较于业已出版的各种语法大纲，这无疑是大纲编写体制上的一个创新，也是一个尝试。而这也正体现出这套大纲作为对外汉语参考语法研究的基本属性和独特价值。

    这四册大纲分别由来自我国对外汉语教学界三所重要高校的一线中青年教师编写完成，他们是南京师范大学张小峰老师、上海交通大学段沫老师、上海外国语大学邵洪亮老师、唐依力老师和朱建军老师。他们不仅有对外汉语教学的丰富实践经验，而且更有汉语语法学的深厚理论素养，再加之有齐沪扬教授的悉心指导，他们对"为谁编写大纲""编写什么样的大纲"以及"怎样编写大纲"这些关键问题，都潜心思考并认真践行。"以学习者语言能力的培养为目标""凡是能促进学习者语言能力的语法项目都应析出为大纲的项目"这一认识，不仅体现在他们所写的各册前言或编后的文字当中，更是贯彻在了各册大纲的每条线、各个点的编写当中。而这也正是这套语法大纲称得上是"项目搜罗更全、语法点切分更细、项目排序更便于教学和习得"的重要原因。

要编写出符合新时代要求、富有创新意识和精品意识的分级分类大纲，并使它们彼此形成既相互联系又各具特色的大纲体系，实非易事。细心的大纲使用者将会发现：基于"以句子为中心"的语法教学观，把所有语法项目纳入句子平台框架；把大纲条目与学习手册的编写熔为一炉，做到纲举目张；大纲条目的编写尽量观照句法、语义和语用三个平面……这些应当说都是这四册大纲的共有特征。

编写通用型语法大纲的传统由来已久，现存的各种语法大纲基本都可以归入此范畴。因此，《对外汉语教学语法初级大纲》《对外汉语教学语法中级大纲》要在此基础上推陈出新，真正做到青出于蓝，就是大纲编写者们所要面对的最大挑战。好在张小峰老师和段沫老师，他们基于对已有教材、大纲语法项目的大数据分析，科学而合理地解决了初级大纲和中级大纲在语法项目选择上的分段与衔接这一根本性的问题。将初级大纲项目限于复句以内的句子单位，而将中级大纲项目拓展至大于复句的句群、篇章，甚至加入话语标记的内容，这就在内容框架上，把初级大纲和中级大纲做了较为明确的区分。我想，有了编者们这样的努力，再来说初级和中级通用型语法大纲具有创新性和科学性，就不再是海市蜃楼了。

编写通用型分级语法大纲不易，而要编写分类型语法大纲则更难，因为在此之前，学界尚无分语体的语法大纲问世。随着这些年语体语法意识的觉醒，学界对分别开展书面语和口语法教学的要求愈加迫切。因此，编写书面语和口语的分类语法大纲，不仅是语体语法意识增强的体现，更是时代的召唤、历史的必然。邵洪亮老师编写的《对外汉语教学语法书面语大纲》，以教学应用和学习需求为导向，穷尽性地抽取具有书面语语体倾向的语法项目，编就书面语语法大纲，一定会有力支持中高级汉语的书面语语法教学；唐依力老师和朱建军老师编写的《对外汉语教学语法口语大纲》，更是广为搜罗、爬梳剔抉而得此大纲，一定会将口语语法教学提升到一个崭新的高度。齐沪扬教授在总序中称赞："书面语语法大纲和口语语法大纲的研制,填补大纲研究的空白……"此言名副其实。

分级分类语法大纲建设,是一个浩繁的系统工程,而且它也将随着语法理论研究和语法教学实践的发展而日臻健全、完善。我相信,对外汉语教学界广大同人在为这四册大纲的出版感到欣慰和鼓舞的同时,也会更加期待《对外汉语教学语法高级大纲》早日问世。

谨向分级分类大纲的各位编写者表示热烈的祝贺、由衷的钦敬和美好的期待!

是为序。

张旺熹

2022 年 5 月 30 日

# 目 录

前言 / 1

编写说明 / 27

## 第一章　名词与句子的表达 / 43

  1. 名词与表达 / 43

  2. 名词（词组）的句法功能 / 46

## 第二章　数词、量词与句子的表达 / 48

  1. 数词与数目的表达 / 48

  2. 量词与事物的计量 / 52

## 第三章　时间词与句子的表达 / 57

  1. 时间词与时点的指称 / 57

  2. 时间词与时段的表达 / 60

## 第四章　方位词、处所词与句子的表达 / 61

1. 方位词与表达 / 61
2. 处所词与表达 / 63

## 第五章　动词与句子的表达 / 65

1. 趋向动词与空间位移的表达 / 65
2. 趋向动词的引申用法 / 66
3. 动词与相关结果的表达 / 72
4. 动词与相关状态的表达 / 73
5. 动词与事态可能性的表达 / 74
6. 动词与时量的表达 / 76
7. 能愿动词与情态的表达 / 76
8. 形式动词与语用表达 / 78
9. 动词的修饰 / 79

## 第六章　形容词与句子的表达 / 80

1. 形容词与程度的表达 / 81
2. 形容词与态的表达 / 83

## 第七章　代词与句子的表达 / 86

1. 人称代词与代称的表达 / 86
2. 指示代词与指代的表达 / 88
3. 疑问代词与疑问、非疑问的表达 / 90

## 第八章　副词与句子的表达 / 93

1. 副词与范围的表达 / 93

2. 副词与程度的表达 / 98

3. 副词与事件状态的表达 / 102

4. 副词与行为方式的表达 / 113

5. 副词与肯定、否定的表达 / 116

6. 副词与主观态度的表达 / 122

## 第九章　介词与句子的表达 / 138

1. 介词与空间、时间的引介 / 138

2. 介词与范围的引介 / 142

3. 介词与对象的引介 / 145

4. 介词与相关者的引介 / 147

5. 介词与原因的引介 / 150

6. 介词与依据的引介 / 151

7. 介词与条件的引介 / 154

## 第十章　助词与句子的表达 / 157

1. 结构助词与表达 / 157

2. 比况助词与表达 / 158

3. 表数助词与表达 / 159

第十一章　连词与句子的表达 / 161

第十二章　语气词与句子的表达 / 172

第十三章　拟声词与句子的表达 / 176

第十四章　比较句与句子的表达 / 177

  1. 表达存在差异 / 177

  2. 表达差异的程度 / 180

第十五章　"是"字句与句子的表达 / 183

  1. 表判断的"是"字句 / 183

  2. 表强调的"是"字句 / 184

第十六章　"是……的"句与句子的表达 / 186

第十七章　"有"字句与句子的表达 / 188

  1. 表达事物拥有某种状态或事物 / 188

  2. 表达某处包含、存在某种事物 / 190

第十八章　兼语句与句子的表达 / 192

## 第十九章 "把"字句与句子的表达 / 194

1. 以变化结果为信息焦点 / 194
2. 以动作特征为信息焦点 / 195

## 第二十章 被动句与句子的表达 / 198

## 第二十一章 复句 / 201

1. 并列复句 / 202
2. 承接复句 / 204
3. 递进复句 / 206
4. 选择复句 / 210
5. 因果复句 / 214
6. 目的复句 / 217
7. 条件复句 / 220
8. 让步复句 / 228
9. 转折复句 / 231
10. 紧缩复句 / 237

## 第二十二章 类固定词组 / 244

## 第二十三章 句群 / 253

## 第二十四章 话语标记 / 257

附录一：固定格式（62项） / 281

附录二：惯用语（21项） / 291

索引一（按类别） / 295

索引二（按音序） / 307

参考文献 / 317

后记 / 321

# 前言

## 一、对外汉语教学语法分级大纲的定位与框架

对外汉语教学语法分级大纲（以下简称"本大纲"）分为初级和中级两部分。

本大纲是对外汉语语法教学的工具书、参考书，主要服务于对外汉语教学领域的一线教师、研究者、研究生、本科生，旨在满足对外汉语语法教学过程中查疑、解难的使用需求。

本大纲探索建立以句子为核心、以表达为导向的汉语作为第二语言教学语法框架，其主体框架为：

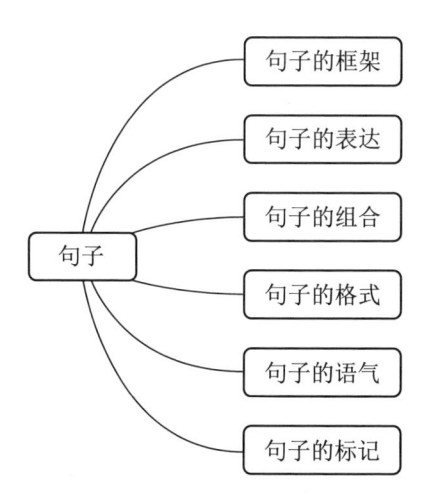

```
        ┌── 句子的框架
        ├── 句子的表达
        ├── 句子的组合
句子 ───┤
        ├── 句子的格式
        ├── 句子的语气
        └── 句子的标记
```

## 二、本大纲的语法观、学习观与教育观

教学语法大纲服务于语法教学实践，是语言教学理论与语言教学实践的桥梁。教学语法大纲的桥梁作用，建立在它的语法观、学习观与教育观上。

首先来说明本大纲的语法观。本大纲主张以句子为核心构建对外汉语教学语法系统。传统的观点认为，语法是把词组成词组或句子的规则。掌握了一定数量的词汇，掌握了语法规则，就具有了生成句子的能力。然而，这种看法很大程度上忽视了语法规则的局限。凭借"数+量+名"这一组合规则，难以保证一定生成合法的词组，"一口猪"是合法的，但"一口牛"就是不对的。凭借"动词+宾语"这个规则，可以生成"吃饭"这样的合法词组，但不能生成"吃食堂"这样具有构式特性的表达。懂得结果补语的构造，也解释不了为什么可以说"吃饱了（饭）"，却不能说"看饱了（书）"。利用规则构造词组或句子是一回事，在真实的言语交际中使用它们又是一回事。同样是"一封信"，"一封信写好了"不行，而"一封信也没写"却可以；"一封信写好了"不行，去掉"一封"，说成"信写好了"就可以；如果是回答"他在做什么"这个问题，"他在写信"是恰当的，"他在写一封信"却很不自然。可见，将语法视为组词成句的规则，以此来指导语言运用，无论对结构生成还是语言表达，都是不够充分的，因为它既没有充分说明语言形式具体的表达功能，也没有充分说明语言表达对语言形式的具体选择。

从语言表达的角度看，语言的使用者总是在一定的语境中以言行事，脱离语言环境的、抽象的语言形式的系统描写与语言的实际使用是脱节的。说话者必定处于某一个语境，先有表达意图，然后才利用语言形式生成句子，而不是先确定语言形式，再进行意义表达。语言学的研究早已突破了结构主义的局限，朝着更为广阔的语义学、语用学、言语行为理论、社会语言学、篇章语言学、认知语言学、互动语言学等领域迈进，尽管形式分析提供了简单、清晰、实用的描写语言形式系统的方法，但语言不应脱离语境、脱离话题、脱离说话者与听话者而进行独立的研究。与此相适应，第二语言教学应在语言形式系统描写的基础上，采取更为丰富的视角。20世纪70年代初，Wilkins提出了意念大纲（notional syllabus）理论，引入了语义—语法范畴、情态意义范畴和交际功能范畴，在

语言教学中大胆地把语言与语境、语言与语言的使用者结合起来。Savignon 和 Widdowson 等进一步提出了交际语言教学（communicative language teaching），Hymes 也提出了语言交际能力这个概念。美国外语教学委员会 1996 年出版、1999 年修订的《21 世纪外语学习标准》的核心主题是 5C，即 Communication（交际）、Cultures（文化）、Connections（贯连）、Comparisons（比较）、Communities（社区），其关键目标是培养学生的交际能力与综合素质。语言学习不再是学习从语言整体中分析出来的语音、词汇、语法等要素，不再是把碎片化的要素组合起来，而是围绕语言交际能力这一核心目标，将语言作为一个整体来学习。

这要求我们从语言教学的角度重新思考语法规则与语言现象的关系。语法不应仅仅建立在静态语言单位构造规则的基础上，还应更多关注动态语言单位的使用特点与使用规律。张旺熹（2003）认为，围绕汉语句子而展开的多层次研究应当是对外汉语教学语法系统建设的中心任务，从句子出发，着重研究句子与词组、句子与句子、句子与语境之间的相互选择与相互制约关系。对这三重关系的深入研究，是完善对外汉语教学语法系统的一个重要条件。[①] 冯胜利、施春宏（2011）在阐释"三一语法"时也指出，三一语法是一种新型的二语语法教学体系，其基本框架包括句子的形式结构、结构的功能作用、功能的典型语境这三个维度，它们彼此独立而又互相联系，构成一个有机整体。[②] 李先银（2020）也提出将"基于使用的语法理念"确定为对外汉语语法系统的指导思想。[③] 这些思想都突显了句子在构建教学语法系统中的基础性作用。

以句子为核心建构大纲的框架，主要有以下三个优点。

第一，句子是语法形式描写的"整合"框架。国内对外汉语教学界构建"对外汉语教学语法体系"，可以从 20 世纪 50 年代初开始算起。1952—1955 年，朱德熙先生在保加利亚索菲亚大学任教期间编写的汉语教材中包含的语法点，可以看作对外汉语教学语法体系的雏形。1958 年出版的《汉语教科书》（上、下册）

---

[①] 张旺熹（2003）关注以句子为核心的三重关系研究——谈对外汉语教学语法系统的建设，国家汉办教学处，《对外汉语教学语法探索》，北京：中国社会科学出版社，第169页。
[②] 冯胜利、施春宏（2011）论汉语教学中的"三一语法"，《语言科学》第5期，第464页。
[③] 李先银（2020）互动语言学理论映照下对外汉语教学语法系统新构想，《语言教学与研究》第2期，第1页。

确立的语法体系是对外汉语教学界公认的第一个对外汉语教学语法体系，这一体系不仅在之后各个时期的主干教材中得到了继承和发展，而且对20世纪80年代后考试大纲和教学大纲的研制产生了深刻影响。其中影响最大的三个大纲分别是《汉语水平等级标准与语法等级大纲》(1996)、《高等学校外国留学生汉语言专业教学大纲》(2002)和《高等学校外国留学生汉语教学大纲（长期进修）》(2002)。这些大纲将教学语法看作语法点的集合，如刘英林主编《汉语水平等级标准与语法等级大纲》(1996)中，所列语法项目总共1168项（甲级129项、乙级123项、丙级400项、丁级516项）。语法点是语言学习的要点，也是语言教学的要点。对外汉语语法教学中的许多环节，如教材编撰、教学理论的贯彻、教学技巧的运用等等，都是围绕着语法点展开的。把语法项目作为研制大纲的切入点，其重要性是不言而喻的。

但是，教学语法大纲是服务于有计划的语言学习过程的，它不应局限于碎片化的语法项目，而应是碎片化与整体化的有机统一，这样才能以较为理想的方式促进语言学习活动。离散的语言点使得语言面貌"碎片"化，大大削弱了大纲"纲举目张"的意义。我们希望找到一个恰当的语法形式描写"平台"，可以把离散的"语法点"整合起来，将语法教学建立在一个简明的汉语语法框架基础上，从上而下地逐步促进学生建构较为系统的汉语语法面貌。对学习者而言，这样的语法大纲就像是一幅地图。这幅地图可以给学习者提供一门语言的整体景观，以帮助学习者在这幅地图上定位，遵循着简明的路径，抵达期望的目的地。一个好的语法大纲，应该如同一幅地图一样，便于学习者发现、理解、掌握语法形式所表达的意义与功能，从而为创造性地使用汉语提供有效的指导。

句子是基本的表达单位，一个语法项目，无论是词还是词组，无论是实词、虚词还是话语标记，它们相互的联系与相互作用的方式都会体现于句子的表达当中。可以说，句子的基本格局是一门语言整体景观的框架。以主语为例，《汉语水平等级标准与语法等级大纲》(1996)分列5个语法点（甲051-055）来说明名词（包括时间词、处所词）、代词、数词、名词词组、"的"字词组、动词、动词词组、形容词、形容词词组及主谓词组来充当主语的情况。充当主语的成分如此繁多，不利于学习者把握汉语主语的本质特点，从而给学习者造成相当大的困扰。一门语言有自己的基本格局，就汉语而言，它是一种话题优先的语言。赵元任（2018）指出，在汉语里，把主语和谓语当作话题和说明来对待，比较合适。①朱德熙（2021）指出，从表达上说，说话的人有选择主语的自由。……说话人选来做主语的是他最感兴趣的话题，谓语则是对选定了的话题的陈述。② 吕文华（2014）也指出，汉语是话题突出的语言，汉语的句子结构模式是"话题—陈述"。③ 因此，很有必要在汉语学习的起始阶段就向汉语学习者介绍汉语主语的内涵，使学习者尽早建立汉语句子"话题—陈述"的基本结构模式。在掌握这种基本结构之后，后续的其他语法项目可以在这个基本结构的基础上进行扩展和延伸。因此，我们主张以句子为"平台"，采取自上而下的思路建构大纲的框架。本大纲初级部分第一部分就是"句子的框架、功能与成分"，第一个语法项目"【初001】主谓句"，既是对汉语句子基本格局的说明，也是本大纲的起点。

第二，句子是语法分析与综合的有机结合体，便于语法项目的析取与解释。分析与综合，是第二语言教学的一对矛盾。不加以分析，语言系统无法清晰地展示出来，学习无法入手；不进行综合，学习的要素不能得体地使用。而句子恰恰是分析与综合的有机结合：向里，它是结构问题；向外，它是表达问题。句子是平衡结构与功能、分析与综合的关键语言单位，也是本大纲语法项目析取、解释的基本依据。以动词为例，在语言表达中，动词起着核心的作用。就汉语而言，动词关涉到对象、位移、结果、状态、可能、时量、动量、情态、动态、主动、被动、修饰与限定等表达需要，这些表达有哪些语言形式可供使用？使用这些语言形式时有哪些限制或要求？围绕这些问题，我们先把动词语法项目按照表达需求分为以下13种，即：

（1）动词与关涉对象的表达

（2）趋向动词与空间位移的表达

（3）趋向动词的引申用法

（4）动词与相关结果的表达

（5）动词与相关状态的表达

---

① 赵元任（2018）《汉语口语语法》，北京：商务印书馆，第45页。
② 朱德熙（2021）《语法讲义》，北京：商务印书馆，第96页。
③ 吕文华（2014）《对外汉语教学语法讲义》，北京：北京大学出版社，第103页。

（6）动词与事态可能性的表达

（7）动词与时量的表达

（8）动词与动量的表达

（9）能愿动词与情态的表达

（10）主动与被动的表达

（11）动词与态的表达

（12）动词的重叠

（13）动词的修饰与限定

在此基础上，说明相应类别下具体的、可供选择的语言形式，如"时量的表达"中，分列以下6个语言形式：

（1）动词（可持续）+时段

（2）动词（可持续）+了$_1$+时段

（3）动词（可持续）+了$_1$+时段+了$_2$

（4）动词（可持续）+过+时段

（5）动词（非持续）+了$_1$+时段+了$_2$

（6）动词+时段+宾语（名词）；动词+宾语（代词）+时段

最后从形式、意义、用法三个方面加以具体说明，如"【初096-3】时量补语"具体呈现为：

**形式**：动词（可持续）+了$_1$+时段+了$_2$

**意义**：表示动作行为持续一段时间后对当前产生某种影响。

**用法**：动词为持续性动词。一般要有后续的句子说明产生的影响。

**例句**：

这本书看了三天了，还没看完呢。

我等了一个小时了，火车还没到。

我们设计的大纲基于句子的使用，是由表达驱动的。大纲语法项目的析出与解释，出发点是表达，落脚点是形式。一个语法形式，不仅是一个形式结构体，更是实现表达需求的工具。由此，对语法项目的解释必须是多维的，这种解释能综合体现一个项目语法、语义、语用之间的紧密关系。说话人想表达什么？需要什么语法形式？这个语法形式有什么语义特点？要满足什么语用条件？只有把它们说清楚，说具体，才能起到指导具体教学实践的作用。

第三，句子是交际行为的直接载体，便于说明交际互动对语法形式的选择与影响。交际能力大于语言能力，这已经是公认的结论。语言交际能力包括三个范畴，即操作语言形式结构系统的语言能力、在上下文中运用语言形式的语篇能力和在具体交际情景中运用语言形式结构的语用能力。交际能力体现为交际行为，句子是交际行为的直接载体，它是语言能力、语篇能力、语用能力这三个范畴互相影响、互相作用的结果。一个汉语学习者，如果他能够以言行事，通过说话或写作做好需要完成的事情，我们就有把握说他是一个成功的汉语学习者。说话或写作都是产出性交际能力。能准确地说出来或写出来一句话，必定掌握了这句话从词到词组、到句子的各个层次的语法规则及其相互关系，这是语言能力的体现；能流利地说出来或写出来一段话，必定掌握了句子的组织与衔接的规则，这是语篇能力的体现；能得体地说出来或写出来符合情景要求的一句话或一段话，这是语用能力的体现。

句子的使用，能够全面、直接地体现出学习者的语言水平。可以说，创造性地生成句子，是学习者语言能力最根本、最直观的体现——这是衡量学习者交际能力的关键指标。从理论上说，凡是能够促进学习者创造性生成句子的相关因素都应该在语法项目的解释中加以体现——不仅是语法形式，还应包括语法形式所蕴含的语义特点、语用功能以及交际互动对语法形式的选择与影响。本大纲依托句子的表达，对此进行了重点的关注。例如，"【初004-1】疑问句：是非问"的"用法"中重点说明了简短应答时语法形式的选择：选择谓语动词或形容词的肯定或否定形式，或选择"对、是（的）、不、没有、也许"进行简短应答。与此同时，特别说明了对用否定形式引导的提问的应答方法。

再如，依据语气词"吧"的使用情景，将"吧"这个语法项目分为祈使句句末"吧"、是非疑问句句末"吧"、陈述句句末"吧"三个小的语法点，其中，祈使句句末的"吧"（【初211-1】不肯定的态度：吧）描写举例如下：

**形式**：祈使句＋吧

**意义**：表示说话人礼貌温和的态度。

**用法**：句末带"吧"的祈使句，主要用来建议或请求。这一建议或请求是温和而礼貌的。

**例句**：

时间不早了，我送你回家吧！

时间不早了，你陪我回家吧！

需要说明的是，这并不是说有三个不同的"吧"，实际上，出现在祈使、疑问、陈述三种言语行为中的"吧"有其语义共核，即说话人不肯定的态度，不同言语行为中的表达特点是其核心语义与言语行为结合后互相作用后的变体。但从表达的角度看，分开来是有益于学习者习得的。

话语的组织是语言教学的重要内容之一，汉语的话语标记体现了汉语的话语结构特点和民族语言心理，是掌握地道、生动的汉语表达必学必会的内容，具有重要的语法—语用教学价值，本大纲的中级部分也专门设立了"话语标记"一章，对中级阶段常用的话语标记进行了说明。

其次来说明本大纲的学习观。传统的结构型语法大纲根据语法形式，将语法体系分解为一个个相对独立的语法形式，语法教学以这些语法形式为目标，通过结构形式的操练，从而使学习者获得对语法形式的反应及操作技能。结构型语法大纲代表的是行为主义学习观。

结构型大纲蕴含的学习观影响是巨大的，但语言学习的任务远远超出了语言形式，语言形式的掌握程度远远不能充分地描写第二语言学习者的语言水平。无论是中介语分析，还是对学习者行为的观察，或者心理语言学的实验，都已经说明了这一点。斯特恩（2018）指出，形式与意义的融合在第一语言中不言自明，而在新的语言中则是缺失的。对于第二语言学习者来说，第二语言的形式是没有意义的，初看上去是任意的，有时甚至怪异、不自然。[1]

对于第二语言学习者来说，重要的是给一个语言形式赋予意义。学习者只有理解了某个语法形式的作用，掌握了这个语法形式使用的"时机"，也就是母语者为什么要用这个语法形式，才有可能正确地、创造性地使用它。比如，状态补

---

[1] H. H. 斯特恩（2018）《语言教学的基本概念》，刘振前、宋青、庄会彬译，北京：商务印书馆，第449页。

语是一个常用的语法项目，既是教学重点，也是教学难点。学生常常会问结果补语和状态补语的区别。比如，为什么"风筝飞高了"中的"高了"是结果补语，而"风筝飞得高高的"中的"高高的"却是状态补语？两句话说的不都是风筝的高度吗？"结果补语"和"状态补语"到底有什么不同呢？结果补语和状态补语结构上的差别很明显，也很好掌握。这个问题不是由形式构造引起的，而是由语法形式使用的"时机"引起的。从形式上看，"风筝飞高了"这句话是一个句子，但从意义上看，其实表达了两个事件，一个是"风筝飞"，另一个是"风筝高了"，这两个事件有着密切的关系。从时间的角度来观察，随着"风筝飞"这一事件在时间上的展开，"风筝"达到了一定的高度，"风筝飞"引起了"风筝高"，说话人观察"放风筝"这一事件，当风筝在某一时点达到一定高度时，说话人才会说"风筝飞高了"。结果补语表示事件发展过程中的一个点的状态。而"风筝飞得高高的"从意义上看，这句话同样表达了两个事件，一个是"风筝飞"，另一个是"风筝高高的"，但它不是在描述事件发展过程中的某一时点的状态。我们看一个孩子开始放飞风筝时，不会说这句话；在风筝由低到高的过程中，也不会说这句话。只有在风筝已经"飞高了"之后，才会说这句话。所以，从时间的角度来观察，"风筝飞得高高的"这一事件是在"风筝飞高了"之后，它表示的是观察到某一状态的持续。即使没观察到放飞风筝的过程，只要观察到风筝已经高高地在天上飞，就可以说这句话。可见，状态补语用来表示事件在达到某个状态以后的持续过程。这既是两者的联系，又是两者最为重要的区别。

语法形式是对语言现象的抽象概括，要达到形式与意义的完全匹配，往往需要一个较长的学习过程，这不是仅仅通过意义解释就可以完成的，而是需要利用不同的语言现象、从不同的角度逐渐加以丰富、完善。名量搭配这个学习难点可以很好地说明这一点。以个体量词"根"为例，初级大纲对"根"的呈现如下：

【初 033-13】根

形式：数词/指示代词+根+名词（词组）

意义：用于细长的东西。

用法：与"根"搭配的常见名词有：（1）绳线类，如毛、线、毛线、电线、绳子、头发；（2）日用器物类，如蜡烛、火柴、灯管、吸管、筷子、棍子、针、香烟；（3）食物类，如葱、黄瓜、香蕉、甘蔗、面条儿、香肠；（4）植物类，如草、竹子、树枝、木头；（5）身体类，如骨头、肠子。

例句：

这是<u>一根</u>纸吸管。

<u>这根</u>黄瓜很新鲜。

个体量词"根"的组合形式概括为"数词/指示代词＋量词＋名词（词组）"，其意义解释为"用于细长的东西"，但对学习者来说，这只是形式与意义匹配的起点，因为并不是所有"细长的东西"都可以用"根"，比如与"蛇""腿""枪"等名词组合的个体量词是"条"，而不是"根"；也不是所有"细长的东西"都只可以用"根"，比如"绳子、线、肠子"等名词既可以和"根"组合，也可以和"条"组合。学习"根"，就不能只关注"根"本身的意义，而要关注名量的双向选择。因此，大纲具体列出了相应的名词，以便学习者给"数词/指示代词＋根＋名词（词组）"这个形式及"用于细长的东西"这个意义逐步注入语言材料，最终使"形式"和"意义"完全匹配。从学习的角度看，"数词/指示代词＋根＋名词（词组）"这一形式并不是教学的难点，因为它的构造形式很简单。习得"根"的难点在于与其搭配的具体的名词，通过这些名词全面掌握"根"的用法并与"条"进行准确的区分，这没有一个适当的过程是难以做到的。

因此，意义的建构是语法项目学习的核心，本大纲对语法项目进行设置与解释时，着眼于意义建构，重视语法形式与语法意义的有机融合。语法形式的设置不是孤立的词，而是一个组合，因为这个组合是表达意义的一个整体；意义的解释离不开具体的语言现象，因为这些语言现象从不同角度说明了形式与意义匹配的细节，这些细节对语言的表达是至关重要的。这是本大纲蕴含的语法学习观。

最后来说明本大纲所蕴含的教育观。语法教学是第二语言教学的一个重要部分，但不是一个孤立的部分，语法教学的内容往往是与其他课程内容交织在一起的，语法教学的目标也往往是课程总体目标的组成部分，而不是全部。语法大纲不宜片面地强调语法的系统性，应从课程的整体设置上出发，遵循基本的教育规律，充分考虑学习者的特点，选择具体的语法内容，安排合理的教学顺序，采取得体的解释方法。

从课程的角度看，语法大纲是对课程教学内容的选择、分级、排序与解释。语法项目的选择是教学内容的问题。语法教学内容无法仅仅根据语法自身来确定，同样是初级汉语，教学对象不同，教学目标不同，课程水平的高低，学习时间的长短，都对教学内容的选择有影响。因此，具体课程语法项目的选择应根据语言课程的对象、目标、水平和时长来确定。与此相适应，我们认为语法教学大纲选取的项目是具体课程语法教学设计的可选"菜单"，它们是汉语学习者形成汉语交际能力的基本项目，不求系统，但求"管用"。比如，汉语的名词在大纲中是否要分为可数名词和不可数名词？似乎没必要，因为这个知识点对名词的使用几乎没什么实质影响。但"们"却应该作为一个项目收入大纲，因为它是汉语表达复数的一个常用手段。此外，这个"菜单"不妨丰富一些，有些相对复杂的语言项目会分为具体的小点，以便课程根据实际情况灵活选择。

大纲语法项目的分级与排序，一直是一个难以解决的问题。有专家建议从语法结构本身入手，综合考虑语法项目的结构、语义、用法等多种因素进行排序（吕文华，2002），也有专家强调重视相关结构之间的衔接关系与衔接距离（卢福波，2003）。有专家从习得表现入手，建议以语法项目习得的难易程度进行排序，如邓守信（2003）对语法点的困难度进行了说明，认为困难度低的语法点具有以下几个特征：（1）习得较快；（2）使用频率高；（3）不易化石化；（4）病句出现频率低。与之相对，困难度高的语法点具有以下特征：（1）习得较慢；（2）使用频率低；（3）易化石化；（4）常回避使用；（5）病句出现频率高。[①] 这些特征具有良好的可观察性，对确定语言点的难度很有价值。但是，这些特征之间可能是矛盾的。比如"了"使用频率很高，但却是一个突出的难点，不仅习得慢，而且容易化石化；量词的成员较多，"数词 + 量词 + 名词"这一组合规则习得较快，但具体的量词和名词的选择却又习得较慢。更为棘手的是，有些语法项目甚至缺乏排序的基础，是先教程度副词，还是先教范围副词？正如卢福波（2003）所指出的那样，一部分语法项目的排序事实上是无所谓先后的，先讲与后讲并不影响

---

① 邓守信（2003）对外汉语语法点难易度的评定，国家汉办教学处《对外汉语教学语法探索》，北京：中国社会科学出版社，第102-111页。

知识的衔接性与科学性。①还有专家建议从认知的角度入手，根据Corder（1967）提出的"内在大纲"②，按照第二语言习得的"自然顺序"分级排序。尽管汉语语法习得顺序研究仍在推进，但学界仍然不能描述一个完整、清楚的"内在大纲"。正因为如此，唐曙霞（2004）认为，依照所谓的难易程度安排语法项目，能够解决某些问题，但不是所有的问题。因而在分级和排序时，难免带有一定的随意性，影响了语法大纲合理、科学的程度。③

语法项目的分级、排序不是一个单纯的语言学问题，也不是一个单纯的习得或认知问题，一个唯一正确的语法教学顺序可能并不存在，设计一个具有严格等级及教学次序的大纲或许是不现实的。但是卢福波（2003）指出，这并不意味着对外汉语语法教学是一种无序的教学，更不意味着我们不能做出层级的界定与项目顺序的排列。④语言的学习是一个渐进的过程，语法项目的分级与排序的根本目的是服务于课程教学实践的，但它们的着眼点不同，在教学实践中的作用也不同。分级着眼于语言水平的高低，是宏观的。如果是一门面向初级水平汉语学习者的汉语课程，往往关心的是哪些项目是必不可少的；如果是一门面向中级水平汉语学习者的汉语课程，往往关心的是应该深化到什么程度。初级水平课程要教授介词，中级水平课程也要教授介词，但"除了"在初级，"除"在中级，这是因为"除"是"除了"的深化，"除"具有更为严格的语用限制。初级水平课程要教授"把"字句，中级水平课程也要教授"把"字句，但中级的"把"字句的使用情景扩展了。还有的语言项目初级没有，中级有，比如"话语标记"这个项目，这也是中级水平课程在语法方面的深化。

排序着眼于语法项目之间或者语法项目内部语法点之间的具体关系，是微观的。有的语法项目之间存在结构上的衔接关系，如果不先学习A，B学起来就很困难，这样的语法项目应该排序。比如，可能补语应该放在结果补语之后，

---

① 卢福波（2003）对外汉语教学语法的层次划分与项目排序问题，《汉语学习》第2期，第55页。
② Corder, S. P. (1967). The significance of learner's errors. *International Review of Applied Linguistics in Language Teaching*, 5, 161-170.
③ 唐曙霞（2004）试论结构型语言教学大纲——兼论汉语教学语法体系分级排序问题，《世界汉语教学》第4期，第97页。
④ 卢福波（2003）对外汉语教学语法的层次划分与项目排序问题，《汉语学习》第2期，第55页。

"把"字句应该放在补语之后，疑问句应该放在陈述句后，否定形式应该放在肯定形式后。有的语法项目内部须细分为若干语法点，如果语法点之间在结构上是扩展的，则按照由简单到复杂的顺序排列，如初级大纲"数目的构造与读法"这个主题下按照系数词，位数词，10以上、100以下的整数，100以上、1000以下的整数，10000以上的整数这样的顺序对汉语数目的构造与读法进行了分层次的呈现。有的语法点之间不仅存在结构的扩展，同时语义也相应复杂化，如在"复合趋向动词（做补语）与位移"这个主题下，位移对象处于不同的语法位置时，表达的意义也有区别，初级大纲综合相关语法点形式、意义的复杂程度加以排序，具体为：

【初085-1】主语（位移对象）+动词+复合趋向动词

【初085-2】主语（施事）+动词+宾语（位移对象）+复合趋向动词

【初085-3】主语（施事）+动词+复合趋向动词+宾语（位移对象）

【初085-4】主语（施事）+把+宾语（位移对象）+动词+复合趋向动词

还有的语法点的语法意义随着不同的语用条件而发生变异，如语气词"啊"的作用主要是"添显"，但在不同的使用环境中又有所变异，初级大纲按应答、叙述、感叹、祈使、疑问等语用条件进行了排序，具体为：

【初212-1】添显的态度：啊

形式：应答的陈述句+啊

意义：表示事情是显而易见的。

【初212-2】添显的态度：啊

形式：叙述的陈述句+啊

意义：表示强化某种情感色彩。

【初212-3】添显的态度：啊

形式：感叹句+啊

意义：表示强烈的情感。

【初212-4】添显的态度：啊

形式：祈使句+啊

意义：表示提醒。

【初212-5】添显的态度：啊
形　式：特指问 / 正反问 / 选择问 + 啊
意　义：表示积极或消极的发问态度。

【初212-6】添显的态度：啊
形　式：陈述形式的问句 + 啊
意　义：表示引起注意的发问态度。

需要说明的是，本大纲语法项目的序号不是严格的教学建议顺序，而是微观层面上综合考虑语法项目组织的条理性、内容的复杂度、难度及使用频率等多种因素的结果。在实际使用过程中，需要根据教学实际情况灵活把握。

### 三、本大纲的分级依据和标准

本大纲属于教学语法体系，划分水平等级是教学语法区别于理论语法体系的一个显著特征。从语法能力渐进提升的动态过程来看，教学语法是一个逐级拓展、精细化的动态语法体系。"拓展"指的是在语法单位的广度上，随着教学和学习的深入，语法体系的覆盖范围向新的语法单位逐步延伸；"精细化"则表现为已有语法单位在深度上新增出一些小类、特殊类及语法项目，或是已有语法项目在语义、结构、语用方面逐渐细化出更多的项目颗粒。"分级"就是在这个动态的语法系统拓展细化的过程中，确定几个关键的进度节点。在这些节点上可以截取出阶段性的"横截面"，从而明确教学的总体目标和范围，规划教学阶段和内容顺序的安排。

对外汉语教学语法体系的分级思想是逐步发展起来的。在教学语法形成之初，1958年出版的《汉语教科书》只是根据教学需要，对教学语法体系做出了结构切分，还没有明确的等级划分。1988年出版的《汉语水平等级标准与语法等级大纲（试行）》是对外汉语教学界第一次发布等级标准，它在继承《汉语教科书》语法体系的基础上，做出了水平等级上的阶段性划分，具体有甲、乙、丙、丁四个等级。甲级对应一级水平，呈现比较完整的语法体系，其余三个等级只是局部项目的补充、扩展。1996年出版的《汉语水平等级标准与语法等级大纲》发展了等级划分的思想，明确提出"初—中—高"的三分模式，把语法项目分为三等四级，并且注意到了语法体系在广度上的扩展，如把"语素、口语格式"的项目安排在中级阶段,"多重复句、句群"的项目安排在高级阶段,更清晰地呈现了教学语法动态扩展的特点。2021年发布的《国际中文教育中文水平等级标准》中的三等九级语法等级大纲进一步细化了教学语法的分级层次,同时大纲还去除了成语等适宜归入词汇教学的项目,使教学语法的范围更加明晰。目前主要语法大纲的分级情况见表1:

表1 主要语法大纲的分级情况

| 大纲名称 | 汉语水平等级标准与语法等级大纲（试行） | 汉语水平等级标准与语法等级大纲 | 高等学校外国留学生汉语教学大纲（长期进修） | 国际汉语教学通用课程大纲 | 国际中文教育中文水平等级标准 |
|---|---|---|---|---|---|
| 发布时间 | 1988年 | 1996年 | 2002年 | 2014年 | 2021年 |
| 等级概况 | 四级 | 三等四级 | 三等十级 | 三等[①]六级 | 三等九级 |
| 具体分级 | 甲级 乙级 丙级 丁级（缺） | 初等 甲级、乙级 中等 丙级 高等 丁级 | 初等 一至四级 中等 一至四级 高等 一至二级 | 一级、二级 CEFR 初学 三级、四级 CEFR 独立 五级、六级 CEFR 精通 | 初等 一至三级 中等 四至六级 高等 七至九级 |

大纲分级思想的发展同样体现在汉语教材的编写上。目前的一些主流的系列教材受教学大纲的影响,有意识地从目标学习者的水平等级出发,来规划套系分册,区隔学习内容,排布语法点。目前的一些主流教材在规划上对等级的称说见表2:

表2 主流系列教材的等级划分

| 教材名称 | 新实用汉语课本 | 发展汉语 | 博雅汉语 | 体验汉语 | 拾级汉语 | 成功之路 |
|---|---|---|---|---|---|---|
| 出版时间 | 2002年 | 2004年 | 2005年 | 2006年 | 2007年 | 2008年 |
| 等级划分 | 初级和中级前中级 | 初级 中级 高级 | 初级 准中级 中级 高级 | 基础 中级 高级 | 初级 中级 高级 | 初级 中级 高级 |

---

① 《国际汉语教学通用课程大纲》的内容只有分级没有分等,但是大纲说明了与HSK等级和CEFR（欧洲语言共同参考框架）的对应关系。CEFR分为三等六级,所以我们认为《国际汉语教学通用课程大纲》等级框架实质上仍是分"等—级"的。

对比表 1、表 2 可以发现，教材的分级与大纲并不完全相同。上面提到的几部语法等级大纲是规划者研究制定的纲领性文件，为大规模的汉语测试提供统一的标准，规范语言教学和语言测试工作。而语言教材的分级往往是基于各自的编写计划、适用课程、使用对象等现实条件，对教材数量、内容上做出的安排。虽然教学规划、教学实践的具体分级不完全一致，但底层模型还是"初—中—高"的三分模式。因此本大纲采用这一主流分级模式，分别研制初级、中级两个水平等级的语法大纲。

客观来说，语言水平是渐进提升的，各水平等级之间的边界的确具有一定的模糊性，很难以一个精确的指标来划分。从教学的角度来看，分界的模糊性虽然是客观的存在，但模糊程度也有一个合理的区间，前人对此尚未给出明确的标准或范围。这对汉语教学是不利的，会带来初、中级界别混乱的问题，也是本大纲必须重视和确定的基础问题之一。

我们认为，要服务于教师、研究者、学习者等多种人群，就要依据目标人群的分级标准来确定"初级"和"中级"的分段与衔接。而他们的分级标准可以从他们生成的分级数据中去寻找。找到其中的主流分级指标和合理的区间数值，本大纲后续的项目析出、定级等工作就能够覆盖目标人群常见、常学的项目范围。但目标人群范围较广，生成的分级数据较为复杂，因此本大纲采用大数据检索和统计分析方法，以具有代表性的教学大纲作为教学规划领域的分级数据来源，并从专业的汉语教材数据库和出版社的汉语教材数据库获得教学实践领域的分级数据，通过学术文献数据库检索出教学研究者的分级数据。具体分级数据来源见表 3：

表 3　本大纲分级数据来源

| 领域 | 来源类型 | 出处 |
| --- | --- | --- |
| 教学规划 | 教学大纲 | 汉语水平等级与语法大纲（1996）<br>对外汉语教学初级阶段教学大纲（1999）<br>高等学校外国留学生汉语教学大纲（长期进修）（2002）<br>新 HSK 考试大纲（2009）<br>汉语国际教育用音节汉字词汇等级划分（2010）<br>国际汉语教学通用课程大纲（2014）<br>国际中文教育中文水平等级标准（2021）|

| 领域 | 来源类型 | 出处 |
|---|---|---|
| 教学实践 | 教材<br>（2010—2021） | 全球汉语教材库<br>北京语言大学出版社官网<br>北京大学出版社官网<br>高等教育出版社官网 |
| 教学研究 | 论文<br>（1998—2021） | 中国知网<br>（以"初/中/高级+汉语+语法"为关键词检索） |

在7份教学大纲中，描述等级水平13份次。从教材、论文的数据来源中，检索出采用"初—中—高"三分模式的文本共554份，再经文本分析找出其中出现了等级水平描述的文本共计62份、描述等级水平72份次。其中，对外汉语教材51套[①]，对外汉语语法教材3套，书中描述等级水平64份次；论文有8篇，文中描述等级水平8份次。综合这些数据和大纲的数据，最终形成85份次的样本量（表4）。

表4 本大纲数据样本量统计表

| 数据来源 | 文本数量 | 描述次数（份次） |
|---|---|---|
| 教材 | 54套 | 64 |
| 论文 | 8篇 | 8 |
| 大纲 | 7份 | 13 |
| 共计 | 69 | 85 |

基于这85份次的样本量，大纲就初级、中级的分级具体考察两个问题：一是划分初级、中级的常用指标，二是初级、中级分级指标的量化及其合理浮区间。

第一，确定等级划分所依据的指标。在85份次的样本中，用于指示汉语水平等级的指标涉及语言本体要素、交际能力要素、学习过程要素三个方面，其中

---

① "套"的认定标准为：系列教材按等级数计算套数，如初级教材为1套；同一等级内的分册合计为1套，如中级的上、下册算1套；单册出版的教材计为1套。

出现频率较高的指标是词汇量（20.8%）、HSK 等级（13.9%）、学习时长（11%）和语法点范围及数量（11%）。另外，根据相关性分析，语法指标与汉字量、词汇量呈中低度线性相关[1]，而与其他指标都是低度线性相关。基于以上分析数据，本大纲从作为教学语法大纲的本质属性出发，确定以语法指标为核心。而词汇属于高频指标，词汇、汉字与语法有一定的相关性，且同属语言本体要素，可以作为关联指标。同时，以典型二语学习环境[2]中的学习时长作为辅助性的参考指标。

第二，确定分级指标的定量描述。我们对三个指标的相关数据分别进行了统计分析，以计算置信区间的方式求取各个指标的合理区间，确定具体的分级指标。结果如下：

（1）以语法点的积累量来确定等级。从对语法点的统计分析（表5、表6）可以看出，初级、中级水平的语法点积累量分别为 207±53 个、405±217 个（图1）。这反映了本大纲的目标人群目前认为划分"初—中"的语法点数量的合理范围是 207±53，划分"中—高"的语法点数量的合理范围是 405±217。

表5　初级语法点积累量的合理区间

| 容量 | 11 |
| --- | --- |
| 均值 | 207.1818182 |
| 标准差 | 78.38599133 |
| 平均误差 | 23.63426564 |
| 置信度 | 0.95 |
| 自由度 | 10 |
| t 分布的双侧分位数 | 2.228138852 |
| 允许误差 | 52.66042551 |
| 下限 | 154.5213927 |
| 上限 | 259.8422437 |

表6　中级语法点积累量的合理区间

| 容量 | 6 |
| --- | --- |
| 均值 | 404.6666667 |
| 标准差 | 206.422544 |
| 平均误差 | 84.2716507 |
| 置信度 | 0.95 |
| 自由度 | 5 |
| t 分布的双侧分位数 | 2.570581836 |
| 允许误差 | 216.6271745 |
| 下限 | 188.0394921 |
| 上限 | 621.2938412 |

---

[1] 语法、词汇量的 r=0.489902384，语法、汉字量的 r=0.427286682，0.3≤|r|<0.5，故为中低度线性相关。
[2] 指在目的语为第二语言（并非外语）的环境中，接受正规的语言培训或学习。如留学生来华专门学习或进修汉语。

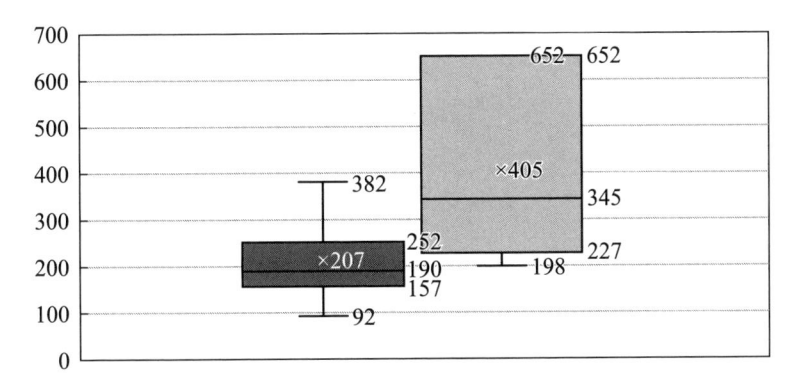

**图 1　初级、中级语法点积累量的数据分布情况**

（2）以"词汇量"作为"初—中"分级指标，合理区间为2017±273（表7、图2）。也就是说，大纲的目标人群中的大多数认为以"是否掌握2017±273词"作为"达到初级水平，进入中级学习阶段"的标准。

**表7　初级词汇量的合理区间**

| 容量 | 35 |
|---|---|
| 均值 | 2017.228571 |
| 标准差 | 794.7198576 |
| 平均误差 | 134.3321738 |
| 置信度 | 0.95 |
| 自由度 | 34 |
| t分布的双侧分位数 | 2.032244509 |
| 允许误差 | 272.9958226 |
| 下限 | 1744.232749 |
| 上限 | 2290.224394 |

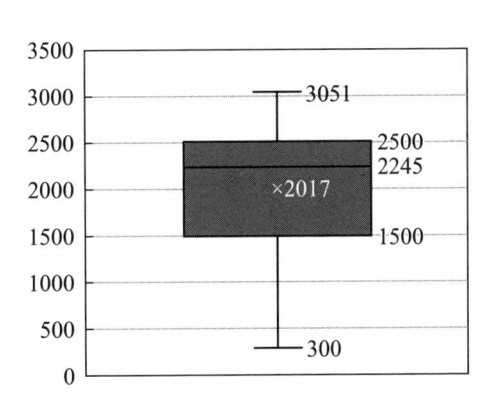

**图 2　初级词汇量的数据分布情况**

（3）以"汉字量"作为"初—中"分级指标，合理区间为1117±388（表8、图3）。也就是说，以"1117±388字"作为达到初级水平的分界点，大部分的目标人群是基本能接受的。

表 8　初级汉字量的合理区间

| 容量 | 8 |
| --- | --- |
| 均值 | 1116.5 |
| 标准差 | 464.3013 |
| 平均误差 | 164.1553 |
| 置信度 | 0.95 |
| 自由度 | 7 |
| t 分布的双侧分位数 | 2.364624 |
| 允许误差 | 388.1656 |
| 下限 | 728.3344 |
| 上限 | 1504.666 |

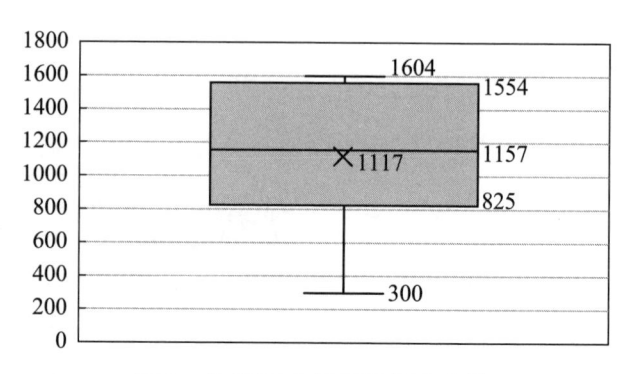

图 3　初级汉字量的数据分布情况

（4）以"学习时长"作为分级指标。从数据来看，对于来华进修的情况，目标人群的认识比较统一，"初级—中级"的分界集中在"满一学年"的时间点。我们仅观察到四个样本是以海外的学习时长为分级标准的，且相关数据离散程度较大（图 4）。也就是说，大纲的目标人群还是将"是否已有一学年的来华汉语学习/进修的经历"作为界定初级、中级水平的指标之一。

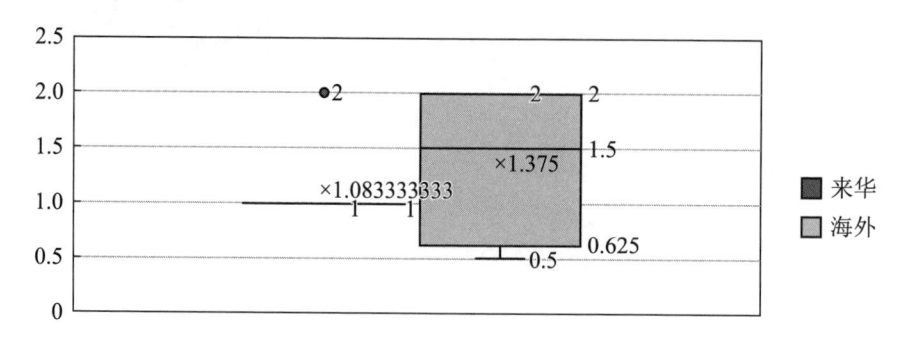

图 4　初级学习时长的数据分布情况

综合以上数据分析的情况，本大纲根据目标人群的主流观点界定初级和中级，即初级水平的语法点数量以 207±53 个为合理区间，中级水平的语法点数量以 405±217 个为合理区间。与此对应的是，大纲以"词汇量=2017±273 词，汉字量=1117±388字"为相关分级指标,并参考"一学年的来华汉语学习经历"的学习时长来划分"初级—中级"(表9)。需要说明的是,词汇和语法指标属于内化的知识,是特定语言水平的内在指征。时间属于外在的学习过程要素,是受学习环境、教学条件等变量限制的人为设置。本大纲以典型的二语学习环境为例,将其作为一种辅助性参照指标。

表9 本大纲"初级—中级"分级标准

| 指标 | | 数值 |
| --- | --- | --- |
| 核心指标 | 语法点 | 207±53 个 |
| 关联指标 | 词汇 | 2017±273 词 |
| | 汉字 | 1117±388 字 |
| 参考指标 | 学习时长 | 一学年(来华进修) |

本大纲主要将这一分级标准用于语法项目的析出和定级工作。初级、中级两部大纲根据分级指标选取对应的代表性教材,如《新实用汉语课本》《汉语教程》《发展汉语》《博雅汉语》《桥梁》等,作为语法项目的析出来源。而在确定项目的等级时,我们考察该项目在以上教材以及大纲中的定级情况。在某个等级高频出现的项目就是学习者在对应阶段的学习和测试中的常见项目,列入对应的等级大纲的语法框架中。

总之,本大纲的分级和项目的定级都始终贯彻了"源于教学实际,服务于教学实际"的编写思想。

## 四、语法项目的析出和归属

本大纲从目标人群的使用需求出发,基于汉语教学典型场景的常用文本,析出各级语法项目并纳入大纲框架的相应位置,以分项呈列的方式展示对外汉语初中级语法教学的基本面貌。

为确保所列项目符合实际,大纲在前期研发阶段,首先调查了《新实用汉语课本》《汉语教程》《发展汉语》等国内外比较通行的汉语教材语法项目编写情况,通过与《汉语水平等级标准与语法等级大纲》(1996)的对比,发现不同的大纲、教材在语法项目的具体选择上有重合，但也有不少的差异（表 10）。

表 10  部分大纲、教材的语法项目比对情况

| 大纲 | 教材 | | | 共计 |
|---|---|---|---|---|
| | 三本共有 | 两本共有 | 一本有 | |
| 甲（129） | 68 | 24 | 19 | 111 |
| 乙（123） | 11 | 12 | 43 | 66 |
| 丙（400） | 1 | 11 | 41 | 53 |
| 丁（516） | 0 | 0 | 12 | 12 |
| 总计 | 80 | 47 | 115 | 242 |

从这一结果来看，仅依据大纲或是单套（本）教材，无法完全甚至大部分契合教学实际中的主要语法项目。整体来看，语法项目除了罗列在具有规划性质的教学大纲中，也以教学点的形式排布在汉语教材中，还散见于有关教学语法和语法教学的研究著述之中。因此，兼顾汉语语法教学的规划、实施、研究等细分环节，才能较为客观地析出语法教学的共核部分，满足本大纲目标人群使用之需。

基于以上考虑，本大纲围绕教学大纲、教材、相关研究文献三类文本，提取其中的语法项目数据。这些文本主要包括：（1）现有的一些语法大纲、教学大纲，主要有：《对外汉语教学语法大纲》（1995）、《汉语水平等级标准与语法等级大纲》（1996）、《国际汉语教学通用课程大纲》（2014）、《国际中文教育中文水平等级标准》（2021）等；（2）与水平等级对应的通行系列教材分册、精读教材、综合教材，如《新实用汉语课本》《汉语教程》《发展汉语》《博雅汉语》《桥梁》《拾级汉语》《速成汉语基础教程》等；（3）与各等级阶段语法教学相关的论文、著作，具体详见各级大纲的使用说明及参考文献。大纲从以上文本中提取的数据包括语法项目的名称、来源、顺序、归类（包括语法类、语法项等多级定位信息）、形式（主体形式、变体形式）等信息，形成语法项目的数据库（表 11）。

表 11　数据库中部分大纲、教材的语法项目统计[①]

| 文本 | | 项目数量[②] |
|---|---|---|
| 大纲 | 汉语水平等级标准与语法等级大纲（1996） | 1949 |
| 教材 | 桥梁（1996） | 264 |
| | 汉语教程（1999） | 488 |
| | 博雅汉语（2005） | 712 |
| | 新实用汉语课本（2005） | 709 |
| | 速成汉语基础教程（2007） | 397 |
| | 发展汉语（2011） | 694 |

通过比对大纲、教材中语法项目的重合情况，并结合研究著述以及对外汉语语法教材的相关内容，析出汉语教学"规划—实施—研究"等环节中的高频语法项目，为本大纲的具体语法项目的选择与安排提供了实践上的依据。然后借助全球汉语中介语语料库 1.0、HSK 动态作文语料库 2.0 等进行用频调查、等级验证，并结合专家意见对项目的取舍、定级、归并等加以确定及调整。

本大纲基于教学语法的整体框架逐一确定析出项目的归属，采取"立项上合为主，解释上分为主"的做法。形式相同但属于不同类目的，分项列出，如中级大纲中的介词"将"、副词"将"分别列目；形式和类目均相同但具有多个语义的，合为一项，并对各语义特征一一加以说明，如初级、中级大纲中趋向动词的引申用法就归在同一编号的项目中。

## 五、本大纲的主要特点

本大纲面向对外汉语教学实践，在总体设计、组织框架、呈现形式、解释方式上形成了自己的鲜明特点，具体说明如下：

---

[①] 初级大纲、中级大纲还分别对一些大纲、教材的对应水平等级的语法项目进行了提取、分析。因未覆盖文本全文中的语法项目，故暂不列入本表。
[②] 从文本中提取语法项目的时候，为便于后续的比对工作，其中一些语法结构因有多种形式、用词而分项列出，使得数据库的语法项目的颗粒度略高于大纲、教材，数据库中的语法项目数量因而也多于文本原文标示的数量。

第一，初、中级大纲一体化的设计。本大纲虽然分为初级大纲与中级大纲两部分，但两部大纲的设计思路是一以贯之的，主体框架是完全一致的：都是以表达为纲，以句子为核心，从句子的内部构成（词类与句子的表达）、句子的整体功能（句式）以及句子的外部组合（复句、句群）三个层面对语法项目的形式、意义、用法进行说明。初级大纲是基础，中级大纲是初级大纲的深化。例如，初级大纲和中级大纲都有"动词的多项修饰语"这个项目，但初级大纲重点说明了动词两项修饰语的用法，而中级大纲则较为概括地说明了动词多项修饰语的用法；初级大纲和中级大纲都有"把"字句这个项目，但初级大纲将"把"字句安排在了动作行为的"主动与被动的表达"这一节，旨在突出"把"字句使用的语用目的，且只说明了位置的变化、所属的变化及结果的变化这三个具体的表达功能，而中级大纲将"把"字句独立安排，在表达上引入了信息焦点，解释得更加深入概括。这么设计，体现了教学上的螺旋式上升。与此同时，中级大纲吸收了构式语法、篇章语法、话语分析的研究成果，将语法项目扩展到能产的语块、句群和话语标记，形成了中级大纲的特色与创新。

第二，基于表达的组织框架。本大纲将表达上紧密联系的项目归为一类，形成一个表达主题，以显示相关的语法形式在语法系统中的位置与关系。以初级大纲"形容词与程度的表达"为例，这个主题下按照程度表达的等级分列了六个语法项目，分别是：

【初118】低程度的表达

【初119】中等程度的表达

【初120】高程度的表达

【初121】极高程度的表达

【初122】最高程度的表达

【初123】过度程度的表达

同一主题下的语法项目不是孤立存在的，而是互相支持、互相补充的，它们是这一主题下的一块块"拼图"。学习者对这个主题学习得越全面、越系统，就越能促进对各个语法形式的理解与使用；与此同时，随着各个语法形式的学习，学习者对这个表达主题的理解与把握会越来越到位。在这个双向的"拼图完形"

过程中，学习者逐步完成语法形式与语法意义的完全匹配。

第三，新颖的呈现形式。本大纲未采取纲目式列举语法形式的呈现方式，而是采取了"形式—意义—用法"三维立体的、词条式呈现方式，并配以例句进行具体的展示。在初级大纲中，"形式"原则上采用"组块"方式进行描写，以呈现语法项目在实际应用中的基本组合。在中级大纲中，"形式"的描写较为灵活，有的呈现为"组块"方式，有的直接呈现为相应的词，这与中级水平学习者的水平是相适应的。"意义"重在说明"形式"在表达中的功能，也就是为什么要使用这个"形式"。"用法"重在对这个"形式"在使用时的相关情况进行具体说明。例如，初级大纲中副词"在"呈现为：

【初 109-1】进行态

形 式：在 + 动词（词组）

意 义：表示动作行为在某一时点已经开始且尚未结束。

用 法：如果要描述动作行为在多个时点具有同样的状态，可以在动词前加相应的时间副词。

例句：

他在上课。

外面在下雨。

我经常在想，什么样的生活才是幸福的生活？

这几个月他一直在休息。

"形式"说明了"在"的组合搭配，"意义"说明了"在"使用的目的，即当说话人需要表达"动作行为在某一时点上的状态"时要用"在"，"用法"又补充了"在"限定动作的行为的一个变异情况，即"多个时点具有同样的状态"，并说明了这种情况下"在 + 动词（词组）"和时间副词的组合关系。之所以选择这种呈现方式，是由本大纲的定位决定的。本教学语法大纲定位于对外汉语语法教学的工具书、参考书，它服务于对外汉语语法教学实践，"形式—意义—用法"这三个维度，既是学习者掌握语法项目的重点，也是教师进行课堂教学设计的关键。这种呈现方式可以简明扼要地说明一个语法点的组合形式是什么、为什么要用这个语法形式以及怎么使用这个语法形式，以期切实地满足语法教学的实际需要，达到帮助学习者选择正确的语法形式来表情达意的目的。

第四，实用的解释原则。陆俭明（1998）指出，在对外汉语教学中，不要大讲语法，特别不要一条一条地大讲语法，而要善于点拨，这对一名汉语教师来说，要求不是低了，而是高了。[①] 要做到有效的"点拨"，需要从教学实践出发，对语法项目进行具体充分的解释。所谓具体充分，首先要明确语法组合条件。规则泛化是第二语言学习者常见的偏误，因此，讲清楚一个语法规则的适用范围是很有必要的，比如在初级大纲"【初076-6】及物动词关涉动作行为"这个条目中，我们具体列举了带动词性受事宾语的常用动词，目的是明确及物动词带动词性宾语的具体限制。再比如中级大纲"【中040】出"的引申用法中，说明动词"要具有制作、生长、寻找、思考、引起、表达或显露等意义"。所谓具体充分，就是要把语言形式要做什么说清楚，例如，在解释"【初247】用'为的是'关联"时，我们没有简单地使用"目的"这个术语，而是结合"小句$_1$，为的是＋小句$_2$"这一形式，将它的意义解释为"前一小句表示行动，后一小句表示心中设想的结果"。再如解释"【中083】大多"时，指出它"用于说明概率大"。要做到具体充分，还要关注语法项目的语用条件。比如"【初182-1】提醒与强调"这个项目，将副词"究竟"解释为"进一步追问"，并进一步说明了具体的语用条件：如果问别人，有催促别人提供确切信息的意味；如果问自己，有进一步深入思考的意味。再如中级大纲的话语标记部分，更是直接围绕话语标记的语用条件进行了解释。

---

[①] 陆俭明（1998）对外汉语教学中经常要思考的问题，《语言文字应用》第4期，第4页。

# 编写说明

## 一、中级大纲的定位

对外汉语教学中级语法大纲（以下简称"中级大纲"）是对外汉语教学语法大纲的组成部分。基于大纲的整体定位、编写思路和框架体例，中级大纲罗列出中级阶段汉语教学和学习中常见的具有显性教学属性的语法项目，体现了中级教学阶段语法知识的增量部分。所谓"显性教学属性"是指语法类目、语法知识作为明确讲授的内容，出现在汉语课堂或教材中专门的语法教学环节，要求学习者有意识地关注、理解、练习，进而加以习得。也就是说，语音教学、词汇教学、课文教学以及个性化的指导点评等环节中出现的语法知识[①]不纳入本大纲的范围，初级或高级阶段项目的语义、用法也不出现在中级大纲之内。

中级大纲是对外汉语教学初级语法大纲（以下简称"初级大纲"）的"进阶"。相较于初级大纲，中级大纲的结构、类项在汉语语法知识广度、深度两个维度上进一步延展。"广度"的延伸是指中级大纲出现了新的语法单位层级和新的语法类目，比如项目范围从静态的语言结构向外延展到动态的话语结构，出现了话语标记的类目；在语言结构内部，语法单位层级向上延伸到"句群"。"深度"的拓展是指：（1）初级大纲已有的类目下出现了新的项目，如名词项下出现小类"集合名词"，趋向动词中新增了"开来"；（2）初级大纲已有语法类目

---

① 如仅作为生词出现的某个词语、成语、俗语或惯用语的具体用法，或者先于显性教学出现的语法现象和应用实例（语素的出现先于语素教学）。

出现语用特征不同的项目,例如具有口语风格的副词"净、好(+形容词)"、介词"凭",具有书面语风格的副词"仅、将、历来、难以"、介词"自、于、因";(3)初级大纲已有语法项目出现了新的语义、用法,如趋向动词出现了一些引申义,"被"字句出现了中性义的用法("被评为……")。这些深化出的项目使中级水平的汉语表达能更加准确恰当、丰富灵活。

## 二、中级大纲的结构

大纲的正文以体系化的框架展示中级教学阶段常见的语法项目。内容板块上分别侧重于语言结构和话语结构两个角度。

第一大板块延续初级大纲的基本语法体系,从句子的内部构成、整体功能以及句子的外部组合三个层面,系统地呈现各级语法单位在表达中的功能和用法。其中,"句子的内部结构"有13章,以汉语的词类(名词、数词和量词、时间词、方位词、动词、形容词、代词、副词、介词、助词、连词、语气词、拟声词)各为一章;第14~20章从句子整体功能的角度,分列汉语七种主要句式(比较句、"是"字句、"是……的"句、"有"字句、兼语句、"把"字句、被动句)的常见格式及用法;第21~23章从句子组合的角度,以复句(第21章)、句群(第23章)各为一章,复句主要包括具有并列、承接、递进、选择、因果、目的、条件、让步、转折语义关系的复句项目,以及形式上紧缩为单句的特殊复句。第22章继续聚焦紧缩结构,列出常见的"类固定词组"项目。

第二大板块即第24章主要是一些常见的话语标记,是教学语法大纲在语用层面的扩展,是语法能力乃至语言水平进阶升级的重要标志。这一章的内容体现了中级大纲的一个特色和创新点——不仅有静态的语法单位项目,还包括动态的话语结构要素。

表 12　中级大纲语法项目分布表

| 语法项目所属类别 | | 语法项目所在章节 | 语法项目数量 |
| --- | --- | --- | --- |
| 语言结构 | 句子的结构 | 第一章　名词 | 6 |
| | | 第二章　数词、量词 | 15 |

续表

| 语法项目所属类别 | | 语法项目所在章节 | | 语法项目数量 |
|---|---|---|---|---|
| 语言结构 | 句子的结构 | 第三章 时间词 | | 9 |
| | | 第四章 方位词、处所词 | | 8 |
| | | 第五章 动词 | | 25 |
| | | 第六章 形容词 | | 8 |
| | | 第七章 代词 | | 11 |
| | | 第八章 副词 | | 90 |
| | | 第九章 介词 | | 20 |
| | | 第十章 助词 | | 5 |
| | | 第十一章 连词 | | 15 |
| | | 第十二章 语气词 | | 7 |
| | | 第十三章 拟声词 | | 1 |
| | 常用句式 | 第十四章 比较句 | | 7 |
| | | 第十五章 "是"字句 | | 2 |
| | | 第十六章 "是……的"句 | | 2 |
| | | 第十七章 "有"字句 | | 4 |
| | | 第十八章 兼语句 | | 2 |
| | | 第十九章 "把"字句 | | 4 |
| | | 第二十章 被动句 | | 4 |
| | 句子的组合 | 第二十一章 复句 | 并列复句 | 63 |
| | | | 承接复句 | |
| | | | 递进复句 | |

续表

| 语法项目所属类别 | | 语法项目所在章节 | | 语法项目数量 |
|---|---|---|---|---|
| 语言结构 | 句子的组合 | 第二十一章 复句 | 选择复句 | |
| | | | 因果复句 | |
| | | | 目的复句 | |
| | | | 条件复句 | |
| | | | 让步复句 | |
| | | | 转折复句 | |
| | | | 紧缩复句 | |
| | | 第二十二章 类固定词组 | | 17 |
| | | 第二十三章 句群 | | 7 |
| 话语结构 | 话语标记 | 第二十四章 话语标记 | | 36 |
| | | 总计 | | 368 |

## 三、中级大纲的语法项目

### 1. 项目设置

大纲所列项目为中级阶段汉语语法知识的增量部分，覆盖"词—词组—句子—复句—句群"五级语法单位。具体包括：

（1）实词、虚词的下位小类和常见词语。在初级大纲之上，新增的项目除了少量的下位小类（如集合名词），主要是具体词语[①]，如"趋向动词"项下新增"开来"，"副词"项下新增"大多、大大、将、亲自、必定、恰好"等与范围、程度、时间、情态、肯定/否定、语气表达有关的词语，"介词"项下新增一些具有新的语义（如"沿着、除了、替"）或具有明显语言风格（或倾向）的词语

---

① 词类的归属主要依据《现代汉语词典》（第7版）。

（如"自、于、因、将"），人称代词项下新增词语（如"人家"）和复杂用法（人称代词的活用）。

（2）各类实词、虚词组合而成的词组和结构。如"名词（词组）的句法功能"项下新增同位词组，"动词"项下新增多个"动词+结果补语""动词+状态补语"的动补结构。

（3）汉语主要句式的常见格式。中级大纲列有比较句、"是"字句、"是……的"句、"有"字句、兼语句、"把"字句、被动句的一些常见格式。相较于初级大纲以各种句式的基本格式为主，中级大纲的句式项目结构更复杂，语义更丰富。如比较句项下除了有表达差异存在的格式，更有表达差异程度的多个格式；兼语句项下新增表示"致使"义的项目，区别于初级项目表示"使令"义。

（4）用于表达句子间逻辑语义关系的常见格式。主要见于"复句"一章，以篇章关联成分作为项目标记。这些项目有的用于表达更丰富的语义关联，如条件复句项下的"除非……否则……""要不是……就……""即使……也……"，体现了"条件→结果/结论"的不同推理方式（推知、假设、让步）；还有的用于契合特定的语体风格，如目的复句项下的"……，以……"具有书面语风格，而"……，好……"则具有口语风格。

（5）实现句子在语义和形式上相连成"群"的基本语法手段，主要见于"句群"一章。包括特定词类的使用（如代词复指、时间词连用）和特定成分的省略（如主语省略、宾语省略）。这些项目是高级阶段更深入地展开句群教学和学习的基础。

（6）体现句子信息与上下文以及交际情境关联的语用手段。主要见于"话语标记"一章。这个部分是中级阶段的新增内容，在初级大纲没有出现。体现出中级阶段的语法体系已经拓展到语用层面，开始涉及语用形式和手段来组织动态的话语、篇章。

总的来说，中级大纲较初级大纲的增量体现在三个方面：一是新延展出的语法单位大类和下位小类，二是形式更复杂、语义更丰富、用法更繁复的词语、词组、格式；三是为满足更精细复杂的表达需求而采取的语法—语用手段。大纲所列项目不仅是汉语学习者的"应知应懂"，更是他们的"应会应用"。

**2. 项目来源**

中级大纲语法项目的析取主要依据教学大纲、主流教材以及相关研究文献，找出语法教学各种场景中的共核部分和高频项目，作为中级大纲的语法项目。如遇项目在不同文献资料中的出现情况和等级划归不完全一致，中级大纲基本采取"从众"的处理方式，确保析出的项目为教学实际中的高频语法点。具体析出过程如下：

首先进行文本调查分析，确定以下常用大纲和教材为析出中级项目的基础文本：

（1）对外汉语教学和测试用大纲和语法大纲。主要包括：

·刘英林主编《汉语水平等级标准与语法等级大纲》（1996）

·教育部、国家语言文字工作委员会发布《国际中文教育中文水平等级标准》（2021）

（2）主流的中级汉语精读或综合类教材、精读或综合系列汉语教材的中级分册。主要包括：

·《桥梁：实用汉语中级教程》上、下册（北京语言文化大学出版社，1996）

·《博雅汉语·中级冲刺篇Ⅰ》（北京大学出版社，2005）

·《博雅汉语·中级冲刺篇Ⅱ》（北京大学出版社，2006）

·《新实用汉语课本》第5册（北京语言大学出版社，2005）

·《新实用汉语课本》第6册（北京语言大学出版社，2009）

·《拾级汉语·精读课本》第5级（北京语言大学出版社，2007）

·《拾级汉语·精读课本》第6级（北京语言大学出版社，2007）

·《拾级汉语·精读课本》第7级（北京语言大学出版社，2007）

·《拾级汉语·精读课本》第8级（北京语言大学出版社，2007）

·《发展汉语（第二版）中级综合（Ⅰ）》（北京语言大学出版社，2011）

·《发展汉语（第二版）中级综合（Ⅱ）》（北京语言大学出版社，2012）

这些教材以"语法例释、语法点、语言点"等说法标记出专门的语法教学环节，所列语法知识具有显性的语法教学属性。中级大纲将这些语法知识逐一分项列出。

以这 2 部大纲、5 套教材的语法项目出现频率作为初步确定中级语法项目的依据。从中析出的语法项目共计 1877 项，以"软件检索＋人工校对"的方式比对出重合项目计 910 项次（表 13）。

表 13　中级语法项目重合情况

| 项目来源 | 大纲 |  | 教材 |  |  |  |  | 共计（项次） |
|---|---|---|---|---|---|---|---|---|
|  | 汉语水平等级标准与语法等级大纲 | 国际中文教育中文水平等级标准 | 桥梁 | 博雅汉语 | 新实用汉语课本 | 拾级汉语 | 发展汉语 |  |
| 项目总数 | 510 | 310 | 263 | 134 | 337 | 149 | 174 | 1877 |
| 重复项目 | 170 | 175 | 156 | 83 | 126 | 91 | 109 | 910 |

项目比对显示，重合的 910 项次对应于 321 个出现重合情况的语法项目。其中，有 29 项不归入中级大纲（表 14）。

表 14　不归入中级大纲的重合项目

| 项目 | 数量 | 不归入中级大纲的原因 |
|---|---|---|
| 初级—中级重合（初级频率明显高于中级） | 13 | 归入初级大纲 |
| 语素项目 | 5 | 归为高级阶段的语素教学项目 |
| 俗语、成语、方言词语、书面用词等 | 11 | 归为词汇教学项目 |
| 共计 | 29 |  |

其余 292 个重合项目虽然重合率不同（表 15），但均来自中级大纲目标人群的常见常用文本，可以视为教学相关场景中的高频语法点。基于这一考虑，这些项目悉数归入中级大纲。

表 15　归入大纲的语法项目的重合情况

| 重合次数 | 重合率 | 项目数量 |
| --- | --- | --- |
| 7 | 100% | 2 |
| 6 | 85.7% | 6 |
| 5 | 71.4% | 23 |
| 4 | 57.1% | 42 |
| 3 | 42.9% | 76 |
| 2 | 28.6% | 143 |
| 共计 |  | 292 |

另外，在一些涉及语法体系分级、中级语法项目以及重点、难点项目等的专家著作以及对外汉语语法教材中，也有语法体系分级、语法项目等级的内容，中级大纲亦将其作为语法项目析出和验证的参考之一。主要包括：

·吕文华《对外汉语教学语法体系研究》（北京语言文化大学出版社，1999）

·吕文华《对外汉语教学语法讲义》（北京大学出版社，2014）

·陆庆和《实用对外汉语教学语法》（北京大学出版社，2006）

·齐沪扬《对外汉语教学语法》（复旦大学出版社，2005）

·邓守信《对外汉语教学语法》（北京语言大学出版社，2010）

·卢福波《对外汉语教学实用语法》（修订本）（北京语言大学出版社，2011）

并结合全球汉语中介语语料库 V1.0、HSK 动态作文语料库 2.0 等语料库中的分布情况以及专家意见加以验证，最终确定了正文中的 368 个项目，以及附录中的 83 个项目。

**3. 编写体例**

语法项目以条目形式呈现，包括编号、名称、形式、意义、用法、例句六个部分。示例及具体说明如下：

【中 039】开来

形式：动词 + 开来

意义：人、事物随动作分开（例句 1），或从一点往外分散（例句 2）。

**用法**：动词宾语出现在"开"和"来"之间（例句3）。

**例句**：

1）她把箱子打开来一看，里面竟然是空的。

2）这首歌渐渐在海外华人中传唱开来。

3）打开你的书来，就如黑夜里有了灯，眼前出现一片光明。

（1）语法项目的编号。编号位于项目名称前，形式为"【中（等级标识）+序号】"，序号为三位阿拉伯数字，全书项目统一编排序号。需多处出现的项目，仅在一处编号，其余地方的编号标记为"【中＊＊＊】"，并注明互见参照的项目序号。如第一章的"1.4 名词的连接"中提及连词"以及"，该项目的编号方式如下：

第一章　名词与句子的表达

**1.4　名词的连接**

【中＊＊＊】以及（参见【中200】）

第十一章　连词与句子的表达

【中200】以及

（2）语法项目的名称。大纲基于各级语法单位的表达功能来分章设节，语法项目是实现这些表达功能的细化颗粒，因此语法项目的名称主要用体现该表达功能的常见语法形式、语法标记来命名。同一功能存在多个近似形式的，以高频形式命名项目，其余视作变体形式。如"副词与句子的表达"一章中，编号【中089】的语法项目用于表达"主观认为事情在较小范围或较轻程度内"，这个项目以高频词"只不过"命名，而具有同样表达功能的"不过"列入"形式"部分。具体来说，在词语一级，封闭的词类其内部的词语一般语法功能个性较强，以单个词语本身为项目名称，如形式动词的项目命名为：

**8. 形式动词与语用表达**

【中061】进行

【中062】加以

开放的词类以体现特定表达功能的组合形式来命名，如"形容词与句子的表达"一章中用形容词与形式标记词的组合命名项目：

**1. 形容词与程度的表达**

【中064】形容词＋得＋不得了

【中065】形容词＋得＋要命

【中066】形容词＋得＋厉害

【中067】形容词＋透（了）

【中068】形容词＋坏（了）

对于句式、复句、类固定词组、话语标记等语法单位，以教学中常用的语法标记（词、词类和句子成分的组合结构）作为项目名称，如被动句、选择复句的项目分别命名为：

第二十章　被动句与句子的表达

【中242】……给（A）＋动词＋补语

【中243】……被 A＋动词＋补语

【中244】……被 A＋给＋动词＋补语

【中245】……被 A＋所＋动词

**4. 选择复句**

【中259】要么……要么……

【中260】或者……或者……

【中261】与其……，不如……

【中262】与其……，宁可……

【中263】宁可……，也……

另外，以语法小类作为项目的，就以小类名称命名，如"【中001】集合名词、【中006】同位词组"；以表达方式、语法手段作为项目的，就以语言简述的形式命名，如"数词、量词与句子的表达"一章有关于"借用名量词"的项目，根据表达计量的方式命名为：

【中018】借用容器做量词

【中019】借用所在处所做量词

又如中级阶段出现少数的语法手段项目，如代词活用、连句成群等，也以具体的语法手段称说项目名称：

1.2　人称代词的活用

【中 074】单数人称代词用作复数

【中 075】第二人称用作第一人称

（3）语法项目的形式。"形式"是语法项目在句子中的实现形式，以词或词的组合形式出现。中级大纲重视形式与意义的匹配，重视根据区别性特征描写语法形式，在这一部分列出作为项目名称的基本形式或高频形式，以及一些变体形式。变体形式在使用上存在细微差异的，在"用法"部分加以说明。如复句、话语标记的项目，"形式"分别写为：

【中 280】除非……否则……

形式：除非……否则……

　　　除非……不然……

【中 333】说起……

形式：说起……

　　　说起……来

　　　说起来

以语法小类为项目的，"形式"一般列出小类的内部结构，如：

【中 006】同位词组

形式：名词 / 名词词组 + 名词 / 名词词组

以语法手段为项目的，如果该语法手段对应的形式有限，就在"形式"部分列出，如单数人称代词活用表示复数仅限于第一人称或第二人称与集体名词组合的情况，第二人称用作第一人称也仅有"你"这一个词，"形式"就列出这些组合结构或词语（见下例）。处理方式较为特殊的是"句群"一章，由于呈列的是"连句成群"的一些基本语法手段，在段落、篇章层面的具体形式随文而异、不胜枚举，故在"例句"部分展示实例，不设"形式"部分。

【中 074】单数人称代词用作复数

形式：你 / 我 + 集体名词

【中 075】第二人称用作第一人称

形式：你

（4）语法项目的意义。这一部分是对语法项目功能的概括，是语法知识的重要方面，重在说明一个语法项目在语句表达、信息传递中的具体作用。同一项目有不同语法意义的，加以分列说明。如类固定词组"多A多B"可以表达"条件—结果"关系或并列关系，大纲将这两种意思及相应用法、例句分别加以说明：

【中312】多A多B

意义一：表示事物A多就会使事物B多。"多A"和"多B"在语义上是"条件—结果"关系。用来强调条件A具有重要的影响。

用法："多"的后面是语义相近或相关的名词性成分。

例句：

1）在中国传统文化中，石榴象征着"多子多福"。

2）我报名做志愿者，其实就是想着多一个人多一份力量。

意义二：表示某类事物或相关事物A、B数量多。"多A"和"多B"的语义是并列关系。

用法："多"的后面是语义相近的名词性成分。

例句：

3）幼儿园的老师会画画儿、唱歌、跳舞、讲故事，真是多才多艺。

4）祝您在新的一年平安健康，多财多福，心想事成！

（5）语法项目的用法。这个部分综合考虑学习者习得情况，从学习和使用语法项目的角度，提示应注意的使用要点。有的和语法形式有关，有的和语法意义有关，有的和语用条件有关，还有一些易混淆项目的辨析提示。如在介词"趁"项下，"用法"提示要注意这一介词的搭配成分、句中位置，以及与变体形式的区别等要点。

【中192】趁

形式：趁

趁着

意义：利用条件或机会（而采取某种行为）。

用法：1）"趁/趁着"后面可以跟名词性成分（例句1）、形容词（例句2）、动词词组（例句3）和小句（例句4）。

2）"趁/趁着……"可以出现在句中（例句1~3），也可以出现在句子开头（例句4）。

3）"趁着"后面一般不跟单音节词（如不说"茶要趁着热喝"），区别于"趁"（例句2）。

例句：

1）我们趁着周末去公园逛逛吧。

2）茶要趁热喝。

3）我和家人打算趁着放假去中国旅游。

4）趁爸妈不注意，弟弟偷偷拿了一盒巧克力。

（6）语法项目的例句。每个语法项目下的例句旨在帮助使用者更好地理解形式、语义和用法的要点。例句与要点说明紧密联系，句中用下画线标明所用语法项目的具体形式。每个语法项目统一编排例句序号，体现特定要点的例句，在"意义""用法"的对应内容后以"（例句×）"注明该例句序号（参见上文"趁"例）。例句的编写特色详见本文下一节"4.项目解释"。

（7）语法项目的互见参照。如果某个章节中的某个语法项目需要在另一章节中出现或查阅，则提供互见参照，用"参见+项目编号"标出。如：

第九章　介词与句子的表达

【中186】因

形式：因……

因……而……（参见【中198】）

第十一章　连词与句子的表达

【中198】而

形式：而

因……而……（参见【中186】）

因为……而……

为了……而……

为……而……

（8）符号的使用。为简便行文，大纲使用了一些常用的语法符号，说明如下（表16）：

表 16  中级大纲常用语法符号

| 符号 | 含义 | 例子 |
| --- | --- | --- |
| ＋ | 成分间的连接 | 在＋名词＋的＋动词＋下 |
| …… | 省略成分 | 到……为止 |
| (＋) | 可隐现的部分 | 动词＋个（＋不／没）＋够 |
| （） | 相关备注，如互见参照、多音字等 | 因……而……（参见【中198】）<br>【中059】得（děi） |
| ／ | 并列可选的形式 | 数词＋处所／身体部位＋名词 |
| ＊ | 用例不符合语法规则 | ＊明两口子，你却说是兄妹。 |

## 4. 项目解释

中级大纲在项目的解释上，依据教学语法大纲整体"就易不就难，从教不从研"的实用性原则，做到：

（1）与初级大纲的语法术语、语法体系一致，解释规范。中级大纲对项目的解释主要围绕教学重点难点展开，展示项目的主体、变体形式，说明内部成分的形式语义限制，结构的整体功能、句法位置和搭配限制、语用环境、语体色彩，以及与形似义近项目的区别。

（2）语法解释浅显，少用术语。比如在副词的分类解释中，不使用"否定副词、评注性副词、频率副词"之类的理论术语，而是从语义表达的角度采用"副词与肯定、否定的表达""副词与事件状态的表达""副词与行为方式的表达"这样易于使用者和学习者理解的说法。又如"介词"一章，根据介引成分的语义进行分组，把理论语法中的"施事、受事、与事"换为教学场景中通俗易懂的"动作的发出者、接受者、参与者"。

（3）用法例释典型，易于教学使用。每个项目除了语言上的解释说明，还给出与特定形式、语义、用法对应的例句，并在文字解释的后面标出对应的例句序号。为充分体现例句的典型性和交际语境，例句采用独白（单句、复句、句群）、对话等多种文本形式。如"话说回来"的例句分别用对话（例句1）体现"转移话题"的作用，用独白（例句2）体现"延续话题，补充修正内容"的用法。

【中 344】话说回来

形式：（略）

意义：（略）

用法：（略）

例句：

1）A：真糟糕，我的笔丢了。

　　B：水笔丢了，那先用铅笔写作业吧。

　　A：现在也只能这样了。话说回来，你怎么知道我丢的是水笔？

2）他说话的速度的确有点儿慢，不过话又说回来，他的发音真的很标准。

又如，话语标记"再说"用句群体现"追加原因、补充理由"的用法。

【中 ***】再说

形式：（略）

意义：（略）

用法：（略）

例句：

1）我不想放弃我们的公司，经过那么长时间的努力，我们的产品已经被市场接受了，品牌也有了一定的知名度。再说还有几家投资公司对我们有兴趣，也许它们能帮我们解决资金问题。

项目的例句适用于教学，也是中级大纲的特色之一。例句经人民日报、光明日报等语料库初步检索，但在内容、用词等方面进行了调整、修改，以适应等级水平，突显主要信息。例句的内容尽可能贴近学习者熟悉的生活、学习、工作等交际场景和话题；例句的用词控制在主流汉语教材和大纲的中级词汇范围内，避免使用中级水平学习者难以理解的成语、俗语、古诗、文言。如"【中 059】得（děi）""【中 335】算了"的例句，如果是母语为汉语的人，在交际中使用成语、俗语显得很自然，但大纲考虑到它们的难度与中级学习者的水平不匹配，分别将例句处理如下：

不用→<u>得</u>相夫教子，还<u>得</u>上班赚钱，女人才是最累的。

用→<u>得</u>照顾家庭、孩子，还<u>得</u>上班赚钱，女人才是最累的。

不用→强扭的瓜不甜，<u>算了</u>。

用→强迫他来也不会有好结果，<u>算了</u>。

## 四、附录

附录分别列出中级教学阶段常见的固定格式62项，惯用语21项，共计83项。固定格式因其形式特征和结构规律而具有一定的教学价值，但又难以简单划归语法体系中的某一层级或单位，故附于正文之后。惯用语在实际教学中一般放在词汇环节处理，中级大纲列出一些有结构规律的三字格项目，供教学和学习参考。

另外，中级大纲后附语法项目的索引，分别以项目的体系归类和名称音序为序，以便使用者检索。

# 第一章　名词与句子的表达

名词用来表示人、事物、时间、处所等的名称。从语义的角度，名词可以分出一些特殊小类，比如表示群体概念的"集合名词"，表示时间概念的"时间词"，表示空间概念的"方位词"和"处所词"。名词的前面可以有一个或多个修饰成分（称为"定语"），起到限定、描写名词的作用。

名词和名词词组（统称为"名词性成分"）的连接可以通过连词或极短小停顿（书面常用"、"等标点符号）实现。有一种"名词+名词"的"无缝"连接形式，在语义上指同一事物，这种组合形式被称为"同位词组"。

## 1. 名词与表达

### 1.1 集合名词

【中001】集合名词

形式：名+量（纸张、书本、人口、车辆……）

意义：一群事物的集合体。

用法：1）集合名词的内部结构可以视为"单音节名词+单音节量词"。
　　　2）不能用个体量词修饰，如"个"等。

例句：

1）在中国，人口最多的少数民族是壮族。

2）在高速公路上，要注意跟前面的车辆保持一定的距离。

## 1.2 名词的指称

名词前面可以用代词表指称。中级出现的相关代词及表达形式有：

### 【中002】本₁

形式：本₁+名词

意义：用来指称与说话人（例句1、例句3）或前面提及的人（例句2）直接相关的人、事、物、时间、地点等。

用法："本……"具有书面语风格。

例句：

1）感谢您对<u>本公司</u>的关注！

2）她<u>本人</u>比照片还好看。

3）公司将于<u>本周末</u>发布新产品。

### 【中***】此（参见【中076】）

形式：此+名词

意义：表示"这（个）"。

用法：1)"此"和名词中间可以加数词。

　　　2)"此……"具有书面语风格。

例句：

1）<u>此地</u>曾经热闹繁荣，现在却无人居住。

2）造成<u>此问题</u>的原因是什么？

3）若见<u>此二人</u>，请速报警。

### 【中003】某些

形式：某些+名词

意义：个体不明确的一些（事物）。

用法：在不方便或不想指明个体的语境中，"某些"具有故意不指明具体事物的语用功能。

**例句：**

1）这个世界上，总有人喜欢你，也有人不喜欢你。你不用太在乎<u>某些人</u>的看法，否则会过得很辛苦。
2）我们俱乐部的<u>某些球员</u>表现太差，却拿着高工资，这种情况应该改变了。

## 1.3 名词多项修饰语的顺序

### 【中 004】多项定语

**形式：** 名词、代词、数量词组、动词/动词词组、形容词/形容词词组等（+的）+ 名词

**意义：** 用各方面的信息限制、说明或描写一个事物。

**用法：** 1）从语义的角度，定语的排列顺序大致是：表示所属的名词、代词（谁的）+ 指示代词（哪个）+ 数量词组（多少）+ 动词/动词词组（怎样的）+ 形容词/形容词词组（什么样）+ 表示限定的名词（哪种、哪类）（例句1）。

2）从语义上看，定语越是表示中心语的固有性质，离中心语越近。比如限定属性的定语离中心语相对较近，而表示时间、地点、领属的定语则相对较远（例句2）。

3）数量定语的位置相对比较灵活（例句3）。

4）通常来说，带"的"的定语在前，没有"的"的定语在后。

**例句：**

1）<u>红队那个穿着23号球衣的高个儿小伙子</u>才是我的外孙。
2）她已成长为我校<u>一名教学能力出色的优秀青年女教师</u>。
3）以前明明是<u>长得很帅的一个阳光少年</u>，怎么现在成了<u>一个活得很消极的中年大叔</u>？

## 1.4 名词的连接

名词的连接主要通过连词和标点符号实现。

【中 005】与（参见 p163 "与"）

形式：名词 + 与 + 名词

意义：表示"和"，连接具有并列关系的名词。

用法：1）如果是两个以上的名词，前面的名词用顿号"、"分隔，"与"一般放在最后两个名词之间。

2）"与"具有书面语风格。

例句：

1）这所大学强调实践与理论同样重要。

2）她的年轻岁月充满着青春、梦想与奋斗。

【中 ***】以及（参见【中 200】）

形式：名词 + 以及 + 名词

意义：连接多个事物，并将事物划分为不同层次。"以及"前后的事物常常有主次之分或先后之分。

用法：1）"以及"放在最后一个事物前。

2）跟前面的事物可以有停顿，书面用逗号","表示。

例句：

1）今天我来说一说实验的操作过程，以及之后的整理工作。

2）参加会议的有校长、副校长，以及教务处、学生处等相关部门负责人。

## 2. 名词（词组）的句法功能

【中 006】同位词组

形式：名词 / 名词词组 + 名词 / 名词词组

意义：用前后两个名词 / 或名词词组表示同一事物，起到互相说明的作用。

用法：同位词组可以做主语、宾语、定语、状语。

**例句：**

1）<u>春城昆明</u>是一座美丽的城市。

2）父子二人打算今年暑假去<u>首都北京</u>。

3）他讲的是<u>科学家钱学森</u>的故事。

4）<u>今明两天</u>当地以多云天气为主。

# 第二章　数词、量词与句子的表达

数词用来表示数目的多少，或者顺序的先后。中级阶段的数词项目主要与分数、小数、倍数，以及概数的表达有关。

量词用来表示人、事物或动作的计量单位，用于人或事物计量的是名量词，用于动作行为计量的是动量词。事物和动作的类属、特点、计量方法在一定程度上会影响量词的选择。

数词和量词可以组合成数量词组，修饰名词或动词。

## 1. 数词与数目的表达

### 1.1 数目的读法

【中 007】小数

形式：整数＋点＋小数

意义：带小数的数目。

用法：先读整数，然后读"点"（表示小数点"."），最后按从左到右的顺序逐个读出数字。

例：

1）零点一二三（0.123）

2）零点零零三（0.003）

3）三百二十二点二二三（322.223）

## 【中008】分数

**形式**：分母 + 分之 + 分子

**意义**：分数。

**用法**：先读分母，然后读"分之"（表示分数线"/"），最后读分子。

**例**：

1）二分之一（1/2）

2）十分之三（3/10）

3）一百分之二十七（27/100）

## 【中009】百分数

**形式**：百分之 + 分子

**意义**：分母为100的分数。

**用法**：先读"百分之"（表示百分号"%"），再按照整数及小数的读法读分子。

**例**：

1）百分之五十一（51%）

2）百分之百 / 百分之一百（100%）

3）百分之两百（200%）

4）百分之二十三点五（23.5%）

### 1.2 数目与表达

#### 1.2.1 倍数的表达

## 【中010】倍

**形式**：数词 + 倍

**意义**：表示数量关系。

**用法**：1）用于说明事物之间或变化前后的数量关系。常用句式有：

·A 是 B 的……倍（例句1～2）

　　　　・增加、放大等（表示增量变化的动词）……倍（例句3）

　　　2）"倍"前面的数词可以是整数（例句1、例句3）或小数（例句2）。

**例句：**

1）节日期间的加班费<u>是</u>平时工资的3<u>倍</u>。

2）今年的产量大约<u>是</u>去年的2.7<u>倍</u>。

3）专业软件可以把这张照片<u>放大</u>300<u>倍</u>。

### 1.2.2　分数的表达

**【中011】成**

**形　式：** 数词（一～十）+ 成

**意　义：** 一成等于十分之一，几成等于十分之几。

**用　法：** 用于说明事物之间或变化前后的数量关系。常用句式有：

　　　　・占/有……成

　　　　・增加/减少……成

**例句：**

1）在全市的常住人口中，已注册的志愿者大约<u>占</u>两<u>成</u>。

2）公司今年的收入比去年增加了<u>三成</u>。

### 1.2.3　概数的表达

**【中012】三五**

**形　式：** 三五（+量词）+ 名词/名词词组

**意　义：** 量少的概数。

**用　法：** "三五（+量词）"在名词前做修饰成分，一般表示不太多的数量。

**例句：**

1）这种植物一般<u>三五</u>年就能开花儿、结果。

2）现在是工作时间，仅有<u>三五</u>人在商场购物。

3）朋友不用多，有<u>三五</u>个真心的就够了。

4）一个月薪只有三五千元的人，就不要去玩儿股票了。

## 【中 \*\*\*】来₁（参见【中 196】）

**形式：** 十/百/千/万＋来₁＋量词＋名词

数词（一～十）＋量词＋来₁＋形容词/名词

**意义：** 数字大概接近某个整数

**用法：** 1）常见形式"十/百/千/万＋来＋量词＋名词"表示大概接近"十（百、千、万）"相应的整数。量词选择自由（例句1）。

2）常见形式"数词（一～十）＋量词＋来＋形容词/名词"主要用于表示大概的钱数、重量、时间，比前面"数词（一～十）＋量词"多不到一个量词单位的量（例句2～3）。

3）用"来"表示概数，具有口语风格。

**例句：**

1）我请朋友吃饭，没想到他又叫了十来个人。

2）这把剑只有三斤来重。

3）妹妹的孩子在我家住了两个来星期。

## 【中 \*\*\*】把（参见【中 197】）

**形式：** 百/千/万＋把（＋量词）＋名词/名词词组

**意义：** 实际数字大概比"一百/一千/一万"多一点儿。

**用法：** 具有口语风格。

**例句：**

1）这个大厅可以坐千把人。

2）他早出晚归，一个月也就挣个百把块钱。

## 2. 量词与事物的计量

### 2.1 名量词

### 2.1.1 个体量词

【中 013】特定种类事物计量

**形式**：棵、册、朵、幅、匹、扇、滴、股、枝、笔、桩……

**意义**：事物根据所属种类计量。

**用法**：棵：草、树等植物逐个计量。

　　　　册：书等印刷物逐个计量（具有书面语风格）。

　　　　朵：花儿或云逐个计量。

　　　　幅：图画逐个计量。

　　　　匹：马逐个计量，或布按卷儿计量。

　　　　扇：门窗逐个计量。

　　　　滴：滴下的液体逐个计量。

　　　　股：气体、气味、力气的计量。

　　　　枝：带枝干的花儿或者带叶子的树枝逐个计量。

　　　　笔：钱款的计量。

　　　　桩：事情的计量。具有口语风格。

**例句**：

1）一棵白菜多少钱？

2）《商务汉语综合教程》有上、下两册书。

3）她把一朵鲜花戴在头上。

4）中国美术馆收藏了他的五幅作品。

5）我觉得这匹黑马会赢得今天的比赛。

6）生活给你关上了一扇门，也会为你打开一扇窗。

7）每一滴汗水、每一滴泪水都让你成为更好的自己。

8）清风吹来，一股淡淡的花香飘过。

9）一枝玫瑰花五块钱，您想要多少？

10）有了这笔投资，就能实现我们的创业梦想。

11）工作就是不停地忙，一桩事接着一桩事。

## 【中 014】特定形状事物计量

**形式**：颗、根、卷儿

**意义**：特定事物按个计量。

**用法**：颗：圆形或粒状的东西逐个计量。

　　　　根：细长东西逐个计量。

　　　　卷儿：裹成卷儿的东西逐个计量。

**例句**：

1）这颗珍珠最少值两千块钱。

2）请给我两根吸管。

3）通常一卷儿普通的卫生纸大概有250～350节。

### 2.1.2　集合量词

## 【中 015】事物按组计量

**形式**：打（dá）、批、届、串、副

**意义**：事物从数量、时间等角度分组计量。

**用法**：打：12个为一组计量。

　　　　批：一定数量的货物或人作为有序的一组计量。

　　　　届：定期的会议、年级、班级等为一组计量。

　　　　串：连贯起来的东西为一组计量。

　　　　副：成套的东西为一组计量。

**例句**：

1）一个鸵鸟蛋的重量大约相当于两打鸡蛋。

2）老师送走一批学生，又迎来一批学生。

3）第 29 届夏季奥运会于 2008 年在中国北京举办。

4）为了参加晚会，她向同学借来了一串项链。

5）一副扑克有 54 张牌。

### 2.1.3 部分量词

【中 016】事物按内部的结构单位计量

形式：集

意义：利用组成整体的部分为单位来计量。

用法：集：以长篇著作或作品中相对独立的部分为单位计量。

例句：

30 集电视剧《你我一家人》明天起将在上海电视台播放。

### 2.1.4 抽象名词的量词

【中 017】用类似事物搭配的量词

形式：条、片、串、堆

意义：通过比喻、引申、联想来描写抽象事物。

用法：条：描写分项的抽象事物。

片：描写作为一个整体的抽象事物。

串：描写多个相连的抽象事物。

堆：描写多而杂的抽象事物。

例句：

1）本次调查共收集到 113 条群众意见。

2）你别拒绝了他的一片心意。

3）孩子的每一串笑声都是最好听的音乐。

4）大企业人才多，怎么还有一堆问题解决不了？

## 2.1.5 借用名量词

**【中018】借用容器做量词**

**形式**：袋、盘、桶……

**意义**：借用事物的容器、包装来计量。

**用法**：数词+容器包装+名词。

**例句**：

1）我上周刚买了<u>一袋米</u>。

2）只有<u>一盘菜</u>，一家人却吃得开开心心。

3）要给学生一杯水，教师要有<u>一桶水</u>。

**【中019】借用所在处所做量词**

**形式**：屋子、桌子、脸、口、手……

**意义**：借用事物所在的处所或所附着依存的部位来描写事物。

**用法**：1）主要用于描写、修饰中心语。常见形式为"数词+处所/身体部位+名词/名词词组"，数词通常是"一"。

    2）具有口语风格。

**例句**：

1）家里坐了<u>一屋子人</u>，好不热闹。

2）爷爷奶奶来了，妈妈给他们做了<u>一桌子好菜</u>。

3）下雨天他帮司机修汽车，弄了<u>一手泥</u>。

4）这几位主持人都能说<u>一口</u>标准的普通话。

## 2.2 动量词

### 2.2.1 专用动量词

**【中020】根据动作行为的次数计量**

**形式**：番、趟

意义：动作行为按次计量。

用法：番：繁复行为按次计量。

趟：以一来一往为一次计量。

例句：

1）专家解释一番后，观众明白了这两种动物的区别。

2）一个月跑了三趟，小王终于拿到了签证。

### 2.2.2 借用动量词

【中021】借用相关事物做量词

形式：声、刀、针

意义：借用动作的器官、工具、结果做量词。

用法：声：借用动作发出的声音计量。

刀：借用动作使用的刀计量。

针：借用动作使用的针计量。

例句：

1）A：玛丽叫了你三声，怎么你都没听见？

B：我戴着耳机听音乐呢。

2）老李上个月去医院动手术，挨了一刀。

3）医生说你的病不严重，打两针就会好的。

# 第三章　时间词与句子的表达

时间词是名词的特殊小类，专门用来表达时点或时段。前者是在时间轴上的定位，回答"什么时候"的问题；后者是在时间轴上的长度，回答"多长时间""多久"的问题。中级阶段的时间词项目使时间的表达手段在语言风格、表达方式上更多样、更恰当。

## 1. 时间词与时点的指称

### 1.1　用时间排序来指称时点

**【中022】一个星期的某一天**

形式：周一、周二、周三、周四、周五、周六、周日

意义：参照"星期"内的排序来指称时间。

用法："周～"具有书面语风格。

例句：

1）周六、周日是周末。

2）招聘会将于下周三举行。

**【中023】一个月的10天**

形式：上旬、中旬、下旬

意义：参照一个月内"旬"的排序来指称时间。

用法："……月+上旬/中旬/下旬"用来指称某个月前/中/后10天的时间。

例句：

1）我们打算 12 月下旬或 1 月上旬出发。

2）本月中旬与上旬相比，有多种产品价格上涨。

## 【中 024】初

形式：初

意义：参照一个时间段的起点来指称时间。

用法：1）"……世纪 / 年 / 月 + 初"用来指称某个世纪、某年或某月的起始阶段。

2）"年初"特指"今年起始的时候"（例句 2），"月初"特指"本月起始的时候"。

例句：

1）今天我们将讨论 21 世纪初的中国经济改革与政策。

2）他的病情在年初得到了控制。

3）3 月初，外出旅游的人数大大减少。

## 【中 025】末

形式：末

底

意义：参照一个时间段的最后来指称时间。

用法：1）"末"前面可以出现"世纪、年、月"，"底"前面可以出现"年、月"。

2）"……末"具有书面语风格，"……底"偏向于口语风格。

例句：

1）一项研究成果显示，到 21 世纪末，全球平均气温将上升 3℃。

2）截至 2021 年末，我市常住人口大约有 2000 万人。

3）我们公司月底发工资。

## 1.2 用参照时点指称相应的时间

### 【中 026】以说话的"现在"为参照指称时间

**形式**：往常、当初、如今

**意义**：指称过去、现在的时间。

**用法**：往常：过去的一般的日子。

当初：过去发生某件事情的时间。具有书面语风格。

如今：现在较长的一段时间。具有书面语风格。

**例句**：

1）为了赶飞机，赵磊今早比往常早起了 30 分钟。

2）这种手机当初大受欢迎，如今却无人购买。

### 【中 027】以事件的过程为参照指称时间

**形式**：起先

**意义**：指称某事开始的时间。

**用法**：1)"起先"用于表达事情开始时与现在或后来的情况进行的对比。

2)"起先"可以出现在句子开头，也可以出现在主语后面。

**例句**：

1）起先我们公司只有五六个人，后来发展到几百人的规模。

2）他起先不愿透露工作单位，最后才说自己是某学校的老师。

### 【中 028】以"模糊的时点"指称时间

**形式**：时刻$_1$

**意义**：某一时间点。

**用法**："时刻"一般搭配的量词是"个"。

**例句**：

1）人总是在某个时刻突然长大。

2）将军后来回忆说，他的一生经历过两个最紧张的战斗时刻。

## 2. 时间词与时段的表达

**【中029】以"星期"为单位计算时长**

形式：周

意义：星期的数量。

用法：1）常用形式为"数目 + 周"，表示"……个星期"。

2）数目和"周"之间没有量词。

3）"周"具有书面语风格。

例句：

1）未来两周将持续有雨。

2）运动员脚部受伤，需要休息三周左右。

**【中030】以"天"为单位计算时长**

形式：日

意义：天数。

用法：1）常用形式为"数目 + 日"，表示"……天"。也可以用"多日、几日"表示"好几天"（例句2~3），用"几日、多少日"来提问（例句4）。

2）"日"具有书面语风格。

例句：

1）暴雨天气还将持续五日，市民出行时请注意安全。

2）他多日未与家人联系，令人担忧。

3）未来几日的天气以多云为主。

4）首次办理护照一般需要几日？

# 第四章　方位词、处所词与句子的表达

方位词、处所词是名词中比较特殊的小类，在表达空间位置、空间关系时具有重要的作用。方位词表示方向或位置，也可以用于时间表达中，还可以引申用来表示方面、范围、条件、状态、过程、关系等。单纯方位词、合成方位词常用在名词或名词词组的后面，组成"名词+方位词"的形式。中级大纲中的方位词和词组可以引申用于指明抽象的范围、方面。

处所词也用于方位、处所的表达，表示事物所占据的某个空间，包括表示地名的专有名词和一些普通名词。

## 1. 方位词与表达

【中031】上$_1$

形式：名词+上$_1$

意义：指处于某种范围或方面。

用法："名词+上"前面常出现"在、从"等介词，组成介词词组，表示在某个范围内或某个方面。

例句：

1）世界上有很多种语言。

2）他在学习上很有主动性。

3）从学习和生活上来说，他们都给了我很多关爱。

【中 032】下₁

形　式：（在）……下₁

　　　　在＋名词＋的＋动词＋下₁

意　义：指具有某种条件或状态。

用　法："……下"前面常出现"在"等介词，组成介词词组。

例　句：

1）<u>冲动下</u>说的话是不是真心话？

2）<u>在同样的条件下</u>，我们公司会优先选择精通汉语的人。

3）<u>在他的帮助下</u>，我的汉语水平明显提高了。

【中 033】内 / 以内

形　式：内

　　　　以内

意　义：指数量范围。

用　法：1）"内 / 以内"的前面常常出现时段词、时量词组或数量词组。

　　　　2）"以内"具有书面语风格。

例　句：

1）<u>今年内</u>，公司的管理层出现频繁变动。

2）情况很严重，病人的数量在<u>短短 24 小时内</u>增长了 41%。

3）一个人永远只能挣到<u>自己能力范围以内</u>的钱。

4）新产品的定价预计会控制<u>在万元以内</u>。

【中 034】中

形　式：名词＋中

　　　　动词＋中

意　义：指处于某种范围、状态、过程，意思接近于"里"。

用　法："中"用在名词或动词的后面，表示抽象的范围、状态、过程之内，前面常与"在、从"等介词组成介词词组。

例句：

1）在困难中学会勇敢，从挑战中获得成长。

2）在比赛中发现问题，在训练中解决问题。

## 2. 处所词与表达

**【中 035】间**

形式：名词 + 间

意义：事物之间或事物关系之中。

用法："……间"偏向书面语风格。

例句：

1）欢迎专家来田间指导我们的农业生产。

2）朋友间关系再好，也要注意说话方式。

**【中 036】旁**

形式：名词 + 旁

意义：参照物的旁边。

用法：1）"旁"常跟单音节名词组合。

　　　2）"……旁"偏向书面语风格。

例句：

1）路旁有一丛丛小野花儿。

2）这批新车到了中国最北端的漠河市，在中俄国境线旁，等待接受寒冷天气的测试。

**【中 037】其中**

形式：其中

意义：那里面，那中间。

用法：1)"其中"所指的处所、群体、范围在前文提到过。

2)"其中"可以做主语、宾语、状语或定语。

例句：

1) 这次我公司共招聘技术人员 15 人，其中有 3 人来自上海交通大学。

2) 有 5 位同学被评为优秀毕业生，你哥哥也在其中。

3) 中国有 56 个民族。其中，汉族人口约占 92%。

4) 很多人喜欢喝茶。你知道其中的原因吗？

## 【中 038】一带

形式：……一带

意义：某个处所及与它相连的地方。

用法："一带"前面可以出现处所词、代词等，组成处所词组，表示大概的空间范围。

例句：

1) 下关、大理一带在冬春两季常常出现大风天气。

2) 他从小生活在那一带，对上山的路非常熟悉。

# 第五章　动词与句子的表达

动词在语义上主要表示动作行为、心理行为、发展变化。动词的前面可以有修饰成分"状语",后面可以有追补成分"补语",这些成分能够提供与行为、变化有关的空间、时间、范围、方式、状态、情态、结果、程度等方面的信息,使行为、变化的语义表达更充分完整。

另外,有三类特殊的动词也是汉语教学中的重点和难点,它们是判断动词"是"、能愿动词、趋向动词。

## 1. 趋向动词与空间位移的表达

如果在说清楚具体的行为动作的同时,还想给出动作的方向或动作使事物变化的方向等信息,可以用"动词+趋向动词"。

【中039】开来

**形式**:动词+开来

**意义**:人、事物随动作分开(例句1),或从一点往外分散(例句2)。

**用法**:动词宾语出现在"开"和"来"之间(例句3)。

**例句**:

1) 她把箱子打开来一看,里面竟然是空的。
2) 这首歌渐渐在海外华人中传唱开来。
3) 打开你的书来,就如黑夜里有了灯,眼前出现一片光明。

## 2. 趋向动词的引申用法

除了表达动作行为相关事物的空间位移方向，趋向动词还用来表示动作行为的结果、时体、状态等抽象意义。

### 2.1 简单趋向动词的引申用法

【中 040】出

形式：动词＋出

意义：表示动作使事物从无到有，或者从隐到显。

用法："出"前面常出现的动词具有制作、生长、寻找、思考、引起、表达或显露等意义。

例句：

1）学校已经做出了处理决定。

2）箱子里发出一阵奇怪的响声。

3）他终于说出了当年那件事情的真相。

【中 041】起

形式：动词＋起

意义一：表示动作使事物连接、闭合或聚合。

用法：表示"闭合、连接"时，"动词＋起"通常也可以说"动词＋上"。

例句：

1）关起窗户就能将噪声挡在屋外吗？

2）到了年底，就要收起秋衣，拿出冬天的衣裤。

意义二：表示动作使事物从隐到显，或从无到有。

例句：

3）刘晓丽忽然想起大学时的一些情景。

4）她想尽办法，在云南的山区办起了一所女子高中。

【中042】上₂

形式：动词+上₂

意义一：表示动作有了相应的结果，有"与某物接触、附着"的意思。

例句：

1）他永远地闭上了眼睛。

2）快，穿上外衣，跟我走。

意义二：表示达到期望的目的或标准。

用法：表达这个语义的"动词+上"具有口语风格。

例句：

3）没考上大学并不意味着人生从此灰暗。

4）我们要让贫困的老百姓住上好房子，过上好生活。

意义三：表示动作或状态的开始及继续。

例句：

5）分手三个月以后，他俩又好上了。

6）爱上你的工作，才会成就一番事业。

【中043】下₂

形式：动词+下₂

意义一：表示动作使事物从整体或主要部分脱离。

用法："动词+下"后面出现的宾语是动作的对象或承受者。

例句：

1）校园里留下了太多的青春记忆。

2）她脱下鞋子，轻轻地走进房间里。

意义二：表示空间容纳。

用法：1）"动词+下"后面出现的宾语是动作的发出者（例句3~4）或承受者（例句5）。

2）表达空间或事物的容纳能力或容纳的可能性时，用"动词+得/不+下"。

例句：

3）车里还能挤下两个人。

4）这间屋子太小，住不下我们五个人。

5）冰箱够大，装得下我买的所有食物。

## 【中044】来₂

**形式**：动词+得/不+来₂

**意义**：表示动作的发出者相处融洽。

**用法**：1）常用动词有"相处、谈、说、合"等。

2）"动词+得/不+来"前可以用程度副词来表达关系的融洽程度。

例句：

1）两人在网上很谈得来，可就是不愿意见面。

2）我跟他的成长背景差异太大，完全相处不来。

## 2.2 复合趋向动词的引申用法

### 【中045】起来

**形式**：动词+起来

**意义一**：动作使事物从分散到集中，或连接至固定状态。

**用法**：常用动词有"攒、收集、捆、扎、集中、团结、联合、积累"等。

例句：

1）把注意力集中起来才能进入良好的工作或学习状态。

2）起风了，快把外衣扣起来。

**意义二**：动作使事物从显露到隐蔽，从开放到封闭。

**用法**：常用动词有"收拾、收、藏、存、放、包、遮挡"等。

例句：

3）猫的爪子可以收起来。

4）每个礼物都包起来了，看不出里面装着什么。

**意义三**：表示动作起始及继续。

**用法**：1）"动词＋起来"侧重于表达动作开始渐进或状态开始渐变，区别于"动词＋上"侧重于表达动作或状态开始出现。

2）宾语放在"起"和"来"之间。

**例句**：

5）小猴子捡起地上的半个香蕉，大口大口地吃起来。

6）音乐响起，全场运动员唱起国歌来。

## 【中 046】上来

**形式**：动词＋上来

**意义**：表示动作成功完成。

**用法**：1）常用来表达能力，多用"动词＋得/不＋上来"的形式。

2）"动词＋上来"具有口语风格。

**例句**：

1）这个问题我想了半天，还是答不上来。

2）这些跟成语有关的故事，他都能说上来。

## 【中 047】上去

**形式**：动词＋上去

**意义**：表示动作的方向是低水平到高水平、下级到上级。

**用法**：1）表示"低水平→高水平"时，常用动词有"搞、提、追"等。

2）表示"下级→上级"时，常用动词有"交、递、反映、报"等。

**例句**：

1）我一定要下最大的功夫，努力把学习搞上去。

2）报告已经交上去了，估计领导很快就会做出决定。

## 【中 048】下去

**形式**：动词＋下去

**意义一**：表示已经在进行中的动作继续进行。

**用法**："下去"表示动态的延续，在语义上区别于"起来"表示动作"静→动"的动态起始，"下来"表示"动→静"的动态渐弱。所以"下去"不能与表示静止的动词结合，"下来"可以与表示静止的动词结合，如"停下来"。

**例句**：

1）学习任何一项技能，如果有兴趣，那就坚持学<u>下去</u>。

2）咱们回去吧，再玩儿<u>下去</u>，宿舍要关门了。

**意义二**：表示已有状态的持续。

**用法**：可以表示心理、精神上的状态持续，也可以表示静止状态的持续。

**例句**：

3）虽然你的行为很过分，但我不想一直恨<u>下去</u>，因为最终伤害的是我自己。

4）要是你的车还在这里停<u>下去</u>，我们就要按规定收费了。

## 【中049】下来

**形式**：动词 + 下来

　　　 时间词 / 名词词组 + 下来

**意义一**：表示部分从整体脱离。

**用法**：1）常用动词有"拆、切、采、留、撕、砍"等。

　　　　2）宾语可以在"下"和"来"之间，也可以在"下来"的后面。

**例句**：

1）我从笔记本上撕<u>下</u>一页<u>来</u>，递给她。

2）他把本子撕<u>下来</u>一页，在上面写了几个字。

**意义二**：表示动作使事物以某种形式固定在静止状态，不再移动或变化。

**用法**：常用动词"停、写、录、画、抄、拍、定"等。

**例句**：

3）前面是红灯，快把车停<u>下来</u>！

4）我把他打人的过程都拍<u>下来</u>了。

5）导演说电影的主角已经定<u>下来</u>了。

**意义三**：表示动作延续至结束。

**用法**：常用动词"听、看、考虑、讨论、算"等。前面可以出现表示动作持续时长的状语（例句8）。

**例句**：

6) 大家讨论下来，决定一起去西安旅行。

7) 她说了半天，我听下来，其实她并没有要离婚的意思。

8) 在你们国家，一个大学本科四年读下来大概要花多少钱？

**意义四**：表示整段时间或整个行为过程从开始到结束。

**用法**：时间词/名词词组 + 下来

**例句**：

9) 由于这些不合理的消费行为，他一年下来没存多少钱。

10) 一场音乐会下来，观众的手都拍疼了。

## 【中050】过来

**形式**：动词 + 过来

**意义一**：向表达视角的方向实施动作。

**用法**：受事宾语可以在"过"和"来"之间。

**例句**：

1) 请把头转过来！

2) 对方伸过手来，主动和他握手。

**意义二**：经过动作，事物转变到正常、积极的状态。

**用法**：常用动词有"改正、修改、醒、清醒、缓、醒悟、恢复"等。

**例句**：

3) 运动员的比赛状态还是不好，希望他早点儿调整过来。

4) 请把错字改过来。

**意义三**：经过动作，事物转变到表达视角所在的状态。

**用法**：常用动词有"应对、对付、挺、挨"等。

**例句：**

5）不管敌人有多少，电影里的英雄总是能应对过来。

6）那时他人到中年，面临失业，妻子又突然遇到交通事故，他究竟是怎样挺过来的？

**意义四：** 周到地完成一定量的动作或涉及事物较多的动作。

**用法：** 1）常以"动词+得/不+过来"的形式出现，表达周到完成动作的可能性。

2）常用动词如"管、照顾、忙、数、算"等。

**例句：**

7）家外有工作，家里有两个孩子，妈妈一个人怎么忙得过来？

8）海边有那么多美女帅哥，两只眼睛简直看不过来了。

## 3. 动词与相关结果的表达

**【中051】动词+结果补语+数量词组**

**形式：** 动词+形容词+数量词组

**意义：** 表达动作行为引起某种性状在量上的变化。

**用法：** 1）数量词组可以表示具体数量（例句1），也可以表示概量（例句2）。

2）"动词+形容词"的后面常常带"了"或"过"，数量词组在最后（例句1~2）。

**例句：**

1）她一个星期不吃饭只喝水，虽然饿瘦了四公斤，但精神状态明显不好。

2）过了一个暑假，有的孩子明显长高了一大截。

**【中052】动词+中（zhòng）+宾语**

**形式：** 动词+中+宾语

意义：动作的接受者与目标、要求正好对上，恰好合适。
用法："中"在动词后面充当补语，宾语就是动作的接受者。
例句：
1）他看中了这家企业的潜力，五年前就买了它的股票。
2）老人选中了喜欢看书、写字的王羲之做他家的女婿。

## 4. 动词与相关状态的表达

【中053】动词 + 得 + 词组
形式：动词 + 得 + 动词词组
　　　动词 + 得 + 主谓词组
　　　动词 + 得 + 固定词组
意义：描写动作行为所引发的状态。
用法：1）"得"后面是动作所引起的状态，可以是动作发出者的（例句1），
　　　　也可以是其他相关事物的（例句2~3）。
　　　2）谓语动词后面不带"了、着、过"。
　　　3）"得"后面充当补语的词组中可以出现"了、着、过"。
例句：
1）孩子们不仅仅玩儿得不愿意回家，甚至有不愿意回家睡觉的想法。
2）演员在舞台上哭得观众的心都碎了。
3）他们都说得很具体、合理，我不知道该相信谁了。

【中054】动词 + 个 + 不/没 + 停
形式：动词 + 个 + 不/没 + 停
　　　动词 + 个 + 不/没 + 完
　　　动词 + 个（+ 不/没）+ 够
意义：描写动作行为连续不断的状态。

用法：1）"动词＋个＋不／没＋完／停"没有肯定形式。

2）"动词＋个＋不够"的肯定形式是"动词＋个＋够"，意思是做某事做到尽兴为止（例句4）。

3）"动词＋不／没＋完／停／够"具有口语风格。

例句：

1）有只飞虫在我耳边叫个不停。

2）在学语言的阶段，小孩子总是说个没完。

3）李茂才一抬起碗就吃个没够，大伙儿都叫他"大胃王"。

4）你那么爱唱歌，今天咱们就去唱个够。

### 【中055】动词＋个＋究竟

形式：动词＋个＋究竟

意义：表示通过动作行为而彻底了解真实情况。

用法：1）常用动词有"问、调查、知道、了解、看、听、说、弄"等。

2）动词后面不能带宾语。

3）"动词＋个＋究竟"具有口语风格。

例句：

1）孩子对世界充满了好奇，什么事都想知道个究竟。

2）赵晓圆最近总是躲着他，他很想打电话去问个究竟。

## 5. 动词与事态可能性的表达

### 5.1 动词＋得／不＋结果补语

### 【中056】动词＋得／不＋着（zháo）

形式：动词＋得＋着

动词＋不＋着

**意义一**：能 / 不能实现接触、获得某物的目的。

**用法**：常见动词有"打、摸、够、买"等。

**例句**：

1）怎么我去哪儿都<u>买不着</u>蔬菜？

2）文化就在我们身边，看得见，<u>摸得着</u>。

**意义二**：能 / 不能实现"动词 + 着"的状态。

**用法**：常见动词有"睡、点"等。

**例句**：

3）老伴儿不在身边，他整夜都<u>睡不着</u>。

4）木头都湿了，火还<u>点得着</u>吗？

**意义三**：口语中的一些固定格式

**用法**：1）"动词 + 得 / 不 + 着"形成固定的结构，中间不能插入其他成分。"着"没有具体的含义。

2）常见格式有"管不着、用不着、数得着、犯不着"等。

**例句**：

5）我的事情我自己说了算，你<u>管不着</u>！

6）算了，<u>犯不着</u>为这点儿小事生气。

## 5.2 动词 + 得 / 不得

**【中 057】动词 + 得 / 不得**

**形式**：动词 + 得

　　　动词 + 不得

**意义**："动词 + 得"表示"可以，能做"，"动词 + 不得"表示"不可以，不能做"。

**用法**：1）肯定形式为"动词 + 得"。肯定、否定形式连用表示疑问（例句3）。

　　　2）"动词 + 不得"具有口语风格。

例句：

1）你说的算不得什么新鲜事。

2）骗人、害人的生意做不得。

3）这家公司到底去得去不得?

## 6. 动词与时量的表达

【中058】动词+时段+的+宾语

形式：动词+时段+的+宾语

意义：描述在一定时间里持续采取某个动作行为。

用法：时段可以出现在动词和宾语之间（例句1），也可以出现在离合词的"动""宾"之间（例句2）。

例句：

1）开了将近三个小时的车，他整个人已经累得不行了。

2）他每天游三十分钟的泳。

## 7. 能愿动词与情态的表达

能愿动词也被称为"助动词"，用来表示对事情、道理的主观判断，或者对事情发生的可能性的主观判断。

【中059】得（děi）

形式：得

意义一：应该，必须。表示主观判断事情、行为是有道理的，语气比"应该"强。

用法：1）不能单独做谓语，或单独回答问题。

2）不能用肯定否定连用的形式表示疑问，区别于"该不该"。

3）表示否定时用"不用、不必、甭"（例句2）。

4）"得"具有口语风格。

**例句：**

1）<u>得</u>照顾家庭、孩子，还<u>得</u>上班赚钱，女人才是最累的。

2）A：你怎么还在睡觉？<u>得</u>去上班了。

　B：你忘了？今天是周末，<u>不用</u>上班，也<u>不用</u>早起。

**意义二：** 会。表示主观推测行为、事件很可能发生，肯定语气比"会"强。

**用法：** 1）不能单独做谓语，或单独回答问题。

2）不能用肯定否定连用的形式表示疑问，区别于"会不会"。

3）表示否定时用"不会、不可能"（例句3）。

4）前面常常出现"准、又"等副词（例句4）。

5）"不得"出现在非现实句中，略带反问语气，用假设的极端行为作为事情的结果，从而体现事情如意或不如意的强烈程度（例句5）。

6）"得"具有口语风格。

**例句：**

3）A：开车不注意安全，早晚<u>得</u>出事。

　B：放心吧，我开车非常小心，保证<u>不会</u>出事。

4）妈妈要是知道了这件事<u>准得</u>伤心。

5）主持人把"辞职"说成"辞世"，参加节目的嘉宾<u>不得</u>气死啊。

## 【中060】不得（dé）

**形式：** 不得

**意义：** 不许可，不允许。

**用法：** 1）表示肯定时用"可以"（例句2）。

2）"不得"多用于书面语。

**例句：**

1）这些服务是随产品赠送的，<u>不得</u>以任何形式向客户收费。

2）住院期间，没有医生的同意，病人一般不得随意离开医院。如有急事，在医生允许的情况下，可以短期离院。

## 8. 形式动词与语用表达

形式动词是一种特殊的动词小类，它在语义上并不表示具体的动作行为，但在形式上具有动词的一些语法特征，常与表示动作行为的双音节动词组合，使这些动作行为成为句子表达的信息焦点，并使句子具有正式的书面语体风格。

### 【中 061】进行

形式：进行

意义：从事某种活动。

用法：1）"进行"后面的宾语大多是双音节动词（例句1），或带有修饰语的双音节动词词组（例句2）。

2）"进行"后面的动词在语义上表示自主可控的持续性的行为。

3）"进行+动词"具有书面语风格。

例句：

1）我建议先进行调查研究，再决定怎么选择。

2）明天两支球队将进行一场决定生死的比赛。

### 【中 062】加以

形式：加以

意义：施加某种行为。

用法：1）"加以"的后面必须有宾语，且一般是双音节或多音节动词（例句1），动词前面常常带有修饰语（例句2）。

2）"加以"后面的动词在语义上可以表示行为动作，也可以表示心理活动（例句3）。区别于"进行"后面不能出现心理动词。

3）行为活动的接受者常常出现在句子的主语位置（例句1），或出现在"把、对、关于"介词组成的介宾词组（充当状语）中（例句2），也可以出现在语段或对话的上文中（例句3）。

4)"加以＋动词"具有书面语风格。

例句：

1) 很多东西可以回收后再次<u>加以</u>利用。

2) 正因为我们当初对这些历史建筑<u>加以</u>严格保护，它们才能留存到今天。

3) 在古代，由于人们对大自然的认识有限，认为它具有神秘的力量，并且<u>加以</u>崇拜。

# 9. 动词的修饰

## 【中063】多项状语

**形式：** 名词、动词、动词词组、形容词词组等（＋地）＋动词/形容词

**意义：** 用各方面的特征信息限定、说明或描写一个行为或变化。

**用法：** 1) 动词前出现多个状语时，状语的排序原则大致是：目的或原因＋语气＋时间＋处所＋协同者＋动作者的状态＋工具、方式、对象＋动作的状态。

2) 从语义上看，状语与动词关系越近，离动词越近。比如原因、时间、处所离动词相对较远，而状态、方式、对象等相对较近（例句1）。

3) 在真实交际中，受句子表达重点的影响，状语的排列顺序较为灵活（例句2~3）。

例句：

1) <u>为了学好汉语，他甚至坚决要求自己在教室、宿舍、食堂</u>必须说汉语。

2) <u>为了帮助家里</u>，赵明康<u>那时</u>就跟朋友一起去南方打工。

3) 姐姐<u>那时为了照顾生病的母亲</u>竟然放弃了出国学习的机会。

# 第六章　形容词与句子的表达

　　形容词及形容词词组可以表示人和事物的某种属性、状态。它们可以限定或描述句子提到的人和事物、动作行为。如：

　　1）旧的书还没有看完，又买了一堆新的书。

　　2）妈妈把睡着的孩子轻轻地放到小床上。

　　汉语句子也可以围绕人或事物的属性来表达，比如说明属性的程度或动态变化。属性的程度可以用"程度副词＋形容词"来表达，也可以用"形容词＋程度补语"表达。如：

　　3）这幅画儿很好看。（程度副词＋形容词）

　　4）这幅画儿好看极了。（形容词＋程度补语）

　　5）这幅画儿好看得不得了。（形容词＋程度补语）

　　属性的动态变化可以用"形容词＋助词/趋向动词"来表达。助词主要有"着、了、过"，趋向动词主要是"起来、下去、下来"。如：

　　6）工作了这几年，他明显成熟了。

　　7）这张照片证明他也曾经幸福过。

　　8）刚进入6月，天气突然热起来了。

　　9）地球再这样热下去就变成"火球"了。

# 1. 形容词与程度的表达

【中064】形容词 + 得 + 不得了

形式：形容词 + 得 + 不得了

意义：表示说话人认为人或事物的某种属性达到极高的程度。

用法：1)"……得 + 不得了"对形容词的限制较小，可以是单音节词（例句1），也可以是双音节词（例句2），还可以是成语（例句3）等；可以是消极义的（例句1、例句3），也可以是积极义的（例句2）。

2) 除了形容词，一些心理动词和动作动词也可以进入这个结构（例句4），表示心理状态或动作幅度、频率等达到极高程度。

3) "……得 + 不得了"具有口语风格。

例句：

1) 我第一次吃臭豆腐，完全不能接受，真的<u>臭得不得了</u>。

2) 这个孩子<u>聪明得不得了</u>，老师都很喜欢她。

3) 自从得了第一名，他就<u>骄傲自满得不得了</u>，完全看不起别人。

4) 大卫学过古代汉语，会看古文，他的朋友都<u>佩服得不得了</u>。

【中065】形容词 + 得 + 要命

形式：形容词 + 得 + 要命

意义：表示说话人主观认为某种属性达到极高的程度，带有强烈的主观情感和感叹语气。

用法：1) 能进入"……得 + 要命"的主要是形容词（例句1），也可以是一些心理动词（例句2）。

2) 语义上，"要命"倾向于与消极义的形容词或动词组合。

3) "……得 + 要命"具有口语风格。

例句：

1) 今年夏天很多城市出现持续高温天气，<u>热得要命</u>。

2）当初为什么不坚持学汉语呢？罗伯特后悔得要命。

**【中 066】形容词＋得＋厉害**

**形式**：形容词＋得＋厉害

**意义**：表示人或事物的某种属性达到很高的程度。

**用法**：1）在这个结构中，形容词一般是单音节的，也可以是双音节的，多表示消极义（例句 1~2）。除了形容词，一些具有程度义、变化义的动词也可以进入这个结构（例句 3）。

2）否定形式是"……得＋不厉害"（例句 4），疑问形式是"……得＋厉害不厉害 / 厉不厉害"（例句 5）。

3）"……得＋厉害"具有口语风格。

**例句**：

1）在上下班高峰期，地铁挤得厉害。

2）马上要对全校师生演讲，竹内大介同学心里顿时慌张得厉害。

3）老人的手抖得厉害，完全不受控制。

4）我的胃有点儿痛，不过痛得不厉害。

5）A：大哥现在瘦得厉不厉害？

　　B：只有皮和骨头了。

**【中 067】形容词＋透（了）**

**形式**：形容词＋透（了）

**意义**：表示人或事物的某种属性达到极高的程度，比较完全彻底。

**用法**：1）"透"前面多出现表示事物性质、心理感受的形容词，主要是消极义的（例句 1~2），也可以是积极义或中性义的（例句 3~4）；不能出现"饿、渴、累、疼"等表示生理感受的动词，区别于"形容词＋坏（了）"。

2）形容词和"透"之间不能插入"的、不"，后面一般带"了"。

3）"形容词＋透了"具有口语风格。

**例句：**

1）一场大雨过后，我们的衣服都<u>湿透了</u>。
2）今天的电影<u>无聊透了</u>，很多人没看完就走了。
3）大热天吃碗冷面，真是<u>舒服透了</u>！
4）根据我的经验，这种苹果只有<u>红透了</u>才能吃。

## 【中068】形容词+坏（了）

**形式：** 形容词+坏（了）

**意义：** 表示人或事物的心理感受或生理感觉等达到极高的程度，突破了一般程度。

**用法：** 1）"坏"多出现在表示情感、感觉、心理状态的形容词或动词后面（例句1～2）。

2）"形容词+坏（了）"可以出现在"把"字句（例句3）、"被"字句里（例句4），说明某事、某人导致某种情感或感受达到很深的程度。

3）"形容词+坏（了）"具有口语风格。

**例句：**

1）走了一天的路，我们都<u>累坏了</u>。
2）麦克打算回家过新年，全家人知道后都<u>高兴坏了</u>。
3）孩子的病把父母<u>急坏了</u>。
4）顾客被服务员的态度<u>气坏了</u>。

## 2. 形容词与态的表达

"态"的表达就是用"形容词+助词/趋向动词"来表达事物属性阶段性的程度变化。其中，"形容词+趋向动词（起来、下去、下来）"侧重于表达性质状态的量变。

## 2.1. 性质状态的起始

**【中069】形容词 + 起来**

形式：形容词 + 起来

意义：描述某种性质或状态开始逐渐增量变化，变化动态性和性状程度持续加强。

用法：1）"形容词 + 起来"中的形容词，可以是积极义的（例句1、例句3），也可以是消极义的（例句2），但"积极形容词 + 起来"更为常见。

2）表示比较或对举时，常常用"～起来、～下去"表示相反的变化（例句4）。

例句：

1）天气开始<u>热起来</u>，人们脱去了厚重的冬衣。

2）进入11月，天气渐渐<u>冷起来</u>，听说到了12月就会下雪。

3）经过医生的治疗，他的病<u>好起来</u>了。

4）病了一场，好容易<u>胖起来</u>的人又<u>瘦下去</u>了。

## 2.2 性质状态的延续

**【中070】形容词 + 下去**

形式：形容词 + 下去

意义一：描述某种性质或状态的延续。

用法："形容词 + 下去"对形容词没有限制，积极义和消极义的形容词都可以（例句1～2）。

例句：

1）孩子一直这么<u>兴奋下去</u>，今晚肯定睡不着了。

2）如果没有他的出现，也许她的生活会一直<u>消沉下去</u>。

意义二：某种性状状态量变的延续。

**用法**：1）"形容词 + 下去"中出现的形容词大多表示负向或消极的性质（例句 3），表示正向或积极性质的形容词不能进入这一结构（如"*兴奋下去"）。但是在非现实句中没有这一限制（例句 4～5）。

2）表示比较或对举时，常常用"～起来、～下去"表示相反的变化（例句 6）。

**例句**：

3）孩子听着轻柔的音乐，渐渐<u>平静了下去</u>。

4）再<u>瘦下去</u>，连小号的衣服都嫌大。

5）再<u>胖下去</u>，这件衣服就真的穿不了了。

6）病了一场，好容易<u>胖起来</u>的人又<u>瘦下去</u>了。

## 2.3 性质状态的结束

### 【中 071】形容词 + 下来

**形式**：形容词 + 下来

**意义**：某种性质状态逐渐变得不明显，动态性渐弱。

**用法**：这个结构中的形容词具有消极义，多形容声音、光线、速度，以及人的态度、语气等。表示积极义的形容词不能进入这一结构（如"*亮下来、*快下来"）。

**例句**：

1）天渐渐地<u>暗下来</u>，路灯一盏一盏地亮了。

2）他瘦长的脸<u>阴沉下来</u>。（路遥《我为我心爱的人儿》）

3）如果生活太匆忙，为什么不<u>慢下来</u>？

# 第七章　代词与句子的表达

代词是在篇章层面使用的一种特殊词类，能够指示、替代上下文或语境中的某个人、事物或情况，也就是所谓的"指代"功能。代词在句中的语法功能与其所替代的对象大致相当。句子在表达中会用人称代词指代交际情境中的某个角色，但是在特定语境中人称代词会因临时活用而改变指代对象；有时句子还用指示代词来指示特定的人、事物、行为及其相关情况；另外，疑问句用疑问代词指代未知且想知的信息焦点，而陈述句用疑问代词指代某些不清楚、不想说或者不必说的信息……代词的这些用法都是帮助句子完成语用层面的表达。

## 1. 人称代词与代称的表达

### 1.1　自身和别人的代称

【中072】人家（rénjia）

形式：人家

意义：代指他人或自己。

用法：1）可以在人名、身份的前面，充当同位语（例句1）。

　　　2）代指他人时，常常指与说话人、听话人之外的关系较远的人（例句1~2）。

　　　3）代指自己时，带有撒娇、含蓄的意味，常用于关系亲密的人之间。具有口语风格（例句3）。

**例句：**

1）<u>人家</u>老王自己都不急，你在这儿急什么？
2）A：咱们都高高兴兴地吃馒头、面条儿，就她一个人不满意。
　　B：<u>人家</u>南方人吃惯了米饭，理解一下吧。
3）A：<u>人家</u>心里那么难受，你也不安慰一下？
　　B：我不知道对你说什么。

## 【中 073】各自

**形式：** 各自

**意义：**（某个群体中的）各人自己，或者各方所代表的自己这一方。

**用法：** 主要充当主语（例句1）、定语（例句2）。句中或上下文通常会提到所代表的人或群体。

**例句：**

1）夫妻吵架后，<u>各自</u>都在想些什么？
2）世界上的语言都有<u>各自</u>不同的文化背景。

## 1.2　人称代词的活用

"人称代词的活用"是指人称代词在一定语境中会临时改变它的指代对象。

## 【中 074】单数人称代词用作复数

**形式：** 你/我 + 集体名词

**意义：** 代指"你们/我们的……（某个集体、群体）"。表明说话是从某个集体、群体的角度或立场出发的。

**用法：** 具有书面语风格。

**例句：**

1）<u>我</u>公司已于3月2日收到<u>你</u>方发来的邮件。
2）截至2020年底，<u>我</u>校有国际留学生2513人。

【中 075】第二人称用作第一人称

形式：你

意义：代称"我/我们"。表明说话从较为客观的角度出发。

用法：用于表达意见、情感等情况时，拉近与交际对象之间的心理距离，让对方站在说话人所处的角度或情景，引起情感或观点上的共鸣。

例句：

1）A：麦克的邮箱密码是什么？

B：这种隐私谁会随便跟你说啊？

2）他并不热情，你发给他十条消息，他最多回"哈哈"或者"好的"。

## 2. 指示代词与指代的表达

【中 ***】本₁（参见【中 002】）

形式：本₁

意义：指代自己一方（例句1）或自己所在的组织、处所、时间等（例句2~5），也可以指代上文提到的人或事物（例句6）。

用法：1）"本"不能单用，后面要跟名词或名词词组。主要是一些表示时间段或表示职务、身份、机构的名词。

2）"本+量词+名词"中，量词多为表示动作计数的动量词（"次、场、趟"等）或集合量词（"批、组、班"等）（例句3~4）。

3）"本"具有书面语风格。

例句：

1）本人完全接受大家的意见。

2）本公司自今日起与此人解除劳动关系。

3）生病期间，老人得到本楼居民的热心帮助。

4）欢迎您乘坐本次航班！

5）本季度的电脑产量将突破50万台。

6）记者调查发现，照片里的并不是小张本人。

## 【中 076】此

**形式**：此

**意义**：表示"这、这个"。指代比较近的人、事物或地方。

**用法**：1）在"此+名词"中，中间一般不出现量词（例句1~2）。

2）"此"单独使用时，常出现在单音节动词、介词后面（例句3~4）。

3）"此"具有书面语风格。

**例句**：

1）本公司自今日起与此人解除劳动关系。

2）在所有将军中，只有此二人指挥过百万大军。

3）他大喊一声："张翼德在此！"

4）专家在当地发现了很厚的火山灰，他们由此认为，火山爆发或许正是这个古城消失的原因。

## 【中 077】彼此

**形式**：彼此

**意义**：表示"那个和这个，双方"。指代前面提到的在某种关系中相对的两个人、两个集体。

**用法**：1）"彼此"在句中可以做主语（例句1）、宾语（例句2）、定语（例句3）。

2）"彼此彼此"常用于客套的场合，表示"双方差不多，双方都一样"（例句4）。

**例句**：

1）这对青年男女发现，经过一年的相处，他们彼此了解，却不能彼此理解。

2）双人项目需要两位运动员配合，他们正在努力适应彼此。

3）再好的朋友，也不可能永远陪在彼此的身边。

4）A：您辛苦啦！

　　B：彼此彼此。

## 【中 078】如此

形式：如此

意义：表示"这样，像这样"。指代前文提及的事物状况、行为方式或性质程度。

用法：1）"如此"出现在动词、形容词前面（例句 1~2）做状语，表示"这样"。

　　　2）"如此"单独做谓语，表示"像这样"（例句 3）。

　　　3）"如此"能单独出现在句首，指代上文提到的内容，起到连接上下文的作用（例句 4）。

　　　4）"如此"偏向于书面语风格。

例句：

1）没想到他竟如此对待自己的兄弟！

2）命运如此不公平，让他在很小的时候就失去了所有重要的东西。

3）这款产品多次涨价，但即便如此，在市场上仍然供应不足。

4）在这大大的世界里，每一个人都应该有一个自己的小小世界。如此，作为独立的人才有意义。

# 3. 疑问代词与疑问、非疑问的表达

## 3.1 问方式、方法

### 【中 079】如何

形式：如何

意义一：用于询问动作的方式，相当于"怎么、怎么样"。

**用法：** 1)"如何"出现在动词或动词词组的前面。

2)"如何"具有书面语风格。

**例句：**

1）这个问题你想如何解决？

2）我们该如何面对自己的失败？

**意义二：** 用于询问事物情况、性质，相当于"怎么样"。

**用法：** 1)"如何"可以出现在所询问的事物的后面（例句3）。

2)"如何"可以出现在句末，表示询问、征求意见（例句4）。

3)"如何"具有书面语风格。

**例句：**

3）门窗行业近几年生意如何？

4）我们四月初开个讨论会，如何？

## 3.2 疑问代词的非疑问用法

**【中080】疑问代词……疑问代词……**

**形式：** 疑问代词……疑问代词……

　　　　疑问代词……（就）疑问代词……

**意义：** 同一个疑问词在条件复句或表示条件关系的紧缩复句里重复出现。在前一个小句中，先用这个疑问代词指代在可能范围中不确定的任意一个事物、情况，进而在后一小句中指出在所指代的这一事物、情况的基础上所引发的行为。

**用法：** 疑问代词有时和后面的量词、名词或动词一起重复出现（例句1~2）。

**例句：**

1）谁想去谁去，反正我不去。

2）你在哪个国家，我就去哪个国家。

3）在自助餐厅，想吃什么就拿什么，十分随意。

## 【中081】否定词+疑问代词

**形式**：不+疑问代词

没/没有+疑问代词

**意义**：否定不愿说或不必说的事物、情况。

**用法**：否定词出现在疑问词前面（例句1~4），或者"动词+疑问词"前面（例句3.例句5~6）。

**例句**：

1）他辞职前做得<u>不怎么样</u>，辞职后过得也<u>不怎么样</u>。

2）我<u>没什么</u>恋爱经验，一直忙着读书、工作。

3）在那里，热爱生命的<u>没多少</u>人，自由<u>不值几个</u>钱。

4）我小时候长得<u>不怎么</u>好看，被人叫作"丑小鸭"。

5）我<u>不去哪儿</u>，就在家待着。

6）A：你昨晚出去见谁了？

B：<u>没见谁</u>。

## 【中082】若干

**形式**：若干

**意义**：相当于"多少"，表示一个不定量的数量，用于估计数目。

**用法**："若干"多用于书面语。

**例句**：

1）公司现面向社会公开招聘<u>若干</u>工作人员。

2）因业务发展需要，本酒店计划招聘服务员<u>若干</u>，工作地点为西安。

# 第八章　副词与句子的表达

副词用于对动作或性状进行限制、描写、评注、连接。在句子中主要充当附于谓语的状语。一部分可以充当句首修饰语或补语，一部分还可以充当谓语和定语。

副词的语义作用是在句中附加关于行为、事件在某方面的特征信息。有些副词的语义指向谓语，而有些副词的语义指向整个句子。

## 1. 副词与范围的表达

【中083】大多

形式：大多
　　　大都

意义：大部分、大多数（做某种行为或有某种特点），用于说明概率大。

用法：1)"大多/大都"主要出现在动词（例句1）或形容词（例句2）前面，充当状语。

　　　2)"大都……"就是"大多都……"

例句：

1) 数学好的人大多对数字比较敏感。
2) 为什么聪明的人大多觉得很孤独？
3) 幸福大都相似，不幸却有千万种。

## 【中 084】大约

**形式**：大约

**意义**：对数量范围或可能性的估计。

**用法**："大约"出现在动词词组（例句 1）或数量词组（例句 2）前面。

**例句**：

1）老房子的主人大约已经搬走了，整个院子空无一人。

2）我们约晚上六点见面，她大约七点才到。

## 【中 085】大致

**形式**：大致

**意义一**：基本上，大体上。

**例句**：

1）汉语水平大致可以分成初、中、高三个等级。

2）真实情况大致符合警察之前的判断。

**意义二**：大概，大约。表示估计和推测。

**例句**：

3）这棵树大致有 80 米，算得上国内最高的树了。

4）这个包裹让快递送的话，大致需要 3 天时间。

## 【中 086】仅

**形式**：仅

仅仅

**意义**：相当于"只"，限定在较小的范围或数量内。

**用法**：1）"仅/仅仅"可以限定动作范围（例句 1）；也可以限定数量程度（例句 2~4）。

2）"仅/仅仅+数量词组"可以出现在句中（例句 3）；也可以出现在句子开头，跟句子主干之间有短暂的停顿，书面用","表示（例句 4）。

3)"仅"具有书面语风格（例句3）。

**例句：**

1）年轻人求职不再<u>仅仅</u>是为找一份工作，他们更想要实现个人价值。

2）这条连接江西与深圳特区的高速铁路，全程<u>仅</u>需1小时49分钟。

3）他担任院长<u>仅</u>三个月，便辞职不干了。

4）<u>仅仅</u>三年时间，她就从公司新人成长为销售高手。

## 【中087】至少

**形式：** 至少

**意义：** 最低或最少的限度。

**用法：** 1)"至少"表示最少数量时，一般用"至少+数量词组"（例句1）说明事物最低数量，用"至少+动词+数量词组"（例句2）或"动词+至少+数量"（例句3）说明行为的最少动量。

2)"至少"表示最低程度时，后面一般是动词词组（例句4）或形容词词组（例句5）。

3)"至少"表示最小范围时，后面一般是动词词组（例句6）或名词/名词词组（例句7）。

**例句：**

1）高速公路上发生一起严重交通事故，<u>至少</u>28辆汽车相撞，造成18人不同程度受伤。

2）报告写完以后，应该<u>至少</u>检查两遍。

3）这本书值得仔细阅读<u>至少</u>三遍。

4）这药不能完全治好他的病，但<u>至少</u>可以控制住病情。

5）他这人，别的方面不说，<u>至少</u>很诚实。

6）失败算什么，我<u>至少</u>还有梦想。

7）哪怕全世界对我不友好，但是<u>至少</u>你站在我这边。

## 【中 088】至多

**形式**：至多

**意义**：最高或最大的限度。

**用法**：1)"至多"表示事物最多数量，一般用"至多 + 数量词组"（例句 1）；用"至多 + 动词 + 数量词组"（例句 2）或"动词 + 至多 + 数量"（例句 3）说明行为的最多动量。

2)"至多"表示最高程度时，后面一般是动词词组（例句 4）或形容词词组（例句 5）。

3)"至多"表示最大范围时，后面一般是动词词组（例句 6）或名词词组（例句 7）。

**例句**：

1) 这是一个小组作业，每组至少三人，至多五人。

2) 爷爷最近睡眠不好，晚上至多睡三四个小时。

3) 你的脚刚好不久，每天走路至多一个小时。

4) 哥哥不会把你怎么样的，至多批评两句。

5) 这件事你可以直接告诉他，他至多有点儿激动，不会受不了的。

6) 小周认识的至多是同一个办公室的同事。

7) 朱老师看起来至多三十几岁，其实她的孩子都要考大学了。

## 【中 089】只不过

**形式**：只不过

不过₂

**意义**：相当于"仅仅"。表示主观认为事情在较小范围或较轻程度内。

**用法**："只不过/不过……"出现在主语后面，谓语前面。句末可以搭配语气助词"而已、罢了、就是了"（例句 3）。

**例句**：

1) 哪有什么岁月静好，只不过有人在为你默默付出。

2) 我不过轻轻碰了一下电脑，它就不亮了。

3）<u>不过</u>是三十岁而已，为什么要着急结婚?

## 【中 090】净

形式：净

意义：说明行为、事物很单一，没有其他。常带有不满的情绪。

用法：1)"净"的语义指向后面的谓语部分，区别于"都、全"。

2)"净"常用于表达对行为单一性的不满情绪，意思接近于"总是、老是"。

3)"净是"用于指出某范围内只有某种事物。一般出现在处所词组、时间词做主语的存现句中（例句3~4），或"的"字词组做主语的句子中（例句5）。

4）否定形式为"不+净+动词/动词词组"（例句6）或"不+能愿动词+净+动词/动词词组"（例句7）。

5)"净"具有口语风格。

例句：

1）整天<u>净</u>忙工作，没时间谈恋爱。

2）有能力的都走了，公司里<u>净</u>留下些只说不做的人。

3）生活里也不<u>净</u>是柴米油盐，还有诗和远方。

4）这几年<u>净</u>是无聊的电视剧，没什么好看的。

5）你说的<u>净</u>是没用的话!

6）南方人不<u>净</u>吃米饭，有时也吃点儿饺子、面条儿、包子。

7）大家不要<u>净</u>说好听的，还是说点儿存在的问题吧。

## 【中 091】处处

形式：处处

意义：相当于"到处，各个地方"。概括动作、状态的覆盖范围。

用法："处处"可以表示具体的空间处所（例句1），也可以表示抽象的方面（例句2）。区别于"到处"只能表示具体处所。

例句：

1）有些人以为在云南大象满街走，处处是野生动物。

2）他处处跟我过不去，真是没法合作了。

## 2. 副词与程度的表达

【中 092】大大

形式：大大

意义：表示（动作、变化的）幅度大或（性质状态的）程度深。带有主观语气。

用法：1）"大大"常常用于说明变化或表达对比的意思。

2）"大大"后面的动词一般是双音节词或词组。

3）"大大"后面可以出现"地"，增强描写性（例句4）。

例句：

1）机场建设了新的中转区，大大缩短了旅客的步行距离。

2）你们说的价格大大低于我们的成本，我们无法接受。

3）8月份公布的经济数据大大好于预期。

4）科技的进步大大地提高了生活的方便程度。

【中 093】大体

形式：大体

　　　大体上

意义：在较大程度上或主要方面（有某种性质、状态），用于说明程度深、范围广。

用法："大体"主要出现在动词（例句1~2）或形容词（例句3）前面，充当状语。

例句：

1）产品设计已大体完成，现在需要听听专家的意见和建议。

2）看了这本书，你就大体知道汉语的基本语法知识了。

3）你的看法大体正确，但还不够全面。

4）儿童的语言表达能力大体上是由环境决定的。

## 【中094】好

形式：好

意义：相当于"很、非常、十分"。表示程度深，带有感叹语气。

用法：1）"好"后面可以出现形容词（例句1）、心理动词（例句2）、"有、似"（例句3）等。

2）"好"具有口语风格。

例句：

1）夏天做户外运动真的好热！

2）我好喜欢跟她聊天儿，每次都感觉很愉快、舒服。

3）现在回想起来，那里好似人间天堂。

## 【中095】颇

形式：颇

意义：相当于"很"。表示程度深，带有感叹语气。

用法：1）"颇"后面可以出现形容词（例句1）、心理动词（例句2）、"有、似"（例句3）等。

2）"颇"具有书面语风格。

例句：

1）那几年的学习经历让我印象颇深。

2）画家吴昌硕颇爱荷花，他的作品画出了荷花一年四季的美。

3）你细看，他的模样与那个明星颇有几分相似。

## 【中096】格外

**形式**：格外

**意义**：相当于"特别"。表示程度超过一般、常规。

**用法**："格外"主要修饰形容词（例句1）、心理动词（例句2），之间可以加入助词"地"（例句3）。

**例句**：

1）邻居的关心帮助让这个冬日格外温暖。

2）命运总是格外喜爱努力的人。

3）青春因为有目标和追求，才格外地美丽。

## 【中097】稍微

**形式**：稍微

**意义**：表示程度不深或数量少。

**用法**：1）"稍微"主要出现在动词性成分（例句1）或形容词性成分（例句2）的前面，充当状语。

2）"稍微"可以用于比较句格式"A比B+形容词+补语"，区别于"有点儿"（例句3）。

3）可以和"有（一）点儿"组成"稍微+有（一）点儿(些)+动词/形容词/名词(词组)"（例句4），进一步降低要表达的程度，使语气更柔和。特别在表达不如意的事情时，用"稍微"可以体现交际上的礼貌原则（例句4～5）。

**例句**：

1）你稍微往后站站，电梯门就能关起来了。

2）稍微粗心一点儿，就会把电话号码记错。

3）这套房子比那套稍微贵一点儿，但质量和位置都好得多。

4）这篇文章写得稍微有点儿乱，再修改一下吧。

5）裤子稍微大了一点儿，能帮我换成小号的吗？

## 【中 098】日益

**形式**：日益

**意义**：表示"一天比一天更加……"。

**用法**：1)"日益"在动词性成分或形容词性成分前面。

2)"日益"具有书面语风格。

**例句**：

1)互联网日益融入日常生活的方方面面。

2)比分差距逐渐缩小，比赛双方的战斗日益激烈。

## 【中 099】尤其

**形式**：尤其

尤其是

**意义**：相当于"特别"。表示在几种事物或情况中比其他的更突出、明显。

**用法**："尤其/尤其是"出现在所谈论的全体事物或范围的后面（例句3~4）。

**例句**：

1)这种食物对身体很好，尤其老年人要多吃。

2)最近感冒流行，老年人尤其要当心。

3)我喜欢看中国电影，尤其是功夫电影。

4)公司全体员工尤其是高层管理人员要积极思考如何应对市场的新变化。

## 【中 100】毫 + 否定词

**形式**：毫 + 不

毫 + 无

**意义**：意思是"一点儿也不，一点儿也没有"。通过否定极小的量来说明程度极低。

**用法**：1)"毫"只能出现在否定词"不、无"前面，区别于"丝毫"可以与"不、无、没（有）、未"组合。

2）"毫+不/无"后面跟双音节词语，所组成的词组在句子中一般充当定语（例句1）、状语（例句2）、谓语（例句3）。

例句：

1）没想到今天要在<u>毫无</u>准备的情况下表演节目。

2）我已经把过去的事<u>毫无</u>保留地告诉你了。

3）他在中国住了十几年，所以对于他会说当地的方言这件事，我<u>毫不</u>奇怪。

# 3. 副词与事件状态的表达

【中101】便（参见【中251】）

形式：便

意义：相当于"就"，表示动作行为立刻导致某件事的发生。

用法：1）"便"出现在后一小句或谓语的前面。

2）"便"偏向于书面语风格，区别于"就"。

例句：

1）无论什么关系，感情被消耗完，关系<u>便</u>走到了终点。

2）总统在记者会上讲完话<u>便</u>走人，拒绝回答记者提问。

【中102】将$_1$

形式：将$_1$

意义：相当于"会"，表示动作行为在未来发生。

用法：1）"将"可以与"会"连用（例句1）。

2）"将"具有书面语风格。

例句：

1）我认为半年后国外游客的人数<u>将</u>会大增。

2）研发人员表示，新一代技术<u>将</u>实现机器与大脑的连接。

## 【中103】本来₁

形式：本来₁

　　　　本₂

意义：表示"从前、先前"。

用法：1)"本来"出现在主语的前面或后面，具有口语风格（例句1~2）。

　　　2)"本"出现在主语后面，具有书面语风格（例句3）。

例句：

1）<u>本来</u>我对生活充满了失望，但是朋友的鼓励和支持把它赶走了。

2）我们<u>本来</u>有机会赢的，但队员之间的配合失误太多，直接导致了输球。

3）它们<u>本</u>是合作伙伴，为何现在像敌人一样？

## 【中104】依旧

形式：依旧

　　　　仍旧

　　　　仍然

　　　　依然

意义：相当于"仍然"。表示行为、状态没有变化。

用法：1)"依旧、仍旧、仍然、依然"出现在主语的后面（例句1~2），具有书面语风格。

　　　2)"名词/名词词组＋依旧"可以单独成句（例句3）。

例句：

1）青山<u>依旧</u>在，却不见朋友回来。

2）如果有再次选择的机会，她<u>仍然</u>会这么做。

3）尽管许久未见，我们友情<u>依旧</u>。

## 【中105】顿时

形式：顿时

意义：（某种情况、动作、状态在上文提及的事或条件之后）快速（出现）。

用法：1)"顿时"可以用在主语之前，用"，"与主语隔开（例句2），区别于"马上"。

  2）"顿时"一般用于描述现实的客观事件（例句1～2）。也可以出现在条件复句的结果小句中，表示从条件到结果间隔的时间非常短（例句3）。

  3）与副词"顿时"搭配的动词大多具有"出现、变化、消失"等存现义（例句1）或者表示"想起、觉得、感觉"等心理活动（例句2）。

**例句：**

1）孩子拆开包裹一看，眼泪顿时流了下来。
2）医生将诊断结果告诉病人，顿时，她感觉从头顶凉到了脚尖。
3）只要有女孩儿来跟他说话，他的脸顿时就会红得像熟透的苹果。

## 【中106】眼看₁

**形式：** 眼看₁

   眼看着

**意义：** 即将发生，不久以后出现。"眼看"主要表示说话人根据看到的情况做出判断。

**用法：** 1）受本身的语义限制，"眼看"不能与表示其他信息来源的成分共现，不能出现在祈使句和疑问句，也不能用于表示"使令"的兼语句，区别于"马上"。

  2）"眼看"可以出现在主语的后面（例句1）或前面（例句2）。

**例句：**

1）我眼看下班了，老板突然说今晚要加班。
2）眼看新年到了，我得准备一些礼物送给家人。

## 【中107】早晚

**形式：** 早晚

   迟早

**意义：** 相当于"或早或晚"。表达预测事情肯定会在某个时间出现。

用法：1)"早晚/迟早"用于描述非现实的行为、事件（例句1、例句5），也常出现在条件复句的结果小句中，表示主观预想肯定会出现的结果（例句2~4）。

2)"早晚/迟早"表示不确定的时间，因此在表达推测的语气上弱于"绝对、肯定、必然"，但强于"可能、也许、大概"（如比较"早晚会离去、可能会离去、肯定会离去"）。

3）常与"会、要、得（děi）"搭配。

4)"迟早"偏向于书面语风格。

例句：

1）只要继续向前走，我们早晚会到达目的地。

2）有的专家认为，即使没有这次经济危机，MG公司早晚也会关门。

3）如果生活方式不健康，身体早晚要出问题。

4）若不把心里的话说出来，我早晚会感到后悔。

5）愿留下的，自然会留下；想离去的，迟早会离去。

## 【中108】每

形式：每

意义：表示动作或情况规律性反复的记数单位。

用法："每"出现在数量词组或"动词+数量词组"的前面。

例句：

1）奥运会每四年举办一次。

2）他每说一句话，都要在最后加上一句"那个什么"。

## 【中109】每每

形式：每每

意义：表示出现某种动作（就会规律性地引出某种情况）。

用法："每每"出现在主语前面或后面。

例句：

1）我<u>每每</u>想到正从事着自己热爱的事业，就有一种幸福感。

2）<u>每每</u>说到校园秋天的风景，我都会想到那条落满黄叶的小路。

## 【中110】往往

**形式**：往往

**意义**：某种大概率情况或规律性的情况频繁发生或存在。

**用法**：1）"往往"可以出现在句子主语的前面（例句3）或者后面（例句1）。

2）"往往"主要用于描述现实中已经发生的大概率情况，不用于表达主观愿望或未来的情况，区别于"常常"。

3）用"往往"时，句中（例句2）或上下文（例句3）常常提到行为、情况出现的时间段或条件。

例句：

1）美食<u>往往</u>是一个地方吸引游客的"广告"。

2）比赛到了最后，<u>往往</u>比的是运动员的心理素质。

3）只要说到家庭分工，<u>往往</u>人们想到的就是爸爸工作、妈妈做饭。

## 【中111】偶尔

**形式**：偶尔

**意义**：（某种情况、动作、状态）不经常（出现）。

**用法**：1）"偶尔"一般在动词/动词词组（例句1）、形容词/形容词词组（例句2）前做状语。

2）特定语境下，"偶尔"可以出现在句首，用"，"与主语隔开（例句3），或单独作为答句（例句4）。

3）"偶尔"用来描述可以重复的行为、事情，区别于"偶然"（例句5）。

4）"偶尔"可以搭配表小量的动词重叠形式（例句6）、数量词组（例句7）、动量词组（例句5、例句7），可以与限定小量范围的"才、只"共现（例句8）。

**例句：**

1）北京人口头上偶尔说"您们"。
2）再坚强的人也会偶尔脆弱得泪流满面。
3）偶尔，他想放弃自己的超能力，去过普通人的生活。
4）A：你经常来游泳吗？

　　B：偶尔。
5）学校提倡"快乐教育"，一年偶尔考一次试。/

　　他本来是陪朋友考试，没想到竟偶然考上了电影学院。
6）快餐食品不健康，不过偶尔吃一吃，应该不要紧吧？
7）他最近总是睡不着，偶尔能睡三五个小时。
8）偶尔才买一次彩票，没想到竟中了大奖。

## 【中112】时刻₂

**形式：** 时刻₂

**意义：** 每时每刻，常常。

**用法：** 1）"时刻"可以重叠为"时时刻刻"（例句2）。

　　　　2）"时刻"可以表示"在每个时间点"，区别于"时时"。

**例句：**

1）我的墙上贴着德国作家歌德的话"在今天和明天之间，有一段很长的时间"，它时刻提醒我安排好时间。
2）在中国留学时的那些美好回忆时时刻刻记在我的心中。

## 【中113】时时

**形式：** 时时

**意义：** （某种情况、动作、状态）频繁地反复（出现）。

**用法：** 1）"时时"表示高频率重复，区别于"不时"表示低频率重复（比较例句1里的两个句子）。

　　　　2）"时时"后面可以出现否定形式"不+动词"（例句3），区别于"不时"。

3)"时时"后面可以出现"都"(例句2)。

4)"时时"偏向于书面语风格。

例句：

1)安全问题要时时注意，一刻也不能放松。/

做饭的时候，要不时地注意锅里的情况，别把汤烧干了。

2)我祝你时时都开心，事事都顺利。

3)交通安全时时不忘，幸福生活天天拥有。

## 【中114】不时

形式：不时

意义：(某种情况、动作、状态)不定时地反复(出现)。

用法：1)"不时"一般出现在动词/动词词组前做状语，表示低频率、不定时的重复(例句1~2)。区别于"时时"表示高频率的重复和延续(比较例2中的两个句子)。

2)"不时地"常出现在描写性的句子中(例句3)。

3)"不时"具有书面语风格。

例句：

1)一条大蛇闯进村民家中，还不时吐着舌头。

2)做饭的时候，要不时地注意锅里的情况，别把汤烧干了。/

安全问题要时时注意，一刻也不能放松。

3)影片中，她穿着白裙子，不时地对着镜头露出甜甜的笑容。

## 【中115】一度

形式：一度

意义：某种情况在过去发生过一次或一阵。

用法：1)"一度"的后面接动词或动词词组。

2)"一度"常与"曾经"或"曾"搭配。

**例句：**

1）今年内，这家公司的股票价格一度高达一千多块钱。

2）这家餐厅曾一度大受欢迎，现在却没有一个客人。

## 【中116】再度

**形式：** 再度

**意义：** 表示"第二次，又一次"。

**用法：** "再度"具有书面语风格。

**例句：**

这个视频网站的会员费去年涨价2%，今年再度上涨。

## 【中117】直

**形式：** 直

**意义：** 相当于"一直"，表示（动作行为）持续不断（例句1）。有时用来说明某种状态或情况达到较高程度（例句2）。

**用法：** 1）"直"出现在动词的前面，充当状语。

2）"直"具有口语风格。

**例句：**

1）她在电视剧中只会直瞪眼，被观众批评表演水平太低。

2）小狗热得直伸舌头。

## 【中118】历来

**形式：** 历来

**意义：** 从过去到现在。

**用法：** 1）"历来"多用于肯定句。区别于"从来"多用于否定句。

2）"历来"具有书面语风格。

**例句：**

1）公司历来重视安全生产工作。

2）他历来是个对朋友很大方的人，为什么不肯借钱给老孟?

## 【中 119】至今

**形式**：至今

**意义**：从过去某时到现在。

**用法**："至今"可以出现在主语的前面或后面。

**例句**：

1）她四年前跟男朋友分手，至今一个人。

2）我至今还记得您那天在课上说的话。

## 【中 120】一连

**形式**：一连

连₁

**意义**：（某种情况、动作）持续不断（例句1）或反复出现（例句2）。

**用法**：1）"一连"修饰的谓语部分要有数量词组，表示动作的次数（例句2）、时长（例句1）或相关事物的数量（例句3）。

2）"一连"后面可以跟时量词组（例句4）或动量词组（例句5）搭配，出现在谓语前面。这时，谓语部分不再出现数量词组。

3）"连"一般出现在单音节动词前做状语（例句6）。

4）"连"具有口语风格。

**例句**：

1）激烈的战斗一连打了几天。

2）小李考驾照，一连考了三次都没通过。

3）那年他参加了几次数学比赛，一连获得了四块金牌。

4）高考那几天，儿子状态挺好，妈妈却一连三四天都没睡好。

5）刘女士一连三次被邻居家的同一只狗咬伤。

6）这家饭店的菜味道不错，竟有顾客曾在这连吃七天。

## 【中 121】一再

**形式**：一再

意义：(某种动作过程)持续重现。

用法：1)"一再"强调动作过程的重复，所以后面不能出现表示短暂动作的"动词+一下"，区别于"再三"。

2)"一再"后面的动词可以表示主观决定或支配的行为(例句1)，用法跟"再三"接近；也可以表示非自主的行为、变化(例句2)。

3)"一再"后面可以出现能愿动词，区别于"再三"(例句3)。

例句：

1)如果我们一再压低价格，对方可能会不愿合作。/
客户再三压低价格，工厂只好想办法节省成本。

2)家里的零食一再丢失，原来是被老鼠偷去了。

3)你为什么一再要强调把字写好？

## 【中122】再三

形式：再三

意义：(某种动作)反复多次。

用法：1)"再三"一般出现在谓语前做状语(例句1)，也可以出现在谓语动词后面做补语(例句2)。区别于"一再"只能做状语。

2)"再三"可以出现在兼语句的第二个动词(例句3)或"动词+一下"的前面(例句4)。

3)"再三"搭配的动词一般表示自主的动作。区别于"一再"可以搭配表示自主和非自主动作的动词。

4)"再三"后面不能出现能愿动词，区别于"一再"。

例句：

1)手术成功了，病人家属再三感谢医生。

2)他考虑再三，最终决定支持孩子的选择。

3)银行工作人员请他再三确认账户信息。

4)再三思考一下，你会发现题目没那么简单。

## 【中 123】从此

**形式**：从此

**意义**：从所说的时间开始。表示事情或情况从某个时间开始出现。

**用法**：1)"从此"一般出现在动词词组前（例句1），也可以出现在少数表示"发生、变化、消失"的动词前面（例句2）。

2)"从此"可以出现在句首（例句3），后面可以有短暂停顿，书面用","表示（例句4）。

**例句**：

1) 当我们互相帮助，世界<u>从此</u>多了一份温暖。

2) 公司破产以后，这个品牌<u>从此</u>消失了。

3) 音乐家嵇康被杀后，<u>从此</u>人们再也听不到他弹奏《广陵散》这首乐曲了。

4) 我们今天正式离婚，<u>从此</u>，他走他的路，我过我的生活。

## 【中 124】一向

**形式**：一向

**意义**：从过去到说话的时候一直（存在某种行为或情况）。

**用法**："一向"一般出现在动词词组或形容词词组前。

**例句**：

1) 他<u>一向</u>喜欢自然，画的都是风景画儿。

2) 杰克对成绩<u>一向</u>自信，今天怎么不愿提考试的结果？

## 【中 125】一时

**形式**：一时

**意义**：表示（行为或情况）在短时间存在。

**用法**：1)"一时"一般出现在动词词组或形容词词组前（例句1~2）。

2)"不要/别+一时+动词"表示希望不要在短时间内做出某种行为（例句3）。

3)"一时+不会……吧"表示想试探性地确认行为或情况不会在短

时间内发生（例句4）。

4）"一时……一时……"出现在并列复句中，表示不定时地重复出现几种情况或行为（例句5）。（参见【中247】）

例句：

1）有些事情是不可能忘记的，只是一时想不起来。

2）老赵一时冲动，买了很多不需要的东西。

3）你别一时想不开跳下去啊！

4）A：银行一时不会下班吧？

　　B：不会，你现在赶过去还来得及。

5）电影里的男主角一时去追坏人，一时被坏人追。

## 4. 副词与行为方式的表达

### 【中126】亲自

形式：亲自

意义：强调动作由某人自己做。而从常理上说，这样的事情以他的身份不必或不用自己去做。从而体现事情的重要性或得到行为人的重视。

用法："亲自"在动词性成分前面。

例句：

1）A：你们旅行社可以帮我完成出国旅游的所有手续吗？

　　B：抱歉，办签证得您本人亲自去。

2）今天周末，我亲自下厨为家人做了一大桌菜。

### 【中127】亲眼

形式：亲眼

　　　亲口

　　　亲手

　　　亲耳

意义：强调动作由某人自己做。

用法：1)"亲眼、亲口、亲手、亲耳"的选择取决于后面的动作行为是由哪个身体部位/身体器官所发出的。如果是需要多个部位协作完成的动作，则用"亲自"。

2)"亲眼、亲口、亲手、亲耳"出现在谓语动词前，不能加"地"。

例句：

1) 在现场的罗女士说，这是她第一次亲眼看到大家这样抬车救人。

2) 他在接受采访的时候亲口承认了这个事实。

3) 爷爷亲手种下了这棵树。

4) 真希望亲耳听到你对我说"爱你"。

【中128】一口气

形式：一口气

意义：不间断地(做某件事)。用来说明行为发出者的能力（例句1~2)、气势（例句3)、意志（例句4）等。

用法：1)"一口气"只用于描述人或组织机构的动作行为。

2)"一口气"可以出现在能愿动词的前面或后面（例句1~2)。

例句：

1) 他一口气能说30个字。

2) 他能一口气跑完30公里。

3) 该集团在海外一口气接连签了几个合同。

4) 我买到了他的新书，并且一口气读完了。

【中129】一心

形式：一心

意义：没有别的想法，只想(做某事)。

用法：1)"一心"出现在谓语动词前，充当状语（例句1)。

2)"一心"常出现在能愿动词、心理动词前（例句2~3)。

例句：

1）她一心关注工作，没有太多时间管家里的事。

2）她陪着老公度过最艰难的日子，但老公现在却一心要离婚。

3）刘保峰一心想着完成工作，竟忘了吃饭。

## 【中130】赶忙

**形式**：赶忙

**意义**：描述（因为着急）加快动作速度。

**用法**：1）"赶忙"修饰动词性成分，充当状语。

2）"赶忙"主要用来描述人的行为动作。

例句：

1）看见妹妹哭了，哥哥赶忙道歉，说自己不是故意的。

2）服务员把菜放到桌上，大家赶忙拿出手机拍照。

## 【中131】特地

**形式**：特地

**意义**：为了某个目的而专门（做）。

**用法**：1）"特地"出现在动词词组前面，做状语。

2）"特地……"的上下文中常常出现行为的目的、原因（例句2~4）。

例句：

1）这首歌是他特地为灾区的孩子写的。

2）我觉得这种巧克力味道不错，特地买了一盒给你。

3）为了了解中国的古代艺术，我们特地去了敦煌。

4）他打算特地写一封信表示感谢。

## 【中132】一一

**形式**：一一

**意义**：（动作）一个一个地作用到事物身上。

**用法**："一一"后面只能跟动词（例句1）或动词词组（例句2）。

例句：

1）校长和获奖的学生<u>一一</u>握手。

2）顾客<u>一一</u>试穿了几套西服，最后却只买了一条领带。

# 5. 副词与肯定、否定的表达

**【中 133】必定**

**形式**：必定

**意义**：（对行为事件、客观情况的存在或发生）表示肯定的推断。

**用法**：1）"必定"可用于表达对某种动作、情况的坚决肯定（例句 1），语气稍强于"一定"；也可用于肯定某种条件必然导致某个结果（例句 2），"一定"没有这一用法。

2）"必定"没有命令或要求的语气，不能用于祈使句，也不能单独成句，区别于"一定"。

3）"必定"与能愿动词连用，用来表达对结果、趋势的肯定判断（例句 2）或者实现某事的主观决心（例句 3）。

4）"必定"偏向于书面语风格，带有严肃、庄重的色彩（例句 4~5）。

例句：

1）未来十年，教育<u>必定</u>发生巨大改变。

2）一个东西的运动状态发生了改变，<u>必定</u>受到外力的作用。

3）推进乡村发展，我们<u>必定</u>能过上更加美好的日子。

4）你我再见时，<u>必定</u>春暖花开！

5）和平与发展是历史趋势，世界<u>必定</u>更美好。

**【中 134】正$_2$**

**形式**：正$_2$

**意义**：加强肯定的语气。

用法："正"常出现在"如、像、是"的前面，加强对事物、情况的肯定判断语气。

例句：

1）我们要认真对待任何一件事，<u>正如</u>认真完成任何一道数学题。

2）电影《一出好戏》<u>正像</u>它的名字一样，真的是一部很好的作品。

3）这段时间雨水充足，气温上升，<u>正是</u>种植树木的好时节。

## 【中 135】未必

形式：未必

意义：相当于"不一定"。指明（事情、状态的）不确定性，减弱肯定语气。用来表示不赞同某种情况，但也不直接否定，所以具有委婉否定（例句1）或辩驳（例句2）的语气。

用法：1）"未必"一般出现在主语后、谓语前（例句1），也可以出现在句子开头（例句2）。

2）在接续对话或回答问题的语境中，"未必"可以单独使用（例句3）或做谓语（例句4）。

3）"未必"可以出现在陈述句（例句1~4）、感叹句中（例句5），也可以出现在带疑问语气词或"是不是"的疑问句中（例句6~7），但不能用于祈使句。

例句：

1）会学习的人<u>未必</u>生下来就很聪明。

2）A：我相信我们都会坚持到底。

B：你能坚持下去，<u>未必</u>你的朋友也做得到。

3）A：卖得多就意味着赚得多吗？

B：<u>未必</u>。

4）A：那么严重的病一定要动手术。

B：这倒<u>未必</u>。

5）假如人生再来一次，<u>未必</u>比现在更好啊！

6）容易得到的<u>未必</u>好吧？

7）结婚是不是<u>未必</u>与爱情有关？

【中 136】不曾

形式：不曾

　　　未曾

意义：表示"从来没有"。否定动作以前发生或经历过。

用法：1）"不曾/未曾"一般出现在动词前，表示否定动作曾经存在或经历（例句1~2）。

　　　2）"不曾/未曾"后面的动词性成分常常带表示经历的助词"过"（例句1）。

　　　3）"不曾、未曾"偏向于书面语风格。

例句：

1）他<u>不曾</u>得到过爱情，一生孤独。

2）英雄<u>未曾</u>远去，我们永远不会忘记他们。

3）他一直保守着这个秘密，<u>不曾</u>向别人透露过一个字。

【中 137】从不

形式：从不

　　　从没

　　　从未

意义：表示"从来没有"。否定动作从过去到现在的出现或存在。

用法：1）"从不"出现在动词和动词词组前面。

　　　2）"从未"偏向于书面语风格。

例句：

1）他从不在乎自己得到什么，失去什么。

2）我们学校留学生篮球队的表现从没让大家失望过。

3）他这一生从未停止过对艺术的探索和追求。

【中138】不用

形式：不用

意义：相当于"不必，不需要"。表示主观认为不需要做（某个动作行为）。

用法：1）"不用"可以出现在动词或动词词组前，表示不需要做某个动作行为（例句1）；也可以出现在句子开头，表示整个行为事件不是必要的（例句2）。

2）"不用"用在祈使句中，强制语气弱于"不要、别"，具有更委婉或礼貌的表达效果（例句3）。

3）"不用"具有口语风格。

4）"不用说""不用问"可以做插入语，出现在句子开头，后面有语音停顿（书面用逗号"，"分隔），表示根据上文信息快速做出下文的推断，起到话语连接作用（例句4~5）。

例句：

1）你不用管他，随他去吧。

2）不用你管他，以后自然有人会收拾他。

3）工作人员对老人说："您不用排队，请从这边进去。"

4）有些人睡觉还保持着婴儿的动作。不用说，这是缺乏安全感的表现。

5）他一个人站在旁边，哈哈傻笑。不用问，一定是想起了什么开心事。

【中139】绝 + 不

形式：绝 + 不

　　　绝 + 没有

意义：相当于"绝对不"。表示完全否定某种情况，排除任何例外。

用法：1）"绝不"可以出现在动词、形容词前面（例句1~2），"绝没有"

出现在名词、动词前面（例句3～4）。区别于"决不"主要出现在动词前面。

2）"绝不、绝没有"可以否定已经发生的行为和情况，也可以否定未来的行为和情况。

例句：

1）独立绝不意味着什么事都自己干。

2）用这种软件制作视频，画面绝不会模糊。

3）这种远距离的恋爱绝没有好结果。

4）我绝没有说过这样的话，你不要相信他。

## 【中140】决 + 不

形式：决 + 不

意义：决心不、坚决不。表示主观上坚决否定某种行为。

用法：1）"决不"常出现在动词前面。区别于"绝不"出现在动词、形容词前。

2）"决不"常用来表明态度决心。区别于"绝不"（例句2）。

例句：

1）他用音乐告诉大家："我决不向命运低头！"

2）A：你都病成这样了，咱们去医院看看吧？

B：决不！

## 【中141】并$_1$ + 否定词

形式：并$_1$ + 未

并$_1$ + 无

意义：加强否定的语气。"并未"表示"并没有出现某种动作或状态"，"并无"表示"并没有某种事物"。

用法：1）"并 + 否定副词"常用于表示转折的句子中，具有说明真实情况与某种看法不同的意味。

2）"并未、并无"具有书面语风格。

例句：
1）这项人工智能技术目前并未完全成熟。
2）这两个人在工作、生活中并无联系，怎么会认识对方呢？

## 【中 142】并非

**形式**：并非

**意义一**：相当于"并不是"，做副词，加强否定的语气。

**用法**："并非"常用于表示转折的句子中，具有说明真实情况与某种看法不同的意味。

例句：
1）英雄并非生下来就不会害怕，而是在重要的时刻选择了勇敢。

**意义二**：相当于"并不是"，做动词。

例句：
2）其实你们所相信的并非事实。

## 【中 143】难以

**形式**：难以

**意义**：不容易（做），不能（做）。

**用法**："难以"具有书面语风格。

例句：
1）他的死让家人、朋友都难以接受。
2）有些自然现象至今难以用科学解释。

## 【中 144】无须

**形式**：无须

　　　无需（同"无须"）

**意义**：相当于"不必、不用（做……）"，意思上否定"必须"。

**用法**：1）"无须"常用于主语前面或动词前面，区别于"不必、不用"只能在动词前面。

2）"无须"不能单独成句，区别于"不必、不用"。

例句：

1）他对球队的贡献无须多说，大家都看在眼里。

2）他已经主动说出了一切，无须你再多问。

3）乘客无须提前买票，直接用手机付钱上车。

# 6. 副词与主观态度的表达

【中145】差点儿

形式：差点儿

　　　差一点儿

意义：（某种情况）几乎实现。

用法：1）如果是说话人不希望实现的事，用"差点儿、差点儿没"都表示事情几乎实现而没有实现，有庆幸的意思（例句1~2）。

2）如果是说话人希望实现的事，用"差点儿"表示事情几乎实现却没能实现，有遗憾惋惜的意思（例句3）；用"差点儿没"表示事情几乎不能实现却终于实现了，有庆幸的意思（例句4）。

例句：

1）我差点儿忘了中午约了一个朋友吃饭。

2）我差点儿没忘了今天是老公的生日。

3）在最后50米，凯文差点儿追上了麦克，结果还是第二名。

4）我当年差点儿没追上我老婆，好在最后还是感动了她。

【中146】倒$_1$

形式：倒$_1$

　　　倒是

意义：（事情比较复杂、困难），但行为却不符合相应的事理。

用法：1）主语常为第二、第三人称（例句1~2）。

2）常出现在"动词+得+倒……"中，动词常用"说、想、看"等。

3）带有不满甚至责怪的语气。

4）"倒、倒是"具有口语风格。

例句：

1）A：写字不难吧，有笔有纸就可以了。

B：你想得倒简单。字要写好，哪儿有那么容易？

2）他说得倒是轻松，要是事情真的来了，逃得最快的就是他。

## 【中147】倒₂

形式：倒₂

反倒

意义：相当于"反而"。表示跟上文意思相反，或跟预料的相反。

用法：1）常出现在转折复句的第二小句中，表示与第一个小句相反的情况。

区别于"倒"还可以表示"行为不符合事理，过于简单轻松"。

2）"反倒"具有口语风格。

例句：

1）让他慢一点儿，人家倒跑起来了。

2）原来一直喊着要辞职的人现在反倒表示要留下来！

## 【中148】干脆

形式：干脆

意义：针对某种情况，果断地采取（某种彻底或极端行为）。

用法：1）"干脆"可以出现在句首或动词前。

2）"干脆"表示一种主观上的行为选择，可以出现在祈使句中（例句2），表示祈使、建议。

例句：

1）他们总是吵个没完，后来干脆离婚了。

2）A：学中文真的很有意思。

　　B：干脆你去中国留学吧。

## 【中149】恰好

形式：恰好

意义：（事物或情况）与其他事物情况偶然一致（例句1~2），或与设想偶然一致（例句3）。

用法：1）"恰好"可以出现在句首，也可以在句中。

　　　2）"恰好"强调巧合的语气强于"刚好"（例句3）。

　　　3）"恰好相反"表示句子与上文提及的事物存在相反情况，可以起到承接话语、简化表达的作用（例句1）。

例句：

1）我以为他的病不太严重，而实际情况却恰好相反。

2）老李今天忘带驾照，恰好遇到交警在路上检查。

3）雪花纷纷落下，恰好这一片落到了我的手里。

## 【中150】何尝

形式：何尝

意义：表示"并非、从来不"。用反问、辩解语气否定所提到的情况。

用法：1）"何尝"一般出现在动词词组前面。

　　　2）"何尝"具有书面语风格。

例句：

1）让生活慢下来，何尝不是一种智慧？

2）老板何尝知道我们员工的想法，都是中间管理层跟他说什么就是什么。

## 【中151】总算

形式：总算

意义：经过一个不容易的过程后终于出现某种情况。

用法：1）"总算"主要出现在动词前面。

2）"总算"主要用于表达带有积极意义的情况，且这种情况是说话人迫切期待的。区别于"终于"可以用于表达积极和消极的情况。

3）"总算"具有口语风格。

**例句：**

1）这本书写了一年，<u>总算</u>写完了。

2）医生想尽办法，<u>总算</u>控制住了他的病情。

## 【中152】不妨

**形式：** 不妨

**意义：** 行为动作可以进行，没有什么妨碍。

**用法：** 1）"不妨"带有委婉语气，可以减弱祈使句的强制语气，显得更委婉礼貌。

2）"不妨"后面常出现表示尝试的动词重叠形式（例句2）。

3）"动词词组＋也＋不妨"表示可以接受某种做法（例句3）。

**例句：**

1）A：朴经理是韩国人吗？

B：这不是什么个人隐私，您<u>不妨</u>直接问他。

2）当你觉得人生太苦的时候，<u>不妨</u>读读这本小说。

3）现在告诉他也<u>不妨</u>，反正他早晚会知道这件事。

## 【中153】只好

**形式：** 只好

只得（dé）

**意义：** 表示"只能/不得不"，没有别的选择只能（做某事）。

**用法：** 1）"只好"可以出现在主语后（例句1），也可以出现在主语前（例句2）。

2）"只好、只得"具有口语风格。

例句：

1）一楼的老太太把各种不常用的东西堆在门口。社区工作人员多次沟通无效，只好求助于政府有关部门的工作人员。

2）我姐姐要生孩子的时候，她丈夫刚好在外国，只好我去医院陪她了。

3）这条路再怎么辛苦，也只得我一个人走下去。

【中 \*\*\*】其实（参见【中290】）

形式：其实

意义：指出实际情况，对上文或预设进行修正或补充。

用法：1）"其实"可以出现在句中（例句1~2），也可以出现在句首（例句3~4）。

2）"其实"可以用来表示澄清事实（例句1~2）、连接上文（例句3）、转移话题（例句4）等。

例句：

1）这个动作看起来简单，其实做起来很难。

2）她总说家里人不关心她，其实孩子们每个星期都去看她。

3）A：做人难，做女人难。

B：其实做有名的女人更难。

4）我们在花园里常常可以见到蔷薇花、绣球花、月季花。其实适合养在庭院里的还有木香花。这种花儿有黄、红、白三色，生命力也很顽强。

【中154】本来₂

形式：本来₂

本₃

意义：表示认为事情理所当然。

用法：1）"本来"出现在主语的前面或后面（例句1~2），具有口语风格。

2）"本"出现在主语后面（例句3），具有书面语风格。

3）"本来/本"后面常出现"就"，表示强调情况就是事实或符合道理。

例句：
1）A：这本书是你借来的吧？

B：什么借来的，它<u>本来</u>就是我的。
2）<u>本来</u>我们就不是完美的人，不必满足所有人的期待。
3）恋爱<u>本</u>就是个不断探索和尝试的过程。

## 【中 155】好在

**形式**：好在

**意义**：表示具有某种有利的条件或情况。

**用法**：1）"好在"用于小句的开头。

2）"好在"具有口语风格。

例句：
1）病人差点儿没了命，<u>好在</u>医生及时抢救过来了。
2）<u>好在</u>你当时头脑清楚，否则我们肯定就被骗了。

## 【中 156】幸亏

**形式**：幸亏

幸而

**意义**：指出因运气获得有利条件（从而避免了不好的结果），带有庆幸的语气。

**用法**：1）"幸亏、幸而"常用于句子开头（例句1），表示所说情况是因为运气而偶然得到的有利条件。区别于"好在"提到的有利条件不一定是偶然的。

2）带"幸亏"的句子说明偶然出现的有利条件，所避免的不利情况或不好的结果常常在上下文出现，也可以不直接说出来（例句1）。

3）"幸亏"常常出现在条件复句里，另一小句中常用"否则、不然、差点儿……"（例句2~4）。

4）"幸亏"后面不能单独跟名词或代词。

5)"幸而"具有书面语风格（例句5）。

**例句：**

1）一位老人在路边摔倒了，<u>幸亏</u>医生及时赶到。

2）<u>幸亏</u>当时闹钟响了，否则我就赶不上飞机了。

3）<u>幸亏</u>你在后面拉着，不然我就滚到山下去了。

4）林晓当时差点儿上当，<u>幸亏</u>遇到了警察。

5）<u>幸而</u>有热心的志愿者，温暖孤独的心，照亮寒冷的夜。

## 【中157】明明

**形式：** 明明

明

**意义：** 强调某个事情或情况是现实条件（而实际结果却与它没有关系）。用来表示对实际结果的诧异、质疑或不满。

**用法：** 1）"明明"常出现在主语后（例句1），也可以出现在主语前（例句2）。

2）用"明明"就说明现实条件与实际结果违背逻辑关系。这一结果会出现在上下文中。因此，"明明"常常出现在转折复句或让步性条件复句中，跟"尽管、既然、虽然、即使"等词语连用（例句6）。区别于"分明"。

3）如果"明明"出现在前一小句，后一小句常常用"却、还、但（是）、而、反倒、可（是）"等说明违反推理的实际结果（例句7）；或与疑问词连用，用疑问、反问语气表示质疑与不解（例句8~9）。

4）"明明"具有口语风格。

5）"明"和"明明"在大多数情况下可以相互替换。但只有"明明"能修饰形容词性成分和名词性成分，"明"则不能（例句3~4）；"明明"通常不修饰单音节词，"明"则没有音节限制（例句5）。

例句：

1）广告明明在宣传汽车产品，可画面上最吸引人的却是美女。

2）明明两菜一汤就够了，偏点了一大桌菜。

3）两人的感情明明很好，男人却突然要分手。

　　*两人的感情明很好，男人却突然要分手。

4）明明两口子，你却说是兄妹。

　　*明两口子，你却说是兄妹。

5）明知山有虎，偏向虎山行。

　　*明明知山有虎，偏向虎山行。

6）即使明明知道她在说假话，他还是选择相信她。

7）这件衣服明明是红色的，他却说是绿色的。

8）明明知道爱情无法长久，又何必结婚？

9）他的比赛状态明明不行，为何教练一直不肯换人？

## 【中 158】分明

形式：分明

意义：指出事情或情况在现实中明显存在。

用法：1)"分明"主要强调句子本身所描述情况，跟上下文的意思关联不大，也不一定带负面情绪。区别于"明明"。

　　　2)"分明"出现在转折复句中，可以替换成"明明"（例句 2）。但出现在其他复句中时，不能换成"明明"（例句 3）。

　　　3)"分明"偏向于书面语风格。

例句：

1）奶奶分明看穿了我的想法，只是不说出来而已。

2）这哪儿是汉字啊，分明是一幅画儿！

3）公鸡一叫，天分明亮了。

【中159】似乎

形式：似乎

意义：相当于"好像"，主观对某事的存在表示不完全确定。

用法：1)"似乎"常常出现在主语前面（例句1）或后面（例句2）。

2)"似乎"偏向于书面语风格。

例句：

1) 似乎这些措施对我们的生意没有什么太大的帮助。

2) 我似乎以前来过这个小镇，总有一种说不出的熟悉感。

【中160】仿佛

形式：仿佛

意义：好像，似乎。

用法：1)"仿佛"可以在动词词组或形容词词组的前面（例句1），也可以出现在句首（例句2）。

2)"仿佛……"句末可以出现"似的、一样"（例句2）。

3)"仿佛是……"用于表达对某种情况的比喻（例句3）或推测（例句4）。

4)"仿佛"具有书面语风格。

例句：

1) 这阴雨的天气仿佛把人们带回了冬天。

2) 他们聊得十分开心，仿佛两人很熟悉似的。

3) 人们总是歌唱青春的美好，它仿佛是朵美丽的花儿。

4) 前面仿佛是个人，但夜太黑，我看不清楚。

【中161】偏偏

形式：偏偏

意义：指出事情与说话人的某种心理倾向相反，表达惊奇、遗憾或责备之情。

用法：1)"偏偏"表示对整个句子所说情况的主观评价，可以出现在句中（例句1），也可以出现在句首（例句2）。

2)"偏偏"所评价的情况可以是故意发生的（例句3），也可以是非故意的（例句1~2），区别于"偏"主要表示故意的行为。而且这种情况是与预想相反的不希望、不可能或不应该出现的小概率情况。因此，可以和"可（是）、但（是）、（然）而、却"等表示转折的词语连用（例句3~4）。

3)"偏偏"所指的心理倾向可以在上文出现（例句1、例句3~4）；也可以不出现，但能被推测出来（例句2）。

例句：

1) 喜欢住高楼的曾云偏偏被安排在一楼的房间。
2) 大家正在考试，偏偏这时发生了地震。
3) 被交警处罚过一次，应该避免再次犯错，可偏偏有人又一次酒后驾驶。
4) 为何这种白色的盐却偏偏被叫作红盐呢？

## 【中 162】偏

形式：偏

意义：表示故意跟要求或客观情况相反。

用法：1)"偏"主要出现在句中动词性成分前面。

2)"偏"强调动作发出者的主观行为意愿。区别于"偏偏"（例句2）。

例句：

1) 高中阶段的孩子就是这样，你让他往东走，他偏往西走。
2) A：妈妈今天做了很多菜，你吃完饭再跟朋友出去玩儿吧。
   B：我偏不！

## 【中 163】毕竟

形式：毕竟

意义：指出事情的本质或关键，作为解释或反驳的理由。

用法：1)"毕竟"可以出现在句首（例句1），也可以出现在句中（例句2）。

2)"毕竟"可以出现在因果复句中表示原因（例句1、例句3），或者在转折复句中表示语义反转（例句2），用于强调起决定性作用的现实情况。

3)"毕竟"主要出现在陈述句、感叹句、反问句中。

4)"毕竟（还/只/不）是"，表示对事物根本属性或关键特征的判断（例句2）。

例句：
1) 父母反对女儿跟他谈恋爱，<u>毕竟</u>他离过婚，还带着一个孩子。
2) 唠叨是唠叨，可他们<u>毕竟</u>是世界上最关心你的人啊！
3) 我愿意把钱借给她，<u>毕竟</u>谁没着急需要钱的时候呢？

【中164】反正

形式：反正

意义：表示（在一个不确定或可变的条件下）主观上肯定某个情况。

用法：1)"反正"可以出现在句首（例句1、例句3），也可以出现在主语的后面（例句2）。

2)"反正"与上下文在语义上存在关联，可以表示在某种不确定的条件下确定某件事（例句1~2），或是解释对不利情况抱有"无所谓"态度的理由（例句3），或是解释选择或建议某种行为的理由（例句4）。

3)"反正"具有口语风格。

例句：
1) 不管你去不去，<u>反正</u>我不去。
2) 谁知道别人家对这件事的反应？我们家<u>反正</u>是完全能接受的。
3) 你爱找不找，<u>反正</u>丢的不是我的手机。
4) 不用着急赶过去，<u>反正</u>已经迟到了。

## 【中 165】简直

形式：简直

意义：主观评价事情或事物在某方面接近于某种程度很高的情况。带强调或夸张的语气。

用法："简直"出现在动词前面。尤其常出现在"是"字句、比喻句的谓语动词"是、像"前面，表示对人事物的主观评价（例句 2~3）。

例句：

1）她意识到自己说错了话，简直想找个地洞钻进去。
2）如果你喜欢的人正好也喜欢你，那简直是最幸运的事了。
3）这辆车运输危险物品，简直像颗"定时炸弹"。

## 【中 166】何必

形式：何必

意义：意思是"为什么要……"，用反问语气表示在事理上或情理上"不必（做）"。常用于表示评价、劝告、安慰。

用法：1）"何必"可以出现在主语前或主语后（例句 1~2），能做"是"的宾语（例句 3），或者单独做谓语（例句 4）。

2）"何必"单独使用时，后面要带语气词"呢、呀"（例句 4）。

例句：

1）叫快递员送过来就行了，何必您亲自跑一趟？
2）明明知道爱情无法长久，人们又何必结婚？
3）为那么点儿小事跟人吵，老王这是何必？
4）跟孩子抢零食，你何必呢？

## 【中 167】万万

形式：万万

意义：意思是"绝对（不做）、无论如何（不做）"，主观上对某种情况、行为表示强烈否定。用于表示强烈的叮嘱（例句 1）、劝阻（例句 2），或全然否定（例句3～4）。

用法："万万"出现在动词性成分的否定形式的前面。

例句：

1）这件事<u>万万</u>不可以告诉别人！

2）那里脏得像个垃圾堆，<u>万万</u>去不得。

3）我<u>万万</u>没有想到她竟会用冰冷的态度对待老同学。

4）钱不是万能的，但没有钱却<u>万万</u>不能。

【中168】难怪

形式：难怪

意义：（明白原因后）不再觉得奇怪。用来表达领悟。

用法：1）"难怪"一般出现在表示结果的句子里。表示原因的句子可以在前面（例句1），也可以在后面（例句2）。

2）"难怪"在对话中也可以单独出现，表示通过对方提供的信息而明白了事情的原因（例句3）。

例句：

1）金俊敏从小跟父母生活在上海，<u>难怪</u>他的中文那么好。

2）<u>难怪</u>玛丽说你没来电话，原来你没带手机。

3）A：小赵跟他旁边的那个人怎么长得那么像？

B：那人是他哥哥。

A：<u>难怪</u>。

【中169】竟然

形式：竟然

　　　　竟

意义：表示没想到出现某个情况或事情，表示"感到意外"的语气。

用法：1）"竟然、竟"一般出现在主语的后面（例句1）。

2）"竟然、竟……"前面常常出现表示"在意料之外"的插入语，如

"谁知、不料、想不到、令人遗憾/吃惊的是、出人意料的是"（例句 2）。

3）"竟"具有书面语风格（例句 3）。

例句：

1）有人大胆预测，300 年以后的人类竟然可以将自己的意识保存到电脑内，从而实现某种意义上的"永生"。

2）没想到，在收购了这家公司之后，他竟然决定关闭它。

3）原本在春天盛开的迎春花竟在寒风中开放。

## 【中 170】居然

形式：居然

意义：意思是"在意料之外"，表示主观上对某事的发生感到意外。倾向于评价不应该发生的坏事（例句 1）或不容易出现的好事（例句 2）。

用法：1）"居然"一般出现在主语的后面。

2）"居然"用于评价不应该发生或不容易出现的极端事情。主观性强于"竟然"。

例句：

1）疼爱多年的女儿居然不是他的孩子，这是他最接受不了的。

2）她原本是陪朋友去面试的，没想到居然被导演选中了，真是太幸运了！

## 【中 ***】反而（参见【中 292】）

形式：反而

意义：意思是"情况不符合常情、常理或预想"，表达主观认为按常情、常理，某种行为或情况应当产生某种结果，可是实际上产生了相反的结果。

用法：1）"反而"一般出现在动词性成分或形容词性成分的前面。

2）"反而"常出现在转折复句中。前一小句说出推论的前提，后一小句"反而……"表达与常理推论相反（例句 1）甚至更进一层（例句 2）的结果。

例句：

1）天太冷了，大家都躲在屋里，他<u>反而</u>上街去了。

2）吃了药，病不但没好，<u>反而</u>越来越重。

## 【中171】不免

**形式**：不免

**意义**：意思是"必然，免不了"，表达（由于某种原因）所说的行为情况避免不了，一定会发生。用来表达评价或推测。

**用法**：1）"不免"出现在主语后面。

2）导致行为的原因可以在上文出现（例句1）；也可以不出现，但能被推测出来（例句2）。

3）"不免"表示客观上的推论，可以起到缓和语气的作用。

例句：

1）这个人爱看书，却不太会说话，<u>不免</u>给人留下不懂交际的印象。

2）介绍端午节，<u>不免</u>提到屈原。

## 【中172】不禁

**形式**：不禁

**意义**：意思是"禁不住，抑制不住，不由自主"，用来表示某种行为反应是在主观上控制不了的。

**用法**：1）"不禁"主要出现在动补词组（例句1）、动宾词组（例句2）、动词（例句3）的前面。

2）导致失控行为或反应的原因可以在上下文出现（例句1、例句3）；也可以不出现，但能被推测出来（例句2）。

3）"不禁"可以出现在"使/让/令/叫……"的前面（例句4），也可以出现在其后面（例句5），句子意思相同。

例句：

1）主人以为小狗不见了，最后推开孩子的房门时<u>不禁</u>笑了起来——它竟然在一堆动物玩具中睡着了。
2）小伙子看着美丽的姑娘，<u>不禁</u>爱上了她。
3）老人在节目中谈到自己的孤独和痛苦，有的观众看后<u>不禁</u>表示，没想到当年的明星现在竟过着这样的生活。
4）新闻里的战争场面<u>不禁</u>使人们为当地的老百姓担忧。
5）他的做法让人们<u>不禁</u>想起了历史上的另一个人。

# 第九章　介词与句子的表达

介词主要通过"介词+实词（名词、代词、方位词）""介词+词组"的形式进入句子。这种形式主要出现在动词或动词词组的前面，引入行为或事件所关涉的空间、时间、范围、对象、目的、原因、方式、依据等方面的信息，以增加句子的信息量。有的介词词组也可以出现在句首，具有提供背景信息、为句子的表述做铺垫的作用。

## 1. 介词与空间、时间的引介

【中173】自

形式：自

　　　　自……起

　　　　自……以来

　　　　自……到……

　　　　自……至……

　　　　自……向……

　　　　自……而……

意义：表示"从某个空间、时间点上开始"，用来说明动作或状态的空间起点（例句1）或时间起点（例句2）。

用法：1）"自+处所词/方位词"表示空间起点（例句3、例句6），"自+时间词或时间词组/动词或动词词组"表示时间起点（例句2、例句4~5、例句7）。

2）"自……起"表示起始的时间点，意思是"从……开始"（例句4）；"自……以来"表示从过去某时到现在的这段时间（例句5）；"自……"和表示终点的"到、至……"或者表示方向的"向、而……"组合成"自……到/至/向/而……"，表达空间运动的路线（例句6）。

3）"自……"倾向于书面语风格。

**例句：**

1）这趟火车自浙江义乌出发，经过亚洲、欧洲的多个国家，最后到达比利时。

2）自恐龙时代，这种植物便出现在地球上。

3）本公园实行单向参观，游客由南门进，自北门出。

4）我市自本月起将调整部分公交线路。

5）自2010年底以来，这个城市的房价一直保持稳定。

6）地球自西向东转动，所以有了太阳的东升西落。

7）自你来到我的世界，一切都是彩色的了。

## 【中174】于

**形式：** 于 + 时间词

　　　　于 + 处所词或处所词词组/方位词或方位词词组

**意义：** 意思是"在某个空间、时间（采取某种动作）"，用来说明动作及其发生的时间点/时间段（例句1~2）或者出现的空间位置（例句3）。

**用法：** 1）"于……"可以出现在动词性成分前面（例句1），也可以出现在动词的后面（例句4）。

2）"于 + 时间词或时间词词组"表示在某时间点（例句1），"于 + 时间词 +（之）前/后/内"表示在某时间段（例句2）。

3）同时出现时间、地点时，"于"在地点前，时间放在句首或"于……"前面（例句3、例句5）；也可以用"于 + 时间 + 在 + 地点"（例句6）。

4)"于……"具有书面语风格。

**例句：**

1）今年第3号台风将于明早到达海南。

2）请于一周内到人事部报到。

3）2010年12月，刘立华于北京成立了一家科技公司。

4）中华人民共和国成立于1949年。

5）西安铁路局昨日于西安成立。

6）第24届冬季奥运会于2022年2月4日在北京开幕。

## 【中175】沿着

**形式：** 沿着

　　　　沿

**意义：** 意思是"以事物的边沿或道路为路线"，表示动作的路线或事物的方位。

**用法：** 1)"沿着/沿……"可以出现在动词性成分的前面（例句1~2）。"沿着……"也可以在句首（例句3~4），"沿……"只有在存现句中才能出现在句首（例句5）。

　　　　2) 单音节名词倾向于用"沿"（例句1、例句5），音节较长或结构复杂的名词性成分倾向于用"沿着"（例句2、例句6）。

**例句：**

1）飞到南方过冬的鸟沿路经过3个国家。

2）他们沿着一条弯弯曲曲的小路向前走，想找个饭馆填饱肚子。

3）沿着这条路线，意大利人马可·波罗跟着父亲和叔叔用了4年时间走到中国。

4）沿着小河是一条跑步的绿道。

5）沿湖有一条600米长的环形小道。

6）画面沿着高高低低的山、河和草原渐渐向天边扩展。

【中 176】冲（chòng）

形式：冲

冲着

**意义一**：意思是"对，向"，表示动作针对的方向。

用法：1)"冲/冲着……"出现在动词性成分的前面（例句 1~2）。

2)"冲/冲着……"搭配的动词主要表示肢体和身体的动作（例句 1~2）、言谈说话（例句 3）、表情动作（例句 4）等。

3)"冲/冲着……"具有口语风格。

例句：

1) 丽丽看到爸爸来接她，远远地就<u>冲</u>他招了招手。
2) 大象在河边停留了一会儿，就<u>冲</u>南方走了。
3) 他急忙走进会议室，<u>冲着</u>同事们说"对不起"。
4) 他先<u>冲</u>大家笑了笑，然后开始介绍自己。

**意义二**：意思是"凭，根据"，表示动作行为的依据、原因。

用法：1)"冲/冲着……"可以出现在名词性成分（例句 1）和主谓词组（例句 2）的前面。

2) 在因果复句中，"冲/冲着……"出现在表示原因的小句中，后面引出作为结果的动作、行为。

3)"冲/冲着……"具有口语风格。

例句：

1) A：没去过桂林不算去过广西。

B：就<u>冲</u>这句话，我也要去桂林玩儿一趟。

2) <u>冲着</u>王海这次出手帮忙，马利觉得这个邻居并没有人们说得那么坏。

## 2. 介词与范围的引介

**【中177】除**

形式：除

　　除……以外

　　除……之外

　　除……还/也……

　　除……都/全……

意义：意思是"不包括，除去，除了"，表示某些事物或情况不在句子谈论的范围内，使表达显得更加准确、严谨。

用法：1)"除……"可以出现在句首（例句1），也可以出现在主语的后面（例句2）。

2)"除……"可以限定主语的范围（例句1），也可以限定宾语的范围（例句2）。

3)"除……以外/之外"表示"排除在外，不包括"（例句2~3）；"除……还/也"表示不谈某些事物，别的事物有相同的情况、行为（例句3~4）；"除……都/全"表示不谈某些事物，别的事物有不同的情况（例句5~6）。

4)"除……"不能出现在句末，区别于"除了……"可以作为追补强调的信息出现在句末（对比例句7~8）。

5)"除了……"后面的小句可以出现"就是、还是……"，"除……"不能进入这种复句（例句9~10）。

6)"除……"倾向于书面语风格。

例句：

1) <u>除</u>公司的技术人员，其他人员不得随意进入实验室。

2) 考<u>生除</u>必要证件和文具<u>之外</u>，不得带其他东西进入考场。

3) 他的作品<u>除</u>《高兴》<u>以外</u>，还有很多被拍成电影。

4）她的课除受学生的欢迎，也得到同事的肯定。

5）除他之外，大家都在。

6）除工作人员留下，请其余人员全都离开。

7）除孩子以外，男方在离婚协议里明确表示放弃所有财产。

8）离婚时，她什么都不要，除了孩子。

9）除了上班，就是吃饭、睡觉。

　　*除上班，就是吃饭、睡觉。

10）老先生的家里除了书还是书。

　　*老先生的家里除书还是书。

## 【中178】关于

**形式**：关于

**意义**：意思是"在相关事物的范围内（采取某种动作或态度）"。"关于"主要用来指出事物的范围、内容，以及跟有关的人、事物。区别于"对于"主要指出动作行为的对象，以及对事物的主观态度（例句1～2）。

**用法**：1）"关于"的后面常常跟名词性成分（例句1），也可以跟代词（例句3）、动词性成分（例句4）、主谓词组（例句5）。

　　　2）"关于……"出现在主语前，区别于"对于"可以出现在主语的前面和后面（例句6）。"关于……"也可以做定语，出现在名词前面（例句4）。

**例句**：

1）关于这个人形的石头，有个美丽的传说。

　　*对于这个人形的石头，有个美丽的传说。

2）对于汉语的声调，同学们应该特别重视。

　　*关于汉语的声调，同学们应该特别重视。

3）关于它们，人类知道的还很少。

4）他分享了一些关于选择股票的成功经验和失败经历。

5）关于大学生创业，人们有100个支持的理由，也有100个反对的理由。

6）关于这个问题，我们表示反对。

　　对于这个问题，我们表示反对。

　　我们对于这个问题表示反对。

　　*我们关于这个问题表示反对。

## 【中179】至于

**形式**：至于

**意义**：意思是"在另一个相关事物的范围内（采取某种动作或态度）"，表示话题转为另一个相关的事物或范围。

**用法**：1）"至于"的后面常常跟名词或名词词组（例句1），也可以跟代词（例句2）、动词或动词词组（例句3）、问句（例句4~5）。

2）"至于……"出现在句子开头，跟主语之间有语音停顿，书面上用","表示（例句1~5）。

**例句**：

1）他们通了五年的信，至于信的内容，只有他们自己知道。

2）房子卖了，东西送人了。至于你，我永远不想再见。

3）语言学习首先要把句子说对。至于语段表达，是进一步的要求。

4）大家尽力就好，至于结果如何，不是我们能完全决定的。

5）我就是我，至于你喜欢不喜欢，一点儿也不重要。

## 【中180】连$_2$

**形式**：连$_2$

连$_2$……也/都……

连$_2$……也/都+不/没……就……

**意义**：意思是"带着……，包括……在内"。

**用法**：1）介词"连"的后面可以是名词性成分、动词性成分（例句1~2）。

2）要表达数量加法计算，可以用"连+部分+（一）共/有/是+总数"（例句3）。

3）"连……也/都……"表示用比较突出或极端的例子，来说明整体的基本情况（例句4～5）。"连……也/都……"常常与"甚至"连用（例句4）。如果句子强调的是动词的宾语，"连……"一般放在主语的后面（例句5）。

4）要通过个体否定整体情况时，可以说"连+一+量词+名词+也/都+不/没……"（例句5～6）。

5）"连……也/都+不/没……就……"用比较突出或极端的例子，来否定整体情况，并指出接着出现的情况或行为（例句6）。

**例句：**

1）我让他倒垃圾，结果人家<u>连</u>垃圾桶一起扔了。
2）看见女孩儿跳到水里，他<u>连</u>想也不想，跟着跳了下去。
3）A：快递费多少钱？
　　B：<u>连</u>三个箱子一共21块。
4）甚至<u>连</u>朋友也不知道她会说流利的西班牙语。
5）A：要不要煮碗面给你吃？
　　B：不用了。我现在<u>连</u>吃一根面条儿的力气也没有了，只想睡觉。
6）你怎么<u>连</u>一句话都不说就拿走了我的书？

## 3. 介词与对象的引介

**【中181】对于**

**形式：** 对于

**意义：** 指明动作、态度指向某人、事物、行为，作为句子话题。

**用法：** 1）"对于"的后面可以跟名词性成分（例句1）、代词（例句2）、动词性成分（例句3）、主谓词组（例句4）。可以表示动作的接受者，也可以是相关对象或事情。

2）"对于……"可以出现在主语前面，也可以出现在主语后面。出现在主语前时，动词后面可以用代词复指动作的接受者（例句 5）。

3）如果表示动作的是动补结构，或者表示动作接受者的宾语比较长，就用"对于……"把宾语放到动词性成分的前面，使句子结构保持相对平衡（例句 6）。

例句：

1）对于一切美好的事物，我会耐心等待。

2）对于他，国内读者早已十分熟悉。

3）我们的医生对于治疗这类疾病有着丰富的经验。

4）风险管理对于企业实现长期稳定发展显得尤其重要。

5）对于生活困难的学生，我们应该尽力帮助他们。

6）对于这些不同甚至相反的意见，他都认真详细地记录下来。

## 【中 182】替

**形式**：替

**意义一**：意思是"代替"，表示某人、某物是本该发出动作却被替代的对象。

**用法**：1）"替……"出现在主语后面。

2）跟"替"搭配的一般是名词性成分和代词。

例句：

1）在这个故事里，花木兰替她爸爸去当兵。

2）今天是孩子的生日，可爸爸没时间去商店，妈妈替他买了礼物。

**意义二**：意思是"为（wèi）"，表示某人、某物是服务对象。

**用法**：1）"替"的后面常常跟名词性成分（例句 3~4）和代词（例句 5）。

2）"替……"出现在主语后面，区别于"为"可以在句子开头，也可以在句中。

3）当"替……"后面的动词表示"取得、制作"时，"替"的意思可以理解为意义一，也可以理解为意义二，需要根据上下文消除歧义（例句 2、例句 5）。

4）"替……"倾向于口语风格。

例句：

3）姐姐替客人倒了一杯茶。

4）观众都替那个得了冠军的孩子高兴。

5）今天是孩子的生日，可爸爸没时间去商店，妈妈替他买了礼物。

## 4. 介词与相关者的引介

### 4.1 动作接受者

【中183】将₂

形式：将₂

意义：意思是"把"，表示以某人、某物为动作接受者（而采取某种动作并导致人或事物的变化）。

用法：1）"将"后面的名词性成分表示动作的接受者。

　　　2）介词"将"的语义、用法跟介词"把"一样，出现在"把"字句中。

　　　3）"将"具有书面语风格，区别于"把"。

例句：

1）她十分生气，将书撕成碎片。

2）他承诺保守秘密，现在却将此事告诉别人。

3）他俩相守一生，将爱情进行到底。

4）郭勇这番话极不给面子，将朋友气得立刻离开房间。

## 4.2 动作发出者

**【中 184】由**

**形式**：由

　　　由……来……（意义一）

　　　由……而……（意义二）

**意义一**：表示以某人、某物为行为的责任人、承担者（而出现某种动作）。

**用法**：1）介词"由"后面可以跟名词性成分（例句 1~2）或代词（例句 3），表示动作的发出者。

　　　2）动作发出者可以是有生命的事物（例句 1~3），或是无生命的组织机构、机器工具（例句 4~5），或是具有支配、指导作用的理论、法规或规律等（例句 6）。

　　　3）"由……来……"中，"由"指明动作的发出者、事情的责任人，"来"不表示趋向，只是在结构上帮助引出具体的动作（例句 6）。

**例句**：

1）旅行的一切费用<u>由</u>本人承担。

2）很多球队<u>由</u>有经验的老运动员来担任教练。

3）有关机票的问题都<u>由</u>他负责解决。

4）这个森林公园<u>由</u>国家林业局于 2016 年批准建设。

5）这次考试<u>由</u>计算机生成每位学生的试卷。

6）这两家公司的问题最好还是<u>由</u>法律来处理。

**意义二**：表示某件事或某种情况（通常是不如意的）出现的原因（参见 p151 "由"）。

**用法**：1）介词"由"后面一般跟名词性成分（例句 7~8）、动词性成分（例句 8）或主谓词组（例句 9），表示起因。

　　　2）"由……"后面的动词多具有"导致"义，如"造成、引发、引起、导致"等。

　　　3）所导致的结果可以做句子主语（例句 7~8），也可以做动词的宾语（例句 9）。

4）出现在"是……的"句中，凸显起因的信息（例句8～9）。

5）"由……而……"中，"由"指明原因，"而"起到在结构上连接原因和结果的作用（例句9）。

例句：

7）你的感冒由病毒引起，最好在家休息。

8）这种现象通常由雨水减少引起，但这次的情况却是由火山导致的。

9）有些夫妻是由感情变淡而导致离婚的，还有一些是因为家庭暴力。

## 4.3 动作参与者

【中185】同

形式：同

与

意义一：以某人、某物为合作对象。

用法："同、与"的后面常常跟名词性成分（例句1）和代词（例句2）。

例句：

1）中国愿同各国在合作中解决全球环境问题。

2）我公司并没有与他们在互联网行业开展合作。

意义二：以某人、某物为动作的接收者。

例句：

3）我心里有句话，想同你说清楚。

4）姐姐流着泪与大家告别。

5）你要提醒孩子，别随便同陌生人说话。

意义三：以某人、某物为某种关系的相关对象。

用法：1）"同/与……一样"表示对比关系中的相关对象，可以出现在主语的前面或后面（例句8～9）。

2）"同/与……"具有书面语风格。"与"常常出现在文章标题、书名中（例句10）。

例句：

6）人类文明<u>同</u>自然环境关系密切。

7）性格的形成<u>与</u>童年经历有关。

8）我终于重新回到班级，又能<u>同</u>别人一样开心地聊天儿、交朋友了。

9）<u>与</u>上一代一样，我们体验着人生的各种味道。

10）《如何<u>与</u>人沟通》这本书介绍了很多实用的交际技巧。

# 5. 介词与原因的引介

【中 186】因

形式：因

　　　　因……而……（参见【中 198】）

意义：出于某种原因（而采取某种动作或出现某种状态）。

用法：1）介词"因"的后面可以跟名词性成分（例句 1~2），也可以跟动词性成分（例句 3）或主谓词组（例句 4）。

2）"因＋词语"（尤其是"因＋单音节词"）通常出现在主语的后面，(例句 1、例句 5）。

3）"因＋词组"可以在句子主语的前面，跟主语之间通常有语音停顿，书面用"，"表示（例句 2）；也可以在主语的后面（例句 6）。

4）"因……而……"表示某种原因导致某种结果。口号、宣传语常用这个结构（例句 5）。当"因"后面的结构或语义复杂时，用"而"可以分隔原因和结果（例句 7~8）。

5）"因……"具有书面语风格。

例句：

1）他<u>因</u>病没有参加今天的会议。

2）<u>因</u>天气的关系，本次航班推迟起飞。

3）其实我不希望你因结婚而放弃这份工作。

4）小伙儿因生意失败欠下很多债。

5）世界因你而精彩。

6）下午的活动因天气原因临时取消。

7）老张因女儿而突然辞职。／老张因女儿突然辞职而担心。

8）这个地方因历史上那场著名的战斗而成为旅游景点。

【中＊＊＊】由

形式：由

意义：表示某个事情或情况（通常是不如意的）出现的原因、源头。

用法："由"作为介词的用法详见【中184】。

例句：

你的感冒由病毒引起，最好在家休息。

# 6. 介词与依据的引介

【中187】根据

形式：根据

　　　据

意义：以某事、某动作为依据、前提或基础（而采取某种动作）。

用法：1）"根据、据……"可以出现在主语后面（例句1～2）；也可以出现在主语的前面，跟主语之间有语音停顿，书面用"，"表示（例句3～4）。

　　　2）如果要说出动作的发出者，可以说"根据／据＋动作发出者＋的＋动作"（例句5）。

　　　3）"据"后面可以跟单音节词，区别于"根据"（例句2）。

　　　4）"据……看（来）"，表示判断、推测的依据或角度（例句6）。

5)"据……说""据……报道""据……所知"表示消息来源，跟后面的句子之间有语音停顿，书面用"，"表示。后面的句子说明消息的具体内容（例句7~9）。

6)"据……"具有书面语风格。

例句：

1）航空公司根据市场需求调整机票的价格。

2）运动能促进健康，但我们不能据此认为，只要运动就会健康，其实饮食、遗传也是影响健康的关键因素。

3）根据市民的意见，我们对公交车的路线做了相应的调整。

4）据不完全统计，现在教育消费在家庭支出中的比例大幅度上升。

5）根据我的观察，能做大事的人，在做小事的时候往往也很认真。

6）据这篇论文看来，多听多说是学习语言的有效方法。

7）据弟弟自己说，他跟女朋友交往了快3个月了。

8）据多家媒体报道，有一群大象走出了自然保护区。

9）据我所知，许多国有企业和民间机构正以自己的方式向灾区提供各种帮助。

## 【中188】凭

形式：凭

凭着

意义：依据或借助某物、某事（而采取某种动作，或形成某种判断、体验）。

用法：1）"凭/凭着……"可以出现在句中（例句1），也可以出现在句子开头（例句2）。

2）"凭、凭着"后面可以跟名词性成分，表示凭据、工具、器官等具体事物（例句1）或条件、素质、成就等抽象事物（例句2）；也可以跟动词性成分或主谓词组，表示所依靠或凭借的行为方式、条件（例句3~4）。

3）"凭"后面可以跟代词，还可以跟单音节词。区别于"凭着"（例句4~5）。

4)"凭……"偏向于口语风格。

**例句：**

1）大学生可凭学生证享受半价优惠。

2）凭着自己的实力，她考进了理想的大学。

3）有经验的工程师仅凭目测就可以判断楼的高度。

4）A：你凭什么认为我不如你？

　　B：就凭我考得比你好。

5）战争时期，很多生活用品都是凭票购买。

## 【中 189】依据

**形式：** 依据

　　　依照

**意义：** 以某事物作为行为的根据、标准、方法。

**用法：** 1)"依据/依照……"可以出现在句中（例句1），也可以出现在句子开头（例句2）。

2)"依据/依照"后面跟名词性成分，表示动作行为的标准、基础等（例句1~3）。

3)"依据/依照"后面不可以跟单音节词（如不能说"依照法"），区别于"依"（例句4）。

**例句：**

1）足球协会将依据事实对两个球队打架一事进行严肃处理。

2）依据海关的相关规定，你公司需要提供出口合同、发票等资料。

3）我们严格依照《公司法》的规定发行股票。

4）国家依法保护公民的权利和自由。

## 【中 190】作为

**形式：** 作为

**意义：** 从事物的某种特定身份、性质来说。

用法：1)"作为"后面跟名词性成分，表示人的身份（例句1）或事物的性质（例句2）。

2)"作为……"常常出现在主语前面（例句1），也可以出现在主语后面（例句2）。后面的谓语部分可以表达根据身份、性质而采取的行为（例句3）或者出现的情况（例句4）；也可以是与预期推论相反的情况（例句5）。

3)"作为……"后面还可以出现复句（例句6~7）。

4)"作为……来说/来讲"具有口语风格（例句8~9）。

例句：

1) 作为艺术家，我一直在思考如何突破自己的风格。

2) 红十字会作为公益机构，始终坚持"人道、博爱、奉献"的精神。

3) 作为世界公民，每个人都应承担对地球的责任。

4) 作为一个地理学家、旅行家、文学家，徐霞客的公众形象是非常好的，但作为一个普通人，徐霞客有着另一种形象。（游宇明《徐霞客的另一张面孔》）

5) 丈夫不见了，她作为家属却一点儿不着急。

6) 作为父母，不仅要为孩子提供物质条件，更要给予他们情感上的支持。

7) 作为女人，如果我们拥有知识和事业，生命就会很丰富。

8) 作为观众来说，愁的不是没电影看，而是选哪部影片看。

9) 作为科学家来讲，他应该知道他的实验对整个人类社会所带来的深远影响。

# 7. 介词与条件的引介

【中191】随着

形式：随着

意义：以某种变化或事件作为伴随条件（而出现某种行为或结果）。

用法：1）"随着"后面一般跟"名词+的+动词性成分/主谓词组"，表示以某人、某物的持续变化或行为作为伴随条件（例句1~2）。"随着"后面也可以跟名词性成分，表示会持续变化的事物（例句4）。

2）"随着……"可以出现在主语前面，使伴随的条件成为整个句子表述的背景信息，起到铺垫作用（例句1），或避免因句子结构复杂导致理解困难（例句2、例句5）。

3）"随着……"也可以出现在主语后面（例句4），可以说"随着……而+动词"（例句6）。

4）"随着……"偏向于书面语风格。

例句：

1）随着汉语水平的提高，他对中国的了解越来越深入。

2）随着越来越多的人口从农村流向城市，许多国家的城市化速度在不断加快。

3）随着优美的歌声，音乐会正式开始。

4）戴上耳机，她的心情开始随着音乐欢乐起来。

5）随着国家经济的发展、社会政治的稳定，人们的生活水平逐步得到改善。

6）他的态度随着时间的改变而逐渐转变。

## 【中192】趁

形式：趁

趁着

意义：利用条件或机会（而采取某种行为）。

用法：1）"趁/趁着"后面可以跟名词性成分（例句1）、形容词（例句2）、动词词组（例句3）和小句（例句4）。

2）"趁/趁着……"可以出现在句中（例句1~3），也可以出现在句子开头（例句4）。

3）"趁着"后面一般不跟单音节词（如"*茶要趁着热喝"），区别于"趁"（例句2）。

**例句：**

1）我们<u>趁着</u>周末去公园逛逛吧。

2）茶要<u>趁</u>热喝。

3）我和家人打算<u>趁着</u>放假去中国旅游。

4）<u>趁</u>爸妈不注意，弟弟偷偷拿了一盒巧克力。

# 第十章　助词与句子的表达

助词的语法独立性较弱，不能单独成句或充当句子成分，而是附着在词或词组上，用于实现一定的结构关系，以及表达附加意义。比如，结构助词辅助语言结构进入句子，时态助词标记时态信息，比况助词表示相似和比喻，表数助词用来辅助概数的表达。

## 1. 结构助词与表达

【中 193】所

形式：所＋动词/动词词组

意义：标记动作行为的对象，或协调音节。

用法：1）"所"附在及物动词的前面，使整个结构成为名词性词组（例句 1～2），在句子中主要充当主语、宾语。

2）在"的"字词组"所＋动词＋的"、被动句"被/为……所……"中，"所"主要起协调音节的辅助作用（例句 3～5）。

3）"有/无＋所＋动词"可以表示拥有动作行为涉及的对象，也可以表示出现程度较小的变化或行为。（参见【中 233】）

4）"所"倾向于书面语风格。

例句：

1）<u>所学</u>非<u>所用</u>。

2）对方<u>所言</u>全无道理。

3）A："男主外，女主内"，你不用辛苦工作，在家就有钱花，怎么还不开心？

B：女人所要的不过是一个自我。你根本不懂。

4）我们所认识的世界并不是真实的世界，只是我们认为的罢了。

5）红梅不怕寒冷，冬春开花儿，一直为广大群众所喜爱。

## 【中 194】给

形 式：给+动词词组

意 义：突显动作行为及结果作为句子的信息焦点。

用 法：1）"给"附在动词词组的前面，强调整个动词词组是所在句子的信息焦点。去掉"给"，句子的基本语义不会改变。

2）"给……"常出现在"把"字句、"被"字句里。主要形式有：

……把 A+给+动词词组

……被/叫/让 A+给+动词+补语（参见【中 244】）

3）"给"具有口语风格。

例句：

1）我只有这一支笔，他还给弄丢了。

2）A：你怎么把花儿给扔了？

B：张三送的，我才不要呢。

3）窗户被大风给吹开了。

# 2. 比况助词与表达

## 【中 195】似的

形 式：似的

好像/像……似的

跟……似的

意义：表示跟某种事物或情况相似。用比喻、猜测的方式对某事物加以描写或限定。

用法：1)"似的"可以后附于名词性成分（例句1）、动词性成分（例句2）、形容词性成分（例句3）。

2)"……似的"在句子中主要做定语（例句1）、状语（例句4）、补语（例句5）和谓语（例句6）。

3)"好像/像/跟/仿佛/如……似的"用于表示比喻（例句5）或猜测（例句6）。

例句：

1) 一个家族的兴旺，需要灯塔似的人物。

2) 我的同事真有钱，买房跟到菜市场买菜似的。

3) 为什么一直看着一个本来认识的汉字，就会感觉很陌生似的？

4) 看见好吃的，小男孩儿立刻把书一扔，像饿狼似的吃起来。

5) 瞧她，笑得跟朵花儿似的。

6) 他像有什么心事似的。

## 3. 表数助词与表达

### 【中196】来₁（参见p51"来₁"）

形式：十/百/千/万+来₁+量词+名词

　　　　数词（一~十）+量词+来₁+形容词/名词

意义：实际数字接近某个整数。

用法：助词"来"表示概数的用法详见p51"来₁"。

例句：

1) 我请朋友吃饭，没想到他又叫了十来个人。

2) 这把剑只有三斤来重。

3)妹妹的孩子在我家住了<u>两个来星期</u>。

## 【中197】把（参见 p51"把"）

**形式**：百/千/万+把（+量词）+名词/名词词组

**意义**：实际数字大概比"一百/一千/一万"多一点儿。

**用法**：助词"把"表示概数的用法详见 p51"把"。

**例句**：

1）这个大厅可以坐<u>千把人</u>。

2）几年间，他收藏了<u>百把幅字画</u>。

# 第十一章　连词与句子的表达

连词是用来连接词、词组、小句以及句子的词类。它本身不能单独使用，也不能被其他词语修饰。在同一结构层级上，同一类连词不能连用。有的连词位置比较固定，有的连词则比较灵活。

中级阶段的连词除了新增一些具有书面语风格的项目，还出现了用于复句、句群的项目。

【中198】而

形式：而

　　　因……而……（参见【中186】）
　　　因为……而……
　　　为了……而……
　　　为……而……

意义一：连接具有并列关系的性质状态。

用法：1)"而"用于连接具有并列关系的形容词性成分。
　　　2)"而"具有书面语风格。

例句：

1) 我想把这首歌献给平凡而伟大的母亲。
2) 在他的小说里，所有人都过着富有而美好的生活，一点儿也不真实。

意义二：连接具有转折关系的状态、动作，或连接与上文不同的情况。用于表示"对比、不同"。

用法：1)"而"用于连接具有转折关系的形容词性成分（例句3）、动词性成分（例句4）或小句（例句5）。
　　　2)"而"具有书面语风格。

例句：

3）这家餐厅做的红烧肉油而不腻，十分美味。

4）记者问老人长寿的原因，老人却笑而不答。

5）世界很大很大，而我只想留在有你的地方。

**意义三**：连接动作的相关信息与动作行为。

**用法**：在一些具有书面语风格的固定格式中，"而"可以连接处所、方式和动作（例句6~7）；也可以连接原因、目的和动作（例句8~9），如"因……而……""为……而……"等（参见【中186】、【中414】）。

例句：

6）一场大雨突然从天而降，路人都变成了落汤鸡。

7）老人在家中摔倒，幸亏社区民警破门而入，及时把他送到了医院。

8）在爱情里，你有没有因为犹豫而错过了那个人呢？

9）男人女人因不了解而在一起，因了解而分开。

10）A：你说，人到底为了什么而活？

　　B：这是个哲学问题吧。有的人为了自己，有的人为了别人。

11）他是最优秀的篮球运动员之一，很多人说他为篮球而生。

## 【中199】并₂

**形式**：并₂

**意义**：相当于"并且"，用来进一步表示还有别的动作行为（例句1）或性质状态（例句2）。

**用法**：1）"并"所连接的后一小句的主语必须承前省略。

　　　　2）"并"的前面可以有停顿，书面标记为"，"（例句3）。

　　　　3）"并"倾向于书面语风格。

例句：

1）参加会议的领导在会上讨论并做出了多个决定。

2）A：我刚开始进行力量训练时，会感到肌肉酸痛。

　　B：这就是"痛并快乐着"。

3）总经理到工厂进行调查研究,并召开员工座谈会,听取意见和建议。

## 【中 ***】与（参见【中 005】)

**形式**：名词 + 与 + 名词

**意义**：表示"和",连接具有并列关系的名词。

**用法**：（参见【中 005】)

**例句**：

摄影是光与影的艺术。

## 【中 200】以及

**形式**：名词 / 名词词组 + 以及 + 名词 / 名词词组（参见 P46 "以及"）
　　　　动词 / 动词词组 + 以及 + 动词 / 动词词组

**意义**：连接同时存在的几种事物、行为或情况。

**用法**：1）"以及"可以连接具有并列关系的名词性成分或动词性成分（例句 1～2）。

2）"以及"有时具有（根据主次、先后等）划分层次的作用（例句 3～4）。

3）"以及"的前面可以有停顿,书面标记为","（例句 5）。

**例句**：

1）我公司保留对以上业务以及优惠活动的最终解释权。

2）去沙漠旅游,我们应该注意以及准备些什么？

3）我和梅西以及其他队友沟通过这件事。

4）今天我想谈谈汉语语法研究的现状以及意义。

5）该不该辞职,以及什么时候辞职,这些问题都要考虑清楚。

## 【中 201】从而

**形式**：从而

**意义**：连接前后相继、因果相承的行为。上文提及的是原因、条件、方法,下文提到的是结果。

用法：1)"从而"出现在后一小句的开头，主语与前一小句的主语保持一致。

2)"从而"具有书面语风格。

例句：

1) 当时的企业采用了机器大生产的方式，从而大大提高了劳动生产率。

2) 你总是只看别人的优点，从而忽略了自己的优点。

【中202】因此

形式：因此

因而

意义：相当于"所以"，连接前因后果，用于表示结果或结论。

用法：1)"因此、因而"用于因果复句，放在第二个小句（表示结果、结论）主语的前边（例句1）或后边（例句2）。

2)"因此、因而"也可以用于具有因果关系的句群，放在表示结果、结论的句子的开头。跟后面的话之间可以有短暂的停顿，书面标记为"，"（例句3）。

3)"因而"具有书面语风格（例句4）。

例句：

1) 只要你闻到这种化学气体就会忍不住笑起来，因此人们称它为"笑气"。

2) 宝宝刚到妈妈肚子里，妈妈有些不舒服是很正常的，你别因此过分担心。

3) 他坚持用汉语交流，每天阅读中文小说，还经常看中国电影。因此，他的汉语水平提高得很快。

4) 张三说自己不喜欢交际，因而很少接受记者采访。

【中203】于是（参见p206"于是"）

形式：于是

于是乎

意义：连接前后两件事，后一事由前一事引起。

用法：1)"于是"放在第二个小句或语段的开头（例句1），也可以在主语的后边（例句2）。

2）"于是"跟后面的句子之间可以有短暂的语音停顿，书面标记为
"，"。

3）"于是乎"具有口语风格。

例句：

1）刘师傅发现有个小孩儿单独待在一辆汽车里，于是拨打了110报警。

2）这个价格实在太优惠了，我于是很干脆地付了钱。

3）这位大叔喝了几十年咖啡，却一直找不到喜欢的味道。于是，他选择辞职，专心研究咖啡工艺。

4）我妈昨天中午说想吃西餐，于是乎晚上我们全家去了红房子西餐厅。

## 【中 204】此外

形式：此外

意义：相当于"除此之外，除此以外"，意思是"除了这个以外"。用于连接要补充补的内容。

用法："此外"出现在后补的小句或段落的开头，它们之间可以有短暂的语音停顿，书面标记为"，"。

例句：

1）普通话有21个声母，此外还有零声母。

2）这种植物外观独特，观赏价值极高。此外，它的药用价值也非常高。

## 【中 205】甚至（参见 p208 "甚至"）

形式：甚至

意义：进一步强调突出的事例或程度更深的情况。

用法：1）"甚至"出现在具有递进关系的词（例句1）、词组（例句2）、复句（例句3）或句群（例句4）中，放在最后一个项目前，用于突出这个项目。

2）"甚至"可以出现在句首，也可以在句中。

例句：

1）科学家设计出一种软件，可以"算"出你的性格特征，比你的朋友、同事甚至家人说得还准确。

2）学习的时候，走路的时候，甚至睡觉做梦的时候，他都在背英文单词。

3）有些人的家庭关系并不亲密，甚至连邻居都不如。

4）为了尽快还钱，赵杰努力工作。每天休息的时间十分少，饿的时候就吃头天剩下的饭菜。甚至有时候为了省钱，就买点儿便宜的馒头当饭吃。

【中 206】以

形式：以

意义：连接动作行为与目的。

用法：1）"以"用于目的复句，前一小句说明动作行为，后一小句指出目的。"以"出现在后一小句的开头。后一小句主语一般承前省略。

2）"以"具有书面语风格。

例句：

日本出台土地改革新措施，以提高土地的利用率。

【中 \*\*\*】况且（参见【中 256】）

形式：况且

意义：连接（上文提到的）理由条件和（下文追加的）理由条件。

用法：1）"况且"用于递进复句，出现在第二个小句的开头。

2）"况且"常常和"也/还/又"搭配使用（例句2）。

例句：

1）我选择离开公司是为了家庭，况且我又不缺钱。

2）分手了也不可惜，他人懒脾气大，况且也不是什么大帅哥。

【中 \*\*\*】何况（参见【中 257】）

形式：何况

更何况

意义：连接（上文提到的）情况和（下文反问的）程度更低的情况或追加的理由。

用法：1）"何况"用于递进复句，出现在第二个小句的开头。

2）"更＋何况"强调在前文基础上进一步补充理由。

例句：

1）学好母语都要花许多力气，何况学习另一种语言呢？

2）A：产品刚上市，价格比较高。为什么你非买不可？

B：这么好的产品，就是不打折我也要买，更何况今天还有优惠活动呢！

## 【中207】若

形式：若

倘若

意义：表示"如果"，提出一个非事实的情况作为前提条件。

用法：1）"若/倘若"用于假设性条件复句，出现在第一个小句的主语前面（例句1、例句4）或后面（例句2～3）。（参见【中276】）

2）"若/倘若"具有书面语风格。

例句：

1）若你没有经历别人的过去，就不要随意评价他的现在。

2）你若不知道自己的无知，便是双倍的无知。

3）一个人倘若能十年如一日地专注于一件事，必成大师。

4）倘若老伴先走一步，找个人聊天儿都成了很难得的事。

## 【中***】要不是（参见【中281】）

形式：要不是

意义：表示"如果不是，如果没有"。用来提出一个与事实相反的情况作为假设性的前提条件。

用法：1）"要不是"常用于假设性的条件复句，出现在第一个小句主语的前面（例句1）或后面（例句2）。

2)"要不是"具有口语风格。

例句：

1）要不是警察这三年来坚持寻找，我们和孩子再也难见了。

2）我要不是亲眼看到，才不会相信呢！

【中208】要不

形式：要不

要不然

意义一：表示"要么/或者"，用来连接具有选择关系的行为、情况。

用法：1）"要不"用于并列复句时，出现在每个小句的开头。

2）"要不/要不然"倾向于口语风格。

例句：

1）要不找中医开点儿药，要不找西医动手术，总之这病得赶快治。

意义二：表示"否则、不然"，用来连接（上文提到的）前提条件和（下文推论出的）结果。（参见【中282】）

用法：1）"要不"用于条件复句时，出现在第二个小句的开头，用来表示"如果否定上文提到的情况，就可能会出现某种结果"。

2）"要不"具有口语风格。

例句：

2）幸亏你及时提醒我，要不我就忘记带护照了。

3）那时我太年轻，不懂得珍惜感情，要不然现在就不会后悔了。

【中209】可见（参见 p221 "可见"）

形式：可见

由此可见

意义：连接（上文提到的）结果和由此推理出的原因。

用法：1）"可见/由此可见"用于复句或句群，出现在说明原因的小句或句子的前面。

2）"可见/由此可见"是一种话语标记，表示根据上文的内容做出总结（例句3）。

3）"可见/由此可见"与后面的小句或句子之间可以有短暂的语音停顿，书面标记为"，"（例句2～3）。

**例句：**

1）这个男人在你最需要帮助的时候离开，<u>可见</u>你在他心里根本不重要。

2）在他的领导下，当地经济快速增长，人民生活水平大幅提高。<u>可见</u>，他是一个十分有能力的人。

3）很多国外品牌纷纷表示，未来将加快在中国市场的开店速度。<u>由此可见</u>，中国市场永远不缺机遇。

## 【中 ***】以至（参见【中266】）

**形式：** 以至

以至于

以致（参见【中265】）

**意义：** 连接（上文提到的）原因和由此产生的结果。

**用法：** 1）"以至/以致"用于因果复句，出现在第二个小句主语的前面或后面。

2）"以至"表示由于上文提到的原因自然而然地带来了某种状态或情况，从而体现上文所讲的情况程度较深（例句1～2）。

3）"以致"引出的结果大多是不好的或说话人不希望的（例句4）。

**例句：**

1）他最近频繁出现在各大媒体上，<u>以至</u>街上的三岁小孩儿都能叫出他的名字。

2）明清时期，湖南安化的茶叶交易规模逐渐扩大，<u>以至</u>形成了茶叶市场早期的一些规范。

3）他随意投资，不听专家和朋友的提醒，<u>以至于</u>最后一分钱都没有收回来。

4）刘奶奶不小心摔伤了腿，<u>以致</u>在家里躺了几个月。

## 【中210】总之

**形式**：总之

总而言之

**意义**：表示"综合起来看"，后面引出对上文的总结概括。

**用法**：1）"总之/总而言之"出现在句子的开头（例句1），跟后面总结性的话之间可以有短暂的停顿，书面表现为"，"（例句2）。

2）"总之……"常常作为语篇的结尾。

**例句**：

1）她的男朋友工作一般，老家又在遥远的北方，还是单亲家庭，<u>总之</u>条件不是太好。

2）有的网友认为这个电影的故事很精彩，有的觉得整体还可以，有的认为演员表现不太好，还有的认为音乐不合适。<u>总之</u>，网友们有两种声音。

3）对于很多年轻消费者来说，奶茶都已经成了日常生活当中不可缺少的饮料了。开心时，来杯奶茶庆祝；不开心时，喝一杯奶茶安慰自己；在家看电视要喝奶茶；出门逛街看见奶茶店，也一定要买一杯尝尝。<u>总而言之</u>，他们会找到各种各样的理由喝奶茶。

## 【中211】然而

**形式**：然而

**意义**：相当于"但是"。

**用法**：1）"然而"用于具有转折关系的复句或句群中，出现在第二个小句的开头（例句1），跟后面的话之间可以有短暂的停顿，书面表现为"，"（例句2）。

2）"然而"倾向于书面语风格。

**例句**：

1）垃圾食品不健康，<u>然而</u>偏偏有不少人喜爱。

2）人类通常不是老虎的食物，<u>然而</u>，在一些特定情况下老虎也有可能变成"食人虎"。

## 【中212】不料

**形式**：不料

**意义**：相当于"没想到"。表示后面连接的小句所谈的是事先没有想到。

**用法**：1)"不料"用于具有转折关系的复句或句群，作为插入语出现在转折句的前面。跟后面的话之间可以有短暂的停顿，书面表现为"，"（例句2）。

2)"不料"后面的小句中常出现"却、竟、还、倒、仍"，加强意外和转折的语气。

**例句**：

1）我们以为这个工作一周就能完成，<u>不料</u>过了一个月还没有结束。
2）我们住在山上，准备第二天去看日出。<u>不料</u>，老天不帮忙，半夜下起了雨，结果眼前只有一团白雾。

# 第十二章　语气词与句子的表达

每个句子都带有一定的语气。附着上语气词后，句子要表达的语气会更加明显、准确、得体。如：

1）我的作业做完<u>啦</u>！

2）只是普通的体检，你自己去<u>嘛</u>。

3）参赛的人都很优秀，我能得到这个奖，靠运气<u>罢了</u>。

还有的句子离开语气词就不完整，不能成句。如：

4）还钱的事可别忘<u>啦</u>！

总的来说，作为表达语气的一种手段，语气词是汉语里辅助传递语用信息的一个重要词类。

## 【中213】啦

**形式**：啦

**意义**："了+啊"。表示带着明显的主观情感来说明新情况。

**用法**："啦"附于句子的末尾，不能单独使用。

**例句**：

1）A：爸妈，我回来<u>啦</u>。

　　B：今天怎么回来得这么早？

2）A：还钱的事可别忘<u>啦</u>！

　　B：放心，我不会忘记的。

## 【中214】嘛

**形式**：嘛

**意义：** 用明显的主观态度表示句子所说的事情是显而易见、合乎情理的。

**用法：** 1）"嘛"在句末用于添加说明事实时的语气。可以用于说明事实理由（例句1）、劝告请求（例句2~3）。

2）在陈述句中，"嘛"还可以出现在句中，分隔句子开头的话题与后面的表述，引起听话人对下文的关注（例句4）。

**例句：**

1）A：他是听了你的话才去参加比赛的吗？
   B：我没有劝他，他本来就要去<u>嘛</u>！

2）A：她邀请我参加生日晚会。
   B：勇敢一点儿<u>嘛</u>，请你去你就去。

3）A：盒子里到底是什么礼物？
   B：你猜<u>嘛</u>，你猜<u>嘛</u>。

4）A：对于找工作，你是怎么想的？
   B：工作<u>嘛</u>，当然要选自己喜欢的。

## 【中215】就是了

**形式：** 就是了

**意义：** 表示采取某种行为，不用犹豫怀疑。

**用法：** 1）用在祈使句句末。当对方表示犹豫不决时，说话人可以用"……就是了"表示叫他不必多虑，直接施行某事。

2）"……就是了"具有口语风格。

**例句：**

1）手机坏了不值得修，再买一个<u>就是了</u>。

2）说那么多废话干什么？做<u>就是了</u>。

## 【中216】得了$_1$

**形式：** 得了$_1$

**意义：** 表示采取某种简单行为就可以解决问题。

用法：1）用在祈使句句末。如果遇到问题而不能顺利施行某事时，说话人可以用"……得了"提出一个简单易行的建议。

2）"……得了"具有口语风格。

例句：

1）A：马上就到晚饭时间了。你想吃什么？我来做。

B：去楼下小饭店吃得了。刚下飞机，晚上还要收拾行李呢。

2）A：老板，这个杯子能便宜点儿吗？

B：这是手工做的，材料又好。最低120块，不能再便宜了。

A：100块钱得了。下次我多介绍几个朋友来。

## 【中217】罢了

**形式**：罢了

**意义**：表示句子表述的情况是小事。在语气上减弱事情的重要程度。

**用法**：1）"罢了"用在句末，给整个句子加上语气（例句1）。

2）"不过/无非/只是……罢了"用来减弱所陈述的情况的重要性（例句2~3）。

例句：

1）明星没什么了不起，有几个歌迷、影迷罢了。

2）你的心里在想什么，其实我都知道，只是不想说出来罢了。

3）A：乔治没有通过考试，他觉得自己运气不好。

B：我不这么认为。运气不过是不努力的借口罢了。

## 【中218】着呢

**形式**：着呢

**意义**：在语气上强调某种事物、情况的实际程度很深（例句2），或实际情况与他人想法之间存在较大的程度差异（例句1）。

**用法**：1）"着呢"常常用在性质形容词后面，可以是单音节形容词（例句1），也可以是双音节形容词（例句2）。

2）"……着呢"在句子中主要做谓语（例句2）、补语（例句1）。

**例句：**

1）你以为你能独立管理一个团队了，其实还差得远着呢。

2）我们买东西的时候对方说得好听着呢，等出了质量问题，人都找不到了。

## 【中219】也好

**形式：** 也好

也罢

**意义：** 在语气上减弱事情的重要程度或严重程度，从而表示接受和容忍句子提到的情况。

**用法：** 1）"也好"一般出现在一个小句的句末，上下文常常提到接受和容忍某种情况（常常是不理想、不满意的）的原因（例句1）。

2）"……也好，……也好"表示所提到的情况都不是重要的条件（例句2）。

**例句：**

1）明天我们一起去也好，现在天已经黑了，外面不太安全。

2）种草也好，养花儿也罢，只要别让这块地空着就行。

# 第十三章　拟声词与句子的表达

拟声词是模拟自然界声响的一类词，使句子能够直接再现与环境、人物、事物以及情绪状态相关的某种声响，增强语言表达的生动性。

## 【中220】哈哈

**形式：** 哈哈

**意义：** 人的一种笑声，用来表现开心、得意、满意等状态。

**用法：** 1）"哈哈"可以独立成句，与后面的句子之间有停顿，书面常用"！"或"，"表示（例句1）。

2）"哈哈"还可以多次重叠，表示非常开心（例句2）。

**例句：**

1）哈哈，我又赢了！

2）爸妈把巧克力藏起来，最终还是被我找到了！哈哈哈哈！

# 第十四章　比较句与句子的表达

比较句用于分析事物、行为在某方面的异同以及差异程度。比较句常见的形式标记有："比""不如""跟……一样"等。在中级大纲中，比较句语法项目主要是"比"字句的一些常见格式。

"比"字句指形式上带介词"比"的句式，语义上表示通过比较来评价事物或行为。"比"字句的信息焦点是比较的结果，具体分两种：一是说明事物/行为存在差异；二是说明事物/行为的差异程度。

## 1. 表达存在差异

【中221】A 比 B+ 更……

形式：A 比 B+ 更……

意义：A 跟 B 比较，在某方面的程度超过 B。

　　　A 比 B+ 更 + 性质状态/心理状态

用法：1)"更"后面可以是形容词性成分（例句1），也可以是动词性成分（例句2）。

　　　2)"A 比 B+ 更……"偏向于客观评价，区别于"A 比 B+ 还……"偏向于主观评价。

　　　3) 在演讲、诗歌、文言文、谚语等典型书面语体中，"更"可以放到"比"字前（例句3）。

例句：

1）一个人说话的语气<u>比</u>讲话的内容<u>更</u>重要。

2）A：没想到你这么熟悉中国小说，平时一定很喜欢看吧。

　B：其实我爸爸<u>比</u>我<u>更</u>喜欢，他能把书里的内容都背出来。我是受到了他的影响。

3）长江后浪推前浪，一代<u>更比</u>一代强。

【中222】A 比 B+ 还……

形式：A 比 B+ 还……

意义：A 跟 B 比较，主观认为 B 明显具有某种性质、心理或作用影响，而 A 的程度进一步超过 B。用来表示通过比较做出较为主观的评价。

　　　A 比 B+ 还 + 性质状态 / 心理状态 / 作用影响

用法：1）"还"后面可以是形容词性成分（例句1），也可以是动词性成分（例句2）。

　　　2）"A 比 B+ 还……"偏向于主观评价，可以表达用比拟的方式进行评价（例句3），也可以带有意外、夸张的口气（例句1、例句4）。

　　　3）"A 比 B+ 还……"偏向于口语风格。

例句：

1）看，她穿西服的样子<u>比</u>男生<u>还</u>帅！

2）乱吃药<u>比</u>不吃药<u>还</u>伤害身体。

3）那条蛇<u>比</u>碗口<u>还</u>粗。

4）无聊的人生<u>比</u>死<u>还</u>难受。

【中223】A 比得过 B

形式：A 比得过 B

　　　A 比得上 B

　　　A 比得了 B

意义：A 在某方面可以跟 B 相比。用来表示 A 的程度不低于 B。

用法：1）否定形式是"A 比不过 / 上 / 了 B"（例句 1），表示 A 的程度低于 B，不能跟 B 相比。

　　　2）"A 比得过 / 上 / 了 B"具有口语风格。

例句：

1）A：那小伙子工作没多久，怎么<u>比得过</u>我们这些经验丰富的老手？

　　B：现在<u>比不过</u>咱们，以后就不一定了。

2）A：他的新书写得很精彩，<u>比得上</u>他以前获奖的那本小说。

　　B：不管故事多精彩，还是<u>比不上</u>现实生活。

3）饭店里的菜哪里<u>比得了</u>妈妈做的家常菜？

## 【中 224】A 比起 B（来），……

形式：A 比起 B（来），……

　　　A 跟 B 比起来，……

　　　A 与 B 相比，……

意义：A 跟 B 比较，具有某种特点、状态。

用法：1）"比起 B（来）、跟 B 比起来、与 B 相比"可以出现在主语后（例句 1）；与后面的小句之间可以有停顿，书面常用"，"表示（例句 2）。

　　　2）"比起 B（来）、跟 B 比起来、与 B 相比"也可以出现在主语前（例句 3~5），与后面的句子之间有停顿，书面常用"，"表示。

　　　3）"跟 B 比起来"也可以说"和 B 比起来"，"与 A 相比"也可以说"和 A 相比"。

　　　4）"比起 B（来） / 跟 B 比起来"具有口语风格，"与 A 相比"偏向于书面语风格。

例句：

1）A：这次考试我没考好。

　　B：别太难过，你<u>比起</u>我<u>来</u>已经很不错了。

2）你<u>跟</u>他<u>比起来</u>，显得太瘦小了。

3）<u>比起</u>金钱<u>来</u>，时间更有价值，更宝贵。

4）<u>比起</u>财富自由，时间自由才是我真正想要的。

5）<u>与</u>去年同期<u>相比</u>，BYD 公司一季度的利润明显增长。

## 2. 表达差异的程度

【中 225】**A 比 B+ 形容词 / 动词 + 数量词组**

形式：A 比 B+ 形容词 + 数量词组

　　　A 比 B+ 动词 + 数量词组

意义：A 跟 B 比较，在某种性状或数量上和 B 存在具体的数量差异。用于精确表达事物之间的差异程度。

　　　A 比 B+ 状态 / 增减 + 数量差

用法：1）句式中的形容词一般是性质形容词，表示可计量的性质状态（例句 1）。

　　　2）句式中的动词一般是具有"增减变化"义的动词（例句 2~3）。

　　　3）"数量差"可以是倍数（例句 2）、分数（例句 3）或数量词组（例句 1），表示具体精确的差异程度。

例句：

1）在本次决赛中，第一名四川队仅<u>比</u>浙江队<u>快 0.5 秒</u>。

2）据调查，盒饭外卖的数量<u>比</u>去年同期<u>增长两倍</u>。

3）旅游人数<u>比</u>往年<u>减少三分之二</u>。

【中 226】**A 比 B+ 形容词 / 动词 + 得……**

形式：A 比 B+ 形容词 + 得 + 多

　　　A 比 B+ 动词 + 得 + 多

　　　A 比 B+ 动词 + 得 + 快 / 高 / 早 / 好 / 远……

意义：A 跟 B 比较，在某种性状、行为上超过 B 一定的程度。

　　　A 比 B+ 性状 / 行为 + 得 + 差异程度或状态

用法：1)"A 比 B+ 动词+得……"在形式上可以变换为"A+动词+得+比 B+……"，但语义稍有差异。"A 比 B+ 动词+得……"侧重于表达比较及结果（行为差异的存在），"A+动词+得+比 B+……"则是以比较的方式重在说明 A 的行为特点（程度、状态）（例句1）。

2)"得……"的后面还可以加上"一些、一点儿、多了"等词，进一步提供关于差异程度的概量信息（例句3~4）。

例句：

1）她比其他同学来得早。/ 她来得比其他同学早。

2）他的画儿比他父亲的好得多。

3）鸟比鸡飞得高多了。

4）对于新事物，年轻人比老年人接受得快一些。

【中227】A 比 B+ 早/晚/多/少+动词性成分

形式：A 比 B+ 早/晚/多/少+动词

A 比 B+ 早/晚/多/少+动词+宾语

A 比 B+ 早/晚/多/少+动词+补语

意义：A 跟 B 比较，结果是 A 的行为在时间、数量等方面跟 B 存在具体的差异程度。

A 比 B+ 比较的结果+行为

A 比 B+ 比较的结果+行为+差异程度

用法：1）在时间或数量上的比较结果常用"早/晚、多/少、先/后、难/好（易）"表示。

2）句式中的动词性成分可以是动词（例句1）；也可以是动词词组，包括动补（例句2~3）、动宾（例句4~5）两种词组。

3）差异程度可以用精确数值表示（例句2~3、例句5），也可以用概数表示（例句4），或者表示概量的"一些、一点儿、多了"等（例句6）。

**例句：**

1）没想到你比你姐姐早结婚。

2）她有三个孩子，其中一个比另外两个早出生三年。

3）我们的飞机比计划晚到一个小时。

4）去年这家公司比竞争对手多赚了几十万元。

5）他比一般人少长四颗牙。

6）这个字比那个难多了。

# 第十五章 "是"字句与句子的表达

"是"字句在形式上带有动词"是",用于表达对事物的判断以及突出某一事件中的信息焦点。

"是"字句中的"是"属于动词,在语义上表示判断或强调,是句子信息焦点的标记。如:

1)书里讲的是别人的故事,其实说的是作者自己的人生。("是"表示判断)
2)是你主动来帮忙,我又没求你。("是"表示强调动作的发出者)

"是"字句主要用于指明或强调事物与动作行为、性质状态之间的相关性。因此,这一句式对语法成分的限制较少,具有较强的开放性。几乎所有的实词性成分都可以充当"是"的主语或宾语。

## 1. 表判断的"是"字句

【中228】"的"字词组 + 是……

形式:"的"字词组 + 是……

意义:指明与动作行为、性质状态有关的事物或情况。

行为动作 + 的 + 是 + 动作行为的内容或对象(例句1、例句3)

行为动作 + 的 + 是 + 动作行为的发出者(例句2)

性质状态 + 的 + 是 + 具有性质状态的事物、行为(例句4)

心理状态 + 的 + 是 + 心理状态所指向的事件(例句5)

用法:1)两个"是"字句连用可以用于对比,说明动作行为、性质状态所对应的事物不相同(例句1~3)。

2）"是"的后面可以是名词性成分（例句1～3）、动词性成分（例句4），也可以是小句（例句5）。

3）"是"的前面可以加上"却、正、还"等状语（例句3）。

例句：

1）说的<u>是</u>一套，做的<u>是</u>另一套。

2）干活儿的<u>是</u>我们员工，赚钱得利的<u>是</u>老板。

3）爱的<u>是</u>我，娶的却<u>是</u>她。

4）去哪儿不重要，最重要的<u>是</u>和谁去。

5）最让教练高兴的<u>是</u>队员们在比赛中很好地执行了他的比赛计划。

## 2. 表强调的"是"字句

【中229】是+小句

形式：是+小句

都是+小句

正是+小句

就是+小句

意义：强调某个动作行为的实际发出者，或者某个事件的真实情况。用来表示指明实际情况，澄清事实。

是+主语（信息焦点）+行为动作/性质状态

是+主语+行为动作/性质状态（信息焦点）

用法：1）"是+小句"属于无主语句。

2）"是"后面的小句可以是动词谓语句（例句1、例句4～5），也可以是形容词谓语句（例句2～3）。

3）如果小句主语较长，小句主语和谓语之间可以有短暂停顿，书面用","表示（例句5）。

4）肯定式、否定式连用，表示澄清事实的同时，否定不实信息（例句1~2）。

**例句：**

1）应该是你给我钱，不是我给你钱。

2）不是我们打不赢，是敌人太强大。

3）都是我不好，你别怪他。

4）在我失去人生目标的时候，正是这位老师帮助了我。

5）就是这个感人的故事，后来被作家写进了小说。

# 第十六章 "是……的"句与句子的表达

"是……的"句在形式上由"是……的"充当谓语。这一句式可以用于陈述已发生或存在的事件时突出信息焦点。"信息焦点"一般是动作行为的相关信息，如时间、处所、方式、动作发出者、动作接受者等。"是"位于信息焦点前，"的"位于句末或宾语前。这一用法在初级阶段出现。如：

1）我是今天写的。（焦点是时间）

2）我是用电脑写的。（焦点是方式）

3）我是在咖啡厅写的。（焦点是处所）

4）我是为你们写的。（焦点是目的）

5）这些字是我写的。（焦点是动作的发出者）

6）我是写的中文，不是日文。（焦点是动作的接受者）

"是……的"句还可以添加"确定信息真实性"的语气[①]。"是"位于句子谓语前。就这一用法，初级阶段出现的项目为：是+形容词词组/动补词组+的。如：

7）它的叫声是非常可怕的。（"是"+形容词词组+的）

8）时间是挤得出来的。（"是"+动补词组+的）

【中230】……是+动宾词组+的

形式：……是+动宾词组+的

意义：确定主语发出或存在某个行为动作。常用于表明态度（例句1~2）或表达对事物的见解（例句3）。

用法：1）如果省略"是……的"，句子保留基本的陈述信息，但没有了肯定、确认的语气。

---

[①] 有的教材和研究将"是……的"句分为突出信息焦点的"是……的"句（一）和表示确定语气的"是……的"句（二）。根据语义理解难度和形式复杂度，通常的教学安排"是……的"句（一）早于"是……的"句（二）。

2）动词前可以加能愿动词（例句3～4）。

3）动词前可以有否定词，表示确认事物不存在某种行为或状态（例句2、例句4）。

**例句：**

1）不需要什么证据，我<u>是</u>相信你<u>的</u>。

2）不管你信不信，反正我<u>是</u>不太相信他们<u>的</u>。

3）没有主人的陪伴，宠物<u>是</u>会生病<u>的</u>。

4）小孩子都不相信这个故事，因为神仙<u>是</u>不会生病<u>的</u>。

## 【中231】……是＋动宾词组＋动词（重复）＋的

**形式：**……是＋动宾词组＋动词（重复）＋的

**意义：**确定事情由某动作行为引起。用于指出状态、情况的成因。

事情（结果）＋是＋行为动作＋动作接受者＋行为动作（重复）＋的

**用法：**1）"是"的前面一般是小句形式，表示行为所引起的情况。"是"的后面的动宾结构通常为"单音节动词＋宾语"（例句1）或离合词（例句2）。

2）否定形式为"小句＋否定词＋是＋动宾结构＋动词（重复）＋的"，表示确认结果与某行为无关（例句3）。

3）"是……的"一般不能省略。但在上文已提到结果的情况下，可以省略小句主语和"是"（例句4）。

4）"小句＋是＋动宾结构＋动词（重复）＋的"具有口语风格。

**例句：**

1）你眼睛不好<u>是</u>玩儿游戏玩儿<u>的</u>。

2）我全身酸痛<u>是</u>昨天游泳游<u>的</u>。

3）个子高不<u>是</u>打篮球打<u>的</u>，是父母遗传的。

4）A：最近我常常胃疼。

　　B：（<u>是</u>）吃辣吃<u>的</u>吧。

# 第十七章 "有"字句与句子的表达

"有"字句在形式上带谓语动词"有",用于表达事物的拥有关系(领属)或空间包含关系(存在)。初级阶段出现的"有"字句,如:
1)为什么大多数动物都<u>有</u>两只眼睛?(表示"拥有—组成部分")
2)你<u>有</u>三十岁吗?(表示"拥有—属性特征")
3)我<u>有</u>钱<u>有</u>身材,追我的人从这儿排到法国。(表示"拥有—属性特征")
4)他<u>有</u>个双胞胎弟弟。(表示"拥有—关系")
5)世界上竟然<u>有</u>如此这样的神奇景象。(表示"时空包含—事物")
6)<u>有</u>人找你。(表示"时空包含—行为")

中级阶段,"有"字句的结构相较初级阶段更复杂,如:
7)拳击选手<u>有</u>着惊人的爆发力。(表示"拥有—属性特征")
8)龟甲、牛骨上刻<u>有</u>一些文字符号。(表示"时空包含—事物")
9)村里<u>有</u>好几户人家是姓李的。(表示"时空包含—事物")

## 1. 表达事物拥有某种状态或事物

### 【中232】主语+有+着……

**形式**:主语+有+着……

**意义**:这一句式用于描述对性状、事物的持续拥有。比较:
1)学生对母校<u>有</u>感情,是因为对老师<u>有</u>感情。("感情"的有无)
2)他对自己的母校始终<u>有着</u>深厚的感情。("感情"的持续)

句式可以表达两种语义：

性状领有者＋有＋着＋性质状态

事物领有者＋有＋着＋具有某种性质状态的事物

用法：1）"有着"后面的宾语通常为名词词组（修饰成分＋名词），表示主语所指事物所具有的抽象状态或属性，如心理、原因、意义、地位、关系、能力、作用等（例句1～2）；也可以表示主语所指事物所拥有的组成部分、事物（例句3～4）。

2）"主语＋有＋着……"具有书面语风格。

例句：

1）企业的成功与失败都<u>有着</u>深刻的原因。

2）这位皇帝<u>有着</u>统一天下的理想，也<u>有着</u>不为人知的担忧。

3）她<u>有着</u>天使般的声音，是年轻人喜爱的歌手之一。

4）哈姆雷特（Hamlet）在不同的读者眼中<u>有着</u>不同的模样。

【中233】……有＋所＋动词

形式：……有＋所＋动词

意义：说明事物拥有/出现程度较低的变化或心理。

变化的事物＋有＋所＋变化/数量增减

心理的所有者＋有＋所＋心理及认知状态

用法：1）"有所"后面一般为双音节动词，语义上表示数量增减（例句1）、变化（例句2）、心理及认知状态（例句3～4）。"有所"和后面的动词之间不能加入其他成分。"所"是结构助词，不表示实在的语义。（参见【中193】）

2）"有所"前面可以出现表示小量的程度副词，如"稍微、略微"（例句1），也可以加表示范围、方面、对象的状语（例句2～3）。

3）"主语＋有＋所＋动词"具有书面语风格。

例句：

1）受降水影响，明日气温稍微<u>有所</u>下降。

2）与以往相比，今年的考试在题目的数量、类型、难度三个方面<u>有所</u>改变。

3）有人对他的话<u>有所</u>怀疑，但他太太却始终深信不疑。

4）学过中文的人，对中国多少<u>有所</u>了解吧。

## 2. 表达某处包含、存在某种事物

【中 234】动词 + 有……

**形式**：动词 + 有……

**意义**：描述在某个动作的作用下，某个地方留存某物。使"事物存在"这一情况的表达更加细致、准确。

处所 + 动作行为 + 有 + 存在物（也就是动作的接受者）

**用法**：1）"动词 + 有"前面出现表示处所、方位的词或词组（例句 1~2），也可以用代词、介词词组表示处所（例句 3~4）。

2）"动词 + 有"中的动词主要是表示动作的动词（例句 1~4），也可以是表示包含关系的动词（例句 5）。

3）"动词 + 有"前较少出现修饰成分。只有在需要特别说明范围、数量、程度、时间、情态、方式等信息时，才使用少量副词（例句 6）或介词词组（例句 7）。

4）"动词 + 有……"具有书面语风格。

**例句**：

1）生日卡上<u>写有</u>每位同事的祝福。

2）我们小区<u>建有</u>地下车库、运动场、游泳池等配套设施。

3）那里<u>存有</u>很多的恐龙化石。

4）在牛骨上<u>刻有</u>一些文字，是关于农业丰收的内容。

5）我们的新产品<u>含有</u>多种纯天然成分。

6）所有校服上都<u>印有</u>我们学校的名字和标志。

7）山洞里以绘画的方式<u>留有</u>早期人类的生活场景。

## 【中 235】有 + 兼语 + 是……的

**形式**：有 + 兼语 + 是……的

**意义**：指出（某时空环境中）存在某事物，并且突出该事物的属性特征、行为动作等作为句子的信息焦点。

（时间/处所 +）有 + 人或事物 + 是 + 性状特征、动作等（信息焦点）+ 的

**用法**：1）这一格式实际上是"有"字句、兼语句、"是……的"句的套用。

2）"有"前面可以有主语（例句1），也可以没有主语（例句2~3）。

3）在兼语位置的词语是"有"的宾语，表示所存在的事物；同时也兼做"是"的主语，表示性状特征的拥有者或动作的发出者。

4）"是……的"的用法具体见第十六章。

5）否定形式为"没有 + 兼语 + 是……的"（例句3）。

**例句**：

1）我们<u>有</u>一只狗<u>是</u>黑色<u>的</u>。

2）<u>有</u> 80% 的员工<u>是</u>支持改革<u>的</u>。

3）雪崩时<u>没有</u>一片雪花<u>是</u>无辜<u>的</u>。

# 第十八章　兼语句与句子的表达

兼语句在形式上是两个主谓结构的套合，前一动词的宾语兼做后一动词或形容词的主语，故称为"兼语"。兼语句在语义上主要说明"对其他事物的影响力"，可以用于表示使令、致使、称说、爱憎等。这个句式在汉语里十分常见，如初级出现的：

1）经理让他向客户道歉。（使令）

2）大家都说他是中国通。（称说）

3）他嫌邻居太吵。（爱憎）

4）谦虚使人进步，骄傲让人落后。（致使）

在中级阶段，这一句式的重点是表"致使"义的兼语句项目，要注意与初级的"使令"义区别。如比较：

5）爸爸让孩子珍惜时间，可他总是做不到。（使令）

6）这件事让孩子们学会了珍惜时间。（致使）

## 【中236】……使 A……

形式：……使 A……

　　　……让 A……

　　　……令 A……

意义：指明某事物作为原因、条件等，引起别的人、事出现某种行为或状态。
　　　条件、原因 + 致使 + 人或事物 + 结果

用法：1）主语多是无生命的事物、事件，表示引起动作的原因、方式、条件等。"使、让、令"等表示的"致使"义，注意区别初级出现的"使令"义。

2）句式中的兼语是"使"的宾语兼后面动词/形容词的主语。

3）兼语后面可以是动词性成分（例句1~2），也可以是形容词性成分（例句3~5）。语义上表示主语引起的"结果"（行为、状态）。

4）"……使A……"偏向书面语风格，"……让A……"偏向口语风格。

**例句：**

1）他的话让人心头一暖。

2）全球气候变暖使北极大量的冰块消失。

3）金钱使人开心，使人疯狂，也使人孤独。

4）父亲突然去世，使他十分悲伤。

5）他们的做法令人难以理解和接受。

## 【中237】……给A+直接宾语+动词

**形　式：** ……给A+直接宾语+动词

　　　　……给A+直接宾语+动词重叠形式

**意　义：** 表示把事物给某人，使接受者可以做出某种行为。

　　　　事物的拥有者+给+接收者+事物+目的（行为）

**用法：** 1）"……给A+直接宾语+动词"中的兼语是"给"的宾语兼后面动词的主语。这一格式实际上是"给予"义双宾句和兼语句的套用。

2）"给、送、借、发给"等具有"给予"义的动词都可以进入这一格式。

3）"……给A+直接宾语+动词"中的直接宾语一般是具体明确的事物。

4）"……给A+直接宾语+动词"偏向口语风格。

**例句：**

1）能不能给我一杯水喝？

2）A：我从来没吃过月饼。

　　B：我送你一个（月饼）尝尝吧。

3）学校发给每位老师一台电脑用。

# 第十九章 "把"字句与句子的表达

"把"字句是汉语特有的一种句式，其动词谓语前出现了充当状语的介词词组"把……"。这一句式主要用于表达在某动作行为的作用下，特定的人或物出现位置、状态、性质等方面的动态变化。"把"字句的基本语义结构可以归纳为：

动作发出者＋把＋动作接受者＋动作＋信息焦点

这一句式要凸显的信息焦点是变化结果或动作特征。如：

1）妈妈让孩子把小动物送回大自然。[①]（表示"动作结果—空间变化"）
2）他不小心把杯子摔碎了。（表示"动作结果—状态变化"）
3）他们把小狗看成家人。（表示"动作结果—性质变化"）
4）她把这部电影连看了三遍。（表示"动作特征—次数"）
5）红灯亮起，车头已经过了停止线，我赶紧把车往后倒。（表示"动作特征—方式"）
6）请把这个问题认真想一想。（表示"动作特征—量小时短"）

## 1. 以变化结果为信息焦点

【中238】……把A+动词+成+B

形式：……把A+动词+成+B
　　　……把A+动词+为+B
　　　……把A+动词+作+B

---

① "把"字句可以和表"使令"义的兼语句套用。

**意义**：对确定的对象 A 做动作，结果是 A 成了另一事物 B。用来描述某人通过动作引起他人或物的变化。

动作发出者 + 把 + 动作对象 + 动作行为 + 成 + 另一事物

或者，对确定的对象 A 加以主观判断，结果 A 被认定为另一事物 B。用来描述某人对他人或物的主观判断。

行为发出者 + 把 + 认知对象 + 认知行为 + 成 + 另一事物

**用法**：1）主语通常是具有动作能力、认知能力的人或机构。

2）常用的动词可以是具有动作义的"写、画、换、翻译、培养"（例句 1），表示引起事物性质特征变化的动作；也可以是具有"感知、认知"义的动词，如"看、想、听、认、当、理解"（例句 2），表示对事物做出认定判断的认知行为。

3）这一句式可以与连动句套用（例句 4）。

4）"……把 A+ 动词 + 为 +B" 偏向于书面语风格。

**例句**：

1）刚学汉语时，我总是<u>把</u>"人"写<u>成</u>"入"。

2）老师<u>把</u>双胞胎姐姐认<u>成</u>妹妹，认错人了。

3）<u>把</u>别人的事情看<u>成</u>自己的事情，就不会有那么多的抱怨了。

4）阿姨不小心<u>把</u>我的作业当<u>成</u>废纸扔掉了。

5）昆明四季温和，冬天不冷，夏天不热，人们<u>把</u>这里称<u>为</u>"春城"。

6）<u>把</u>每一天当<u>作</u>人生的最后一天，或者<u>把</u>每一天当<u>作</u>新的一天，都可以活得很积极、很开心。

## 2. 以动作特征为信息焦点

【中 239】……把 A+ 动词 + 数量词组

形式：……把 A+ 动词 + 动量词组

……把 A+ 动词 + 时量词组

**意义**：描述动作对事物产生影响的次数或时长。

**用法**：1）常用的动量词组有"～遍、～次、～顿、～下"等（例句1～3）。

2）时量词组表示动作持续的时长，可以是比较具体准确的时间量（例句4），也可以是模糊的时间量（例句5）。

3）动词和数量词组之间常常出现"了"，表示动作的完成（例句2～5）。

**例句**：

1）把这本小说看三遍，你就能理解作者的想法。

2）他把女孩儿的心伤了一次又一次。

3）领导把犯错的员工狠狠批评了一顿。

4）老人把这个秘密整整藏了三十年。

5）因为害怕，孩子把灯开了好几个晚上。

## 【中240】……把A+状语+动词

**形式**：……把A+副词+动词（例句1～3）

……把A+介词词组+动词（例句4）

**意义**：详细描述动作以某种方式对事物产生影响。

**用法**：1）动词前的状语表示动作的方式，通常是副词（例句1～3）、介宾词组（例句4）。

2）动词后不出现其他成分。

3）否定形式为"……别/不要/没+把A+副词/介词词组+动词"（例句3～4）。

**例句**：

1）他总是把东西乱丢，怪不得什么也找不到。

2）市场部写问卷，做调查，还把报告反复修改。

3）他渐渐失去了耐心，最后也没把问题一一解决。

4）你不要把球往上推，把球往下压。

**【中 241】**……把 A+ 动词重叠形式

**形式**：……把 A+ 动词 + 动词

……把 A+ 动词 + 一 + 动词

……把 A+ 动词 + 了 + 动词

**意义**：动作对事物产生影响的程度较小，带有轻松、委婉或尝试的口气。

动作发出者 + 把 + 动作对象 + 时短的、量小的或尝试性的动作

**用法**：1）动词一般表示言说告知（例句1）、观察思维（例句2、例句4）或动手劳作（例句3）。

2）单音节动词在句式中的重叠形式可以是"VV"（例句4）、"V 了 V"（例句1）或"V 一 V"（例句3）；双音节动词的重叠形式通常为"$V_aV_bV_aV_b$"（例句2）。

**例句**：

1）今天大家把各自的想法都谈了谈。

2）你们是专家，能不能把这个问题研究研究？

3）趁着天气好，把衣服洗一洗。

4）A：事情怎么会搞成现在这样？

B：我先把整件事仔细想想，看看哪个环节出了问题。

# 第二十章　被动句与句子的表达

被动句以受到动作影响的人或事物为话题。在中级阶段，被动句的语法项目主要是"被"字句的一些常见格式。"被"字句是指动词谓语前出现了表被动义的"被（叫/让/给）……"做状语的句式，是一种有标志的被动句。它主要用于表达某人或物不自主或不主动地受到动作的影响而出现某种变化或结果。如：

1）落水的王子被美人鱼救了。（不自主）

2）这个人看起来很理智，但其实很容易被感动。（不自主）

3）上海被英国《经济学人》杂志评为"全球最安全城市之一"。（不主动）

初级阶段的"被"字句教学主要围绕表"受损"义的"被"字句和意义上的被动句（即无标记被动句）。中级阶段的"被"字句教学拓展至具有中性义的"被"字句。

【中242】……给（A）+动词+补语

形式：……给（A）+动词+补语

意义：描述人或事物不自主地受到动作的影响（且多是不利影响）而出现某种变化或结果。

动作对象+给+动作发出者+动作+变化/结果

用法：1）"给"后面可以出现动作发出者（例句1），也可以省略（例句2）。区别于"叫、让"后面必须出现动作发出者。

2）否定形式为"……别/没+给A+动词+补语"。但否定形式一般只出现在祈使句或需要保持话题主语一致的语境中（例句3~4）。

3）"……给A+动词+补语"具有口语风格。

例句：

1）我的包裹给快递员弄丢了。

2）刚完成的拼图又给弄乱了。

3）一个人去外地要小心，钱别给坏人骗走了。

4）已经过去了五个小时，山里的大火还没给控制住。

【中 243】……被 A+ 动词 + 补语

形式：……被 A+ 动词 + 补语

　　　……被 A+ 动词 + 为……

　　　……被 A+ 动词 + 成……

意义：某人或事物非主动地受到动作影响而出现某种变化或结果。

　　　动作对象 + 被 + 动作发出者 + 动作 + 变化 / 结果（中性义）

用法：1）动词没有消极义的限制，句子没有表示不如意、不愉快的感情色彩。

　　　2）如果语境中的话题是动作对象，用中性义的"被"字句可以使动作对象继续作为话题主语，从而实现表达的前后连贯。

例句：

1）他这两天不在公司，被派到外地出差了。

2）孩子被奶奶接回家了。

3）他在决赛中表现出色，被评为全场最佳球员。

4）今天的表演太精彩了，一只鸟被变成了一朵花儿，然后又被变成了一个美女。

【中 244】……被 A+ 给 + 动词 + 补语

形式：……被 A+ 给 + 动词 + 补语

　　　……叫 A+ 给 + 动词 + 补语

　　　……让 A+ 给 + 动词 + 补语

意义：某人或事物不自主或非主动地受到动作影响而出现某种变化或结果。

**用法：** 1）句式中的"给"是助词，没有实在的语义，只是增添口语风格。整个结构的基本意思跟没有"给"的"被"字句是一样的。（参见【中 194】）

2）"……被/叫/让 A+给+动词+补语"具有口语风格。

**例句：**

1）窗户<u>被</u>大风<u>给</u>吹开了。

2）A：楼下的老李<u>叫</u>警察<u>给</u>带走了。

　　B：警察只是让他去协助调查。

3）A：老师，您在课上提到的那本书能借我看看吗？

　　B：那本书不巧昨天<u>让</u>别的学生<u>给</u>借走了。

## 【中 245】……被 A+所+动词

**形式：** ……被 A+所+动词

　　　　……为 A+所+动词

**意义：** 某人或事物不自主或非主动地受到动作影响而出现某种变化或结果。

**用法：** 1）"被/为"后的宾语必须出现。

2）"所"是助词，没有实在的语义，只是增添书面语风格。"所"后的动词一般不带其他成分。

**例句：**

1）虽然你的想法是好的，但做法不一定会<u>被</u>对方<u>所</u>接受。

2）他决定辞职创业，这一行为却不<u>为</u>家人<u>所</u>理解。

# 第二十一章　复句

　　句子是关于事物、事件的基本表达，其信息容量是有限的。如果在陈述人、事、物的基本信息的基础上，还需要说明这些信息之间的逻辑关系，就得使用信息容量更大的语法单位——复句。

　　复句在形式上由两个或两个以上的小句组合而成，在语义上由表示人、事、物的相关信息及其之间的逻辑语义关系复合生成。其特点是：

　　1）形式：小句的内部句法结构各自独立。

　　2）意义：小句之间的语义逻辑紧密关联。

　　复句在表达中的作用是生成具有逻辑语义关系的"信息块"。根据所要表达的逻辑关系，复句可以分为：

　　1）联合关系：并列复句、承接复句、递进复句、选择复句

　　2）偏正关系：因果复句、目的复句、条件复句、让步复句、转折复句

　　就语言事实来看，有的复句没有关联词，小句就无法连接，或者语义不清。而有的复句也可以没有关联词，通过各小句共现的词语、语义相关的词语来体现关联。但总的来说，复句常常依靠关联词实现内部小句在形式和语义上的关联。

　　再从对外汉语教学实际来看，"外国学生是通过关联词语作为标志去理解或运用复句的"（吕文华，2014）。所以中级大纲将关联词作为主要的关联标记，根据关联词的形式析出语法项目，以关联标记的形式和语义特征，以及成分限制、语体风格、主语隐现等关键用法为重点。

## 1. 并列复句

并列复句的各小句分别叙述有关联的几种行为、几件事情，复句的整体语义主要表达这些行为事件同时或者交替发生，或者在肯定/否定某种性质状态的同时否定/肯定相反或相对的情况。

【中246】一面……一面……

形式：一面……一面……

意义：表示各小句提到的动作行为同时发生。

用法：1）"一面"的后面可以用动词（例句1）或动词词组（例句2）。

2）各小句的主语相同，第二个小句的主语省略。

3）"一面……一面……"具有书面语风格。

例句：

1）我欣赏生活里那些勇敢的人，他们总是<u>一面</u>哭泣，<u>一面</u>前进。

2）他<u>一面</u>唱着歌，<u>一面</u>看向窗外。

【中247】一时……一时……（参见【中125】）

形式：一时……一时……

意义：表示各小句提到的动作行为交替发生。

用法：1）"一时"的后面可以用动词（例句1）或动词词组（例句2）。

2）各小句的主语相同，第二个小句的主语省略。

3）"一时……一时……"具有书面语风格。

例句：

1）他最近情绪不稳定，<u>一时</u>生气，<u>一时</u>哭，<u>一时</u>笑。

2）电影里的男主角<u>一时</u>去追坏人，<u>一时</u>被坏人追。

【中248】不是……而是……

形式：不是……而是……

意义：第一个小句（不是……）否定某种预想的情况，第二个小句（而是……）肯定与之相反的实际情况，从而达到更新或明确信息的表达效果。

用法：1)"不是、而是"的后面可以是名词（例句5）、名词词组（例句1）、动词（例句3）、动词词组（例句4）、形容词（例句5）、主谓词组（例句2）。

2) 两个小句的主语相同时，主语在"不是"的前面，并且省略第二个小句的主语（例句1、例句3、例句4~5）；两个小句的主语不同时，第一个小句的主语在"不是"的后面，第二个小句的主语在"而是"的后面（例句2）。

3)"不是……而是……"具有书面语风格。

例句：

1) 这不是一种理想的模式，而是现在唯一的选择。

2) 不是我们太无能，而是这项工作太难做了。

3) 人生最美好的不是相遇，而是重逢。

4) 旅行最重要的不是去哪里，而是和谁一起去。

5) 女人的美不是漂亮，而是修养。

【中249】是……而不是……

形式：是……而不是……

意义：第一个小句（是……）肯定某种实际情况，第二个小句（而不是……）否定与之相反或相对的预想情况，从而达到澄清事实的表达效果。

用法：1) 两个小句的主语相同时，主语在"是"的前面，并且省略第二个小句的主语（例句1）；两个小句的主语不同时，第一个小句的主语在"是"的后面，第二个小句的主语在"而不是"的后面（例句2）。

2)"是……而不是……"具有书面语风格。

例句：

1）考试<u>是</u>一种手段，<u>而不是</u>最终的目的。

2）<u>是</u>广告吸引了消费者，<u>而不是</u>产品征服了市场。

3）她其实<u>是</u>老师，<u>而不是</u>学生。

【中 250】……，相反，……

形式：……，相反，……

意义："相反"前的小句肯定或否定某种预想的情况，"相反"后的小句给出与这种想法不同或对立的情况。从而达到明确事实的表达效果。

用法：1）"相反"跟前后的小句之间有语音停顿，书面用逗号"，"表示。

2）"相反"后的小句中，可以出现"却"进一步强调语义上的转折（例句 1）。

例句：

1）我们以为每个人的想法都不一样，<u>相反</u>，大数据却说明每个人的想法都跟别人差不多。

2）爱情并不是生活中的全部，<u>相反</u>，它只是生活的一小部分。千万不要因为爱情而忽略了朋友、家人，甚至放弃自我。

## 2. 承接复句

承接复句的各小句描述先后相继的情况，语序不能随意调整。

【中 251】……就……

形式：……就……

……便……（参见【中 101】）

意义：表示动作行为、心理活动或性质状态相继出现。

用法：1）各小句的主语相同时，其中一个小句的主语省略（例句 1~2）；各小句的主语不同时，第二个小句的主语在"就"的前面（例句 3）。

2）"……就……"具有口语风格，"……便……"具有书面语风格。

**例句：**

1）看着爷爷给我写的最后一封信，我<u>就</u>想起跟他一起生活的那段时光。

2）他内心感动万分，<u>便</u>提笔写下了这封感谢信。

3）他给家里打了个电话，妈妈<u>就</u>寄来了冬衣。

## 【中 252】……又……

**形式：** ……又……

**意义：** 动作行为、心理活动或性质状态相继出现。

**用法：** 各小句的主语相同时，第二个小句的主语省略；各小句的主语不同时，第二个小句的主语在"又"的前面。

**例句：**

1）村里的医生不敢给他动手术，家人只好<u>又</u>带着他赶到了城里的大医院。

2）他不久前才从悲伤中走出来，最近好像<u>又</u>不开心了。

3）上周冷得厉害，这周<u>又</u>热起来了。

## 【中 253】首先……，其次……

**形式：** 首先……，其次……

**意义：** 依次叙述逻辑上相关的道理、情况或时间上连续发生的事情、动作。

**用法：** 1）各小句的主语相同时，第二个小句的主语省略（例句1～2）；各小句的主语不同时，每个小句的主语都出现（例句3）。

2）"首先、其次"和后面的小句之间可以有短暂的语音停顿，书面用逗号","表示（例句3）。

3）如果相关或连续的事情不止两个，还可以用"再次／此外／最后……"等表达更多的情况（例句3）。

**例句：**

1）根据这本书的观点，大学教授<u>首先</u>是教师，<u>其次</u>才是科学家。

2）人<u>首先</u>得解决吃饭问题，<u>其次</u>才解决个人发展问题。

3）学校可以在课后提供很多活动。**首先**，老师可以辅导学生完成作业；**其次**，学生可以自主阅读课外书；**再次**，学校也可以组织学生参加一些兴趣小组。**此外**，学生还可以在老师的组织下开展一些娱乐、体育活动。

### 【中 ***】……于是……（参见【中 203】）

形式：……于是……

意义：叙述逻辑上前后相接的情况，如表示针对某个想法或情况而主动采取的行为、反应（例句1），或由某个情况或动作引发另一情况或动作（例句2），或在某些情况的影响下而出现某种结果（例句3）。

用法：（详见【中 203】）

例句：

1）这位大叔喝了几十年咖啡，却一直找不到喜欢的味道。于是，他选择辞职，专心研究咖啡工艺。

2）老师说："上课！"于是教室里安静了下来。

3）这个价格实在太优惠了，今天又正好发了工资，我于是很干脆地付了钱。

## 3. 递进复句

递进复句由两个或两个以上的小句相连，逐句说明事物或事件在范围、性质、数量、程度、重要性等方面的情况逐层深化。

### 【中 254】不仅……而且……

形式：不仅……而且……

　　　不仅……并且……

　　　不只……而且……

　　　不只……并且……

意义：表示除了第一个小句（不仅/不只……）提到的情况，第二个小句（并且/而且……）进一步说出更重要的情况。

**用法：** 1）两个小句的谓语可以是动词词组（例句1~2）、主谓词组（例句3）或形容词性成分（例句4）。

2）两个小句的主语常常是相同的。主语在第一个小句中出现在"不仅"的前面，第二个小句的主语省略。

**例句：**

1）企业<u>不仅</u>为社会创造财富，<u>并且</u>提供了大量的就业机会。

2）他<u>不只</u>是一位举世闻名的书法家，<u>而且</u>是一代国画大师。

3）这种手机<u>不只</u>外观好看，<u>并且</u>价格便宜。

4）西藏姑娘<u>不仅</u>美，<u>而且</u>美得自然、美得自信。

## 【中 255】不仅仅……也……

**形式：** 不仅仅……也……

不仅仅……都……

不仅仅……还……

不仅仅是……而是……

**意义：** 表示第一个小句（不仅仅……）提到的信息只是一部分情况，第二个小句（并且/而且……）进一步给出更全面或更重要的信息。

**用法：** 1）两个小句的主语相同时，第二个小句的主语省略（例句1~3、例句5~6）。

2）两个小句的主语不同时，第一个小句的主语出现在关联词的后面，第二个小句的主语出现在关联词的前面（例句4）。

3）常用于纠正"不仅仅……"所提到的观点，突出强调"也……"的必要性或重要性。区别于"不仅……而且……"。

**例句：**

1）一个人的成功<u>不仅仅</u>因为他有能力，<u>也</u>因为他坚持努力。

2）这<u>不仅仅</u>是你个人的事，<u>也</u>是大家的事。

3）这项工作<u>不仅仅</u>对你是个考验，对我们<u>都</u>是个考验。

4）<u>不仅仅</u>是她在跳舞，所有人的心<u>都</u>跟着旋转跳动。

5）这个世界不仅仅是我们眼前的样子，还有很多我们想象不到的事情。

6）对小丽来说，舞蹈绝不仅仅是为了表演，而是生活的重要组成部分。

**【中 256】……，况且……（参见 p166 "况且"）**

形式：……，况且……

　　　……，况且……也……

　　　……，况且……还……

　　　……，况且……又……

意义：表示在第一个小句给出一个理由或条件的基础上，第二个小句（况且……）再追加一个理由或条件，使推理出的结果显得更为合理。

用法：1)"况且"在第二个小句的开头。

　　　2）第二个小句的谓语在"也/还/又"的后面（例句2~4）。

例句：

1）我在这个行业工作了二十多年，况且我爱这份工作，现在并不想离开。

2）这是件非常容易的事，况且也是体现能力的机会，你就答应下来吧。

3）路不算太远，况且我们开的还是快车，准能按时赶到。

4）门锁住了，况且又有保安守着，他是怎么进来的啊？

**【中 \*\*\*】……，甚至……（参见【中 205】）**

形式：……，甚至……

　　　……，甚至于……

　　　不但……，甚至……

　　　不仅……，甚至……

　　　不仅……，甚至于……

　　　不但……，甚至于……

意义：在第一个小句说明某种情况（常常是已知情况）的基础上，第二个小句（甚至……）进一步用特别突出的例子（可以假设、夸张）说明这个情况在性状、数量、范围等方面达到不一般的程度。

用法：1）两个小句的主语相同时，第二个小句的主语省略（例句1）；两个小句的主语不同时，第二个小句的主语出现在"甚至/甚至于"的后面（例句2）。

2）"甚至/甚至于"后面常常与"（连）……都/也"连用（例句2~3）。

3）两个小句的谓语相同时，第一个小句的谓语可以省略（例句4）。

4）两个小句的谓语可以是动词性成分（例句5~6）、主谓词组（例句7）。

5）"甚至于……"具有书面语风格。

**例句：**

1）他非常顽固，<u>甚至</u>到了一点儿也不可改变的程度。

2）有一些现象令人难以解释，<u>甚至于</u>科学家也没完全把它们研究清楚。

3）他<u>不仅</u>把书的内容完全忘记了，<u>甚至</u>连书名都不记得。

4）在我们这儿，<u>不但</u>大人，<u>甚至于</u>连六七岁的小孩儿都很会游泳。

5）企业<u>不但</u>失去了几千万元的利润，<u>甚至</u>亏了一百多万元。

6）有些地方农民收入增长较慢，<u>甚至于</u>出现下降，原因是多方面的。

7）这支歌<u>不仅</u>青年会唱，老人会唱，<u>甚至于</u>幼儿园的小朋友也会唱。

**【中257】……，何况……（参见 p166"何况"）**

形式：……，何况……

　　　……，更何况……

意义：第一个小句说明某种情况，第二个小句（何况……）用反问语气追加一个（在性质、程度、数量、范围等方面）程度更低的情况（例句1），或用反问语气追加一个理由，使某种行为或观点显得更合理（例句2）。

用法：1）"何况/更何况……"带有反问语气。

2）第二个小句（何况/更何况……）后面一般是动词词组（例句1）、主谓词组（例句2）或名词词组（例句3）。

3）两个小句的谓语相同时，第二个小句的谓语可以省略（例句3）。

**例句：**

1）眼睛看到的都不一定是事实，<u>更何况</u>是听说的？

2）这本书留下来也没什么不好，<u>何况</u>出版的数量并不多，说不定以后可以卖个好价钱！

3）连运动员都很难完成这个动作，<u>更何况</u>普通人？

**【中 258】……，再说……（参见 p265"再说"）**

**形式：** ……，再说……

**意义：** 第一个小句说明一个原因或理由，第二个小句（再说……）进一步追加一个原因或理由。

**用法：** 1）"再说"具有话语标记的功能，提示接下来有原因要补充。

2）"再说"跟第二个小句之间可以有短暂的语音停顿，书面用"，"表示（例句2）。

3）"……，再说……"具有口语风格。

**例句：**

1）A：你为什么来中国？

B：我很喜欢学中文，<u>再说</u>还得到了奖学金。所以来中国留学一年。

2）我还是不去了吧。参加晚会的人我都不认识，<u>再说</u>，车也坐不下。

# 4. 选择复句

选择复句的各小句分别描述不同的情况，作为备选项目或者取舍已定的选项。提供备选项目的复句用于明确选择范围；说明取舍已定的复句用来表明态度或决心，有先取后舍和先舍后取两种表达顺序，前者的语气态度更坚决些，后者相对委婉些。

**【中 259】要么……要么……**

**形式：** 要么……要么……

要就是……要就是……

要不……要不……（参见【中208】意义一）

意义：表示实际情况或选择是各个小句（要么……）提到的情况中的一个。可用来描述客观情况（例句1），也可以反映主观意向（例句2）。

用法：1)"要么/要就是"后面可以是动词性成分（例句1、例句4、例句6）、名词性成分（例句3、例句5）或主谓词组（例句2）。

2) 两个小句的主语相同时，第二个小句的主语省略，第一个小句的主语出现在"要么"的前面（例句1、例句4）；两个小句的主语不同时，主语在"要么"的后面（例句2）。

3) "要么"的后面可以有短暂的语音停顿，书面用"，"表示（例句3）。

4) "要么……要么……""要就是……要就是……"具有口语风格。

例句：

1) 看天气，今天要么是阴天，要么是小雨。

2) 要么你来，要么我去，咱们总得见个面吧。

3) 一场恋爱，要么，不开始，要么，一辈子。

4) 你要么认真对待工作，要么就辞职走人。

5) 要就是你，要就是我，总得有人去才行。

6) 要就是亏了你，要就是亏了他，总得亏一个人。

## 【中260】或者……或者……

形式：或者……或者……

或是……或是……

意义：表示实际情况或选择可能是各个小句（或者/或是……）提到的情况。

用法：1) 可以用多个"或者/或是"说出多个可能性（例句1~2）。

2) 小句主语相同时，一般省略第二个小句的主语，第一个小句的主语出现在"或者/或是"的前面（例句1）；小句主语不同时，主语出现在"或者/或是"的后面（例句2）。

例句：

1) A：张经理现在不在。你<u>或者</u>等他，<u>或者</u>明天再来，<u>或者</u>给他打个电话。
   B：我跟他电话联系吧。

2) <u>或者</u>你现在承认，<u>或者</u>我们大家晚上一起说，事情的真相总得告诉老人吧。

3) 三月是什么样的？<u>或是</u>小草钻出地面，<u>或是</u>一群群燕子飞回，<u>或是</u>粉红的小花儿露出笑脸，<u>或是</u>五颜六色的风筝随风而行，仿佛一切都解冻了。

【中261】与其……，不如……

形式：与其……，不如……

　　　与其说……，不如说……

意义：1)"与其……，不如……"表示跟第一种选择（与其……）相比，第二种选择（不如……）更好。用来表明选择倾向。

　　　2)"与其说……，不如说……"表示第二种说法或表述（不如说……）比第一种（与其……）更恰当、准确。

用法：两个小句的主语相同时，可以省略第一个小句或第二个小句的主语（例句1、例句4）；两个小句的主语不同时，主语分别出现在"与其、不如"的后面（例句2~3）。

例句：

1) 你<u>与其</u>一口气学习三个小时，<u>不如</u>分为三天，每天一小时。

2) <u>与其</u>我们匆匆忙忙回家乡看一眼，<u>不如</u>父母来城里住一段时间。

3) <u>与其说</u>你没学好，<u>不如说</u>我没教好。

4) 这批货质量不行，<u>与其说</u>是商品，<u>不如说</u>是废品和垃圾。

【中262】与其……，宁可……

形式：与其……，宁可……

意义：表示跟第一种选择（与其……）相比，更倾向于不如意程度较低的第二种选择（宁可……）。用来表明选择倾向。

**用法**：两个小句的主语相同时，可以省略第一个小句或第二个小句的主语（例句1）；两个小句的主语不同时，主语分别出现在"与其、宁可"的后面（例句2）。

**例句**：

1）<u>与其</u>浪费时间在这里等，我<u>宁可</u>明天再来一趟。

2）<u>与其</u>假话说一堆，<u>宁可</u>一句话不说。

## 【中263】宁可……，也……

**形式**：宁可……，也……

宁可……，也不……

宁……，不……

宁……，也不……

**意义**："宁可/宁……，也……"表示在没有理想情况的前提下，做出让步性的选择。主观上认为第一个小句（宁可/宁……）不如意的程度相对较低，从而做出忍让性地选择。而对第二个小句（也要/也不/不……）所提情况仍坚持原有选择意愿，从而表达主观上坚定的选择倾向。

**用法**：1）第二小句中常出现"要、愿"等能愿动词（例句1~2）。

2）第一小句为肯定形式时，第二小句通常为否定形式。第一小句为否定形式时，第二小句通常为肯定形式。

3）"宁……"中常出现"要、愿"等能愿动词（例句3~4）。

4）两个小句的主语相同时，可以省略其中一个小句的主语（例句2）。

5）"宁……，不/也不……"具有书面语风格。

**例句**：

1）<u>宁可</u>自己不吃，他<u>也</u>要给妹妹吃。

2）他<u>宁可</u>忘掉自己，<u>也不</u>愿忘掉他们。

3）<u>宁</u>要市区一张床，<u>不</u>要郊区一间房。

4）<u>宁要</u>不完美的真实，<u>也不要</u>完美的假话。

## 5. 因果复句

因果复句主要说明或推论各小句提到的信息之间存在"原因—结果"关系。有前因后果、前果后因两种顺序。

【中 264】由于……

形式：由于……的缘故，……

　　　由于……，就……

　　　由于……，所以/因此/因而……

意义：表示第一个小句（由于……）以已经发生情况或客观存在的事物作为原因，第二个小句说明这个原因所带来的结果。

用法：1)"由于"后面可以出现名词性成分（例句1）、动词词组（例句2~3）、主谓词组（例句4）。

2) 两个小句的主语相同时，通常省略其中一个小句的主语（例句3、例句5）。如果省略的是第二个小句的主语，整个复句的主语可以在"由于"的前面或后面；两个小句的主语不同时，第一小句和第二小句的主语常常出现在"由于""所以/因此/因而"的后面（例句4、例句6）。

例句：

1) <u>由于</u>昨晚整夜没休息<u>的缘故</u>，她感到十分疲乏。

2) <u>由于</u>下雨了，运动会<u>就</u>不举行了。

3) <u>由于</u>准备得很充分，<u>所以</u>她在比赛中发挥出色。

4) 唐代<u>由于</u>国家统一，社会稳定，经济繁荣，<u>因此</u>文化也得到飞速发展。

5) <u>由于</u>这种动物身体细长，<u>因而</u>叫作线形动物。

6) <u>由于</u>距离不是很长，<u>因此</u>我们不到半个小时就走到了。

## 【中 265】……，以致……

**形式**：……，以致……
　　　　由于……，以致……

**意义**：第一个小句提到的原因造成第二个小句"以致……"提到的不理想结果。

**用法**：1）"以致……"表示的结果大多是不好的或说话人不希望的。
　　　　2）两个小句的主语相同时，通常省略第二个小句的主语（例句1、例句3）；两个小句的主语不同时，第二个小句的主语通常在"以致"的后面（例句2、例句4）。

**例句**：

1）他说的速度太快了，以致使我来不及记录下来。

2）那个地方山高路远，以致游客不多。

3）由于你注意力不集中，以致让犯人逃跑了。

4）由于他的期望过高，以致孩子的学习压力太大。

## 【中 266】……，以至……

**形式**：……，以至……
　　　　……，以至于……

**意义**：表示由于第一个小句提到的情况，而产生第二小句"以至……"提到的结果。

**用法**：两个小句的主语相同时，通常省略第二个小句的主语（例句1）；两个小句的主语不同时，第二个小句的主语通常在"以至"的后面（例句2）。

**例句**：

1）我们已经走得太远，以至忘记了为什么出发。（纪伯伦《先知》）

2）科技的发展十分迅速，以至很多人感到吃惊。

3）这件事给孩子印象太深刻，以至于十年以后她还能说出当时的各种细节。

【中267】多亏……，才……

形式：多亏……，才……

意义：表示庆幸因为第一小句（多亏……）提到事实的存在，所以实现了第二小句（才……）提到的结果。

用法："多亏"的后面可以是名词（例句1）、动词（例句2）或者小句（例句3）。

例句：

1）多亏这个人，我才及时完成了工作。

2）多亏当初买过保险，现在全家才不用为医疗费为难。

3）多亏他给了我一点儿吃的，我才能活到今天。

【中268】既然……就……

形式：既然……就……

既然……，那么……

既……，就……

意义：表示以第一小句（既然/既……）提到的事实为原因，推理出第二小句（那么/就……）提到的结果。

用法：1）两个小句的主语相同时，第一个小句的主语可以在"既然"的前面或后面（例句1~2）。

2）第二个小句的主语通常在"那么"的后面（例句2）或者"就"的前面（例句3）。

3）第二小句可以用问句（包括反问句）形式（例句4）。

例句：

1）既然他不是故意的，就不应该负责。

2）动物和植物既然都由细胞构成，那么它们必然有共同的起源。

3）这件事既已过去，你就把它忘了吧。

4）A：既然你已经搬到了公司附近，那么还有什么必要买车？

B：有了车，周末的时候就可以离公司远一点儿。

**【中 269】之所以……是因为……**

**形式**：之所以……是因为……

之所以……是为了……

**意义**：表示以第一小句（之所以……）提到的情况是结果，第二小句（是因为……）追溯分析其原因或目的。属于"前果后因"的结构形式，主要用来说明结果产生的原因。

**用法**：1）"是因为……"侧重原因，"是为了……"侧重于目的。

2）"是因为/是为了"的后面可以是动词词组（例句2）或小句（例句1、例句3）。

3）第一个小句的主语一般在"之所以"的前面，谓语在其后面。

4）两个小句的主语不同时，第二个小句的主语通常在"是因为"的后面（例句1）；两个小句的主语相同时，通常省略第二个小句的主语（例句2）。

5）"之所以……是为了……"两个小句的主语相同，位于第一个小句的开头（例句3）。

**例句**：

1）人们之所以珍惜真正的爱情，是因为它会带来幸福快乐。

2）他之所以能成为优秀的运动员，是因为坚持每天早上四点就开始训练。

3）父母之所以要求你认真学习，是为了将来你能选择自己喜欢的生活方式。

# 6. 目的复句

目的复句的一个小句表示一种动作行为，另一个小句说明这种动作行为的目的。目的有两种，一种是希望实现积极结果，另一种是希望避免消极结果。

**【中 270】……，好……**

**形式**：……，好……

意义：表示第一小句说明行为动作，第二小句（好……）说明行为有利于或便于实现的目的。

用法：1）两个小句的主语相同时，通常省略第二个小句的主语（例句1）；两个小句的主语不同时，第二个小句的主语通常在"好"的前面（例句2）。

2）"……，好……"具有口语风格。

例句：

1）你不要讲得太快，好让大家有思考的时间。

2）请留下你的电话，我们好通知你面试结果。

【中271】……，以……

形式：……，以……

意义：第一个小句说明行为动作，第二个小句（以……）说明行为希望实现的目的。

用法：1）"以"的后面是动词词组，不能单用动词。

2）第二个小句（以……）在形式上不出现主语，语义上的主语与前一个小句相同。

3）"……，以……"具有书面语风格。

例句：

他决定设立专门的基金，以帮助青年导演解决资金困难。

【中272】……，以便……

形式：……，以便……

意义：第一个小句说明行为动作，第二个小句（以便……）说明行为能比较容易地实现某个目的。

用法：1）"以便"的后面可以是双音节动词（例句1）、动词词组（例句2）或小句（例句3）。

2）两个小句的主语相同时，一般省略第二个小句的主语（例句2）；

两个小句的主语不同时,第二个小句的主语通常在"以便"的后面(例句3)。

3)"……,以便……"具有书面语风格。

**例句:**

1)请留下您的姓名和电话号码,以便联系。

2)双方同意面对面进行协商,以便尽快达成一致。

3)我公司会尽快回复,以便工厂安排生产。

## 【中273】……,省得……

**形式:**……,省得……

**意义:** 表示第一个小句说明行为动作,第二个小句(省得……)说明行为有意要避免的后果。"省得……"在语义上可以表示要避免资源的浪费(例句2"费电"),或者表示要避免麻烦的事情(例句1~2),"省得"意思相当于"免得"。

**用法:** 1)"省得……"多出现在复句的后一个小句。

2)"省得"后面通常是形容词性成分(例句1~2)、动词性成分(例句3~4)或小句(例句5)。

3)"……,省得……"具有口语风格。

**例句:**

1)这种人还是离远点儿,省得麻烦。

2)他把电灯关掉一半,省得又费电又刺眼。

3)我也来练练骑车,省得走路啦!

4)有事就打电话来,省得来回跑。

5)我再说一遍,省得你忘了。

## 【中274】……,免得……

**形式:**……,免得……

**意义:** 表示第一个小句说明行为动作,第二个小句(免得……)说明行为有意要避免的后果。

用法：1)"免得"的意思接近于"省得"，但如果要表示避免主观认为的严重或恐怖后果，倾向于用"免得……"。

2)"……，免得……"具有书面语风格倾向。

例句：

1)他听了这话，立即放下筷子走人，<u>免得</u>生气。

2)最好远离这几种人，<u>免得</u>影响自己的前途。

3)他想和女朋友分手，<u>免得</u>自己的病影响到她的生活。

4)过去的事谁也别再提了，<u>免得</u>想起不愉快的事。

## 7. 条件复句

条件复句的一个小句提出一种情况作为条件，另一个小句根据这个条件推论结果。有三种"条件—结果"关系：（1）条件与结果有关，假设有这个条件就会产生某种结果；（2）条件与结果有关，而且必须有这个不可缺少的条件，才会产生某种结果；（3）条件与结果无关，条件变化而结果不会受影响。

【中275】凡是……都……

形式：凡是……都……

凡是……均……

凡……就……

凡……便……

凡……没有不……

意义：表示第一个小句（凡是……）以符合某种标准、范围的事物、事件作为条件，第二个小句（都……）推论出与之相关的情况、行为或属性，作为无一例外的结果。

用法：1)"凡是、凡"在第一小句的开头，它的后面可以是名词性成分（例句1~4）、动词词组（例句5~6）或主谓词组（例句7）。第二小句常用"都、均、就、便、没有不"等，与"凡是、凡"配合使用。

2）两个小句的主语不同时，第二个小句的主语在"都"的前面（例句2）；第一个小句提到的事物是第二个小句的主语时，省略第二个小句的主语（例句1）；

3）"凡是／凡……均……""凡……"具有书面语风格。

**例句：**

1）凡是大学生，均可凭学生证享受半价优惠。

2）凡是愿意同我们合作的企业，我们都要积极联系。

3）凡签证方面的问题，都可咨询102办公室的赵老师。

4）凡是陌生电话中要你提供个人信息、银行账号和密码的，都是骗子。

5）凡是有好的事情，他都会想着我。

6）凡遇难题，他便跟同学讨论。

7）凡是公司员工来找我反映情况，都不准阻止。

8）凡与他有过合作的人，没有不称赞他的。

## 【中***】……，可见……（参见【中209】）

**形式：** ……，可见……

**意义：** 表示根据第一小句提到的情况，第二小句（可见……）从逻辑上接着推出某个原因、结论。

**用法：** "可见"的后面可以直接连接小句（例句1），也可以有短暂的停顿，书面用","表示（例句2）。

**例句：**

1）那里800户人家开了2000多家网店，可见创业的空间有多大。

2）李白在诗里写"雪花坠"，可见，那个冬天的那场雪下得又大又急。

## 【中276】假如……就……

**形式：** 假如……就……

假使……就……

若……就……（参见【中207】）

假若……就……

倘若……就……

**意义：** 第一个小句（假如／假使／假若／倘若……）提出一个非事实的条件，第二个小句（就……）推论出该条件下会出现的结果。

**用法：** 1)"假如／假使／假若／倘若"常常出现在第一个小句的开头，用一个并非真实的情况作为条件。

2) 两个小句的主语相同时，可以省略其中一个小句的主语（例句1、例句3）；两个小句的主语不同时，第二个小句的主语在"就"的前面（例句2、例句5）。

3) "假如／假使／假若／倘若……"具有书面语风格。

**例句：**

1) 假如不是亲眼看见，你就不会知道得这么详细。

2) 假如他需要帮忙，你就应该尽力地去帮他。

3) 假使你想娶她，就应该好好地对待她。

4) 你若不知道自己的无知，便是双倍的无知。

5) 假若生活能慢慢地变好，我们就先吃一点儿苦也值得。

6) 倘若有人向你请教，你就要耐心回答。

## 【中277】一旦……，……

**形式：** 一旦……，……

**意义：** 第一个小句（一旦……）的意思是"有一天……"，提出一个情况作为条件，且这个情况是不易发生或说话人不希望发生的。第二个小句指出跟随这一条件会出现的重大变化或结果。

**用法：** 1) "一旦"出现在表示条件的小句，主语可以出现在"一旦"的前面或后面（例句1~2）。

2) 两个小句的主语相同时，可以省略一个小句的主语（例句1、例句4）。

3)"一旦……"偏向于书面语风格。

例句：

1）我觉得一个人不要随便决定结婚，对感情、婚姻、家庭要有责任感，我们<u>一旦</u>结婚，一定要一生一世。

2）大家一定要注意防火，这里<u>一旦</u>发生火灾，后果会非常严重。

3）<u>一旦</u>这里发生大地震，整个小岛可能全部消失。

4）我们都是七八十岁的老人了，我们<u>一旦</u>去了不同的城市，以后就很难再见了。

## 【中 278】万一……，……

**形式**：万一……，……

**意义**：第一个小句（万一……）指出一个主观认为不太会发生的情况，第二个小句接着指出这一情况会带来的结果。

"万一……"多用于指出主观不希望发生的事情（例句1），但也可以出现主观希望发生的事情，这时句子一般会带有期待侥幸的语气（例句2）。

**用法**：1）"万一……"所提到的事情一般是说话人不能控制的，区别于"一旦……"提到的事情可以是可控的，也可以是不可控的。

2）"万一……"可以在复句中作为表示条件的第一个小句，后面接表示结果的第二个小句；也可以在对话中单独出现，且常以问句的形式出现（例句3）。区别于"一旦……"不能单独出现。

3）"万一……"偏向于口语风格。

**例句**：

1）你们放心地做试验，<u>万一</u>出了问题，我来承担责任。

2）A：你每个星期都买彩票，这简直是浪费钱。

B：谁说的？<u>万一</u>这张彩票中了奖，我们家就实现经济自由了。

3）A：你能借我三万块钱吗？等我的新公司赚了钱，马上就还你。

B：<u>万一</u>没赚到钱呢？

## 【中279】除非……才……

**形式**：除非……才……

**意义**：一定要某个条件，有这个条件才会带来某种结果。

第一个小句（除非……）表示"排除不是某个条件的情况"，第二个小句（才……）推论出有这一条件才会产生的结果。这一结构从否定反面的角度强调条件的唯一性和重要性。

**用法**：1)"除非"常位于第一个小句的开头，后面跟着所要强调的条件。

2)"除非"的后面可以出现"是……"（例句1），区别于"只有"。

3) 两个小句的主语相同时，可以省略第一个小句或第二个小句的主语（例句2）；两个小句的主语不同时，第二个小句的主语在"才"的前面（例句3）。

**例句**：

1) 除非是专家，才能解决这个难题。

2) 除非我们有足够的技术力量，才能完成这次任务。

3) 除非你劝他一下，他才会想到休息。

## 【中280】除非……否则……

**形式**：除非……否则……

除非……不然……

**意义**：表示一定要某个条件，没有这个条件就会产生相反或否定的结果。第一个小句（除非……）排除不在条件范围内的情况，第二个小句（否则/不然……）推论出没有条件就会产生的结果。这一结构从否定反面的角度强调条件的唯一性和重要性。

**用法**：1) 第一个小句中，"除非"一般位于句子开头，后面说出条件。

2)"除非"的后面可以出现"是……"（例句1），区别于"只有"。

3)"否则、不然"的后面可以有语音停顿，书面用","表示（例句3）。

4) 两个小句的主语相同时，可以省略其中一个小句的主语（例句

2）；两个小句的主语不同时，第二个小句的主语在"否则/不然"的后面（例句3~4）。

　　5）"不然"具有口语风格（例句4），也可以说成"不然的话"。

**例句：**

1）<u>除非是开车</u>,<u>否则</u>不可能带这么多东西去旅行。

2）<u>除非你停止尝试</u>,<u>否则</u>永远不会是失败者。

3）<u>除非你答应我的条件</u>,<u>否则</u>,我绝不会帮你这个忙。

4）<u>除非你有充分的理由说服他</u>,<u>不然</u>他是不会同意的。

## 【中281】……要不是……（参见p167"要不是"）

**形式：** ……要不是……

　　　　……要不是……就……

**意义：** 第一个小句（要不是……）假设某个条件不存在，第二个小句（……〈就〉……）推理出与实际情况相反的虚拟结果，从而强调条件对实际结果的决定性作用。可用于表达庆幸（例句1）、惋惜（例句2）或责怪（例句4）等主观情绪。

**用法：** 1）"要不是"的意思是"如果不是"，常位于第一个小句的开头。

　　2）"要不是"的后面可以是主谓词组（例句1）、动词词组（例句2~3）、名词性成分（例句4）。

　　3）第二个小句可以用"就"使小句间的语义关系更加明显（例句2~4）。

　　4）两个小句的主语不同时，第二个小句的主语在"就"的前面（例句2）；两个小句的主语相同时，可以省略其中一个小句的主语（例句3）。

**例句：**

1）<u>要不是</u>他把我拉住，我可能要摔下山去了。

2）<u>要不是</u>下雨，我们早<u>就</u>出门了。

3）<u>要不是</u>没完成作业，你九点<u>就</u>能睡觉了。

4）<u>要不是</u>你，我的车<u>就</u>不会丢了。

**【中 282】……不然……**

形式：……不然……

　　　……要不然……

　　　……要不……（参见【中 208】）

　　　……否则……

意义：第一个小句以某个已发生的事情或实际情况作为条件，第二个小句（不然／要不然……）转而指出如果没有这一条件可能会出现的结果，通过否定虚拟的结果来强调条件的唯一性和决定性作用。

用法：1)"不然／要不然／否则"出现在第二个小句的开头（例句1），和后面的小句之间可以有短暂的语音停顿，书面用"，"表示（例句2）。

　　　2）两个小句的主语不同时，第二个小句的主语在"不然"的后面（例句1、例句3）；两个小句的主语相同时，可以省略第二个小句的主语（例句4）。

　　　3）第一个小句可以用"幸亏、幸而"等副词，表示庆幸有利条件的存在（例句3）。

　　　4）"不然、要不然、要不"具有口语风格。

例句：

1）妈妈及时叫醒了孩子，<u>不然</u>他就迟到了。

2）朋友请你帮忙，你也要看看是什么事情，<u>不然</u>，也许会帮忙做了坏事。

3）<u>幸亏</u>警察及时赶到，<u>不然</u>后果无法想象。

4）导演实在太想拍这部电影了，<u>要不然</u>不会拿出自己所有的钱。

5）签合同前请仔细阅读，<u>否则</u>可能会造成极大的损失。

**【中 283】不管……都／也……**

形式：不管……都／也……

不论……都/也……

无论……都/也……

意义：第一个小句（不管/不论/无论……）以情况的任何变化作为条件，第二个小句（都/也……）指出事情不会随之变化，从而强调结果不受此条件影响。

用法：1)"不管/不论/无论……"用疑问形式来表示条件覆盖很大的程度、范围，疑问形式包括疑问词（例句1）、正反疑问（例句2）或选择疑问（例句3）。

2) 两个小句的主语相同时，可以省略其中一个小句的主语（例句2~3）；两个小句的主语不同时，第一个小句的主语在"不管/不论/无论"的后面，第二个小句的主语在"都/也"的前面（例句4）。

3) "无论/不论……都/也……"具有书面语风格。

例句：

1) <u>不管</u>谁打电话找我，你<u>都</u>说我不在。

2) 他的性格不好，<u>不论</u>他现在有没有女朋友，到最后<u>也</u>是单身。

3) A：<u>无论</u>疾病还是健康，<u>无论</u>贫困还是富有，你<u>都</u>愿意娶她为妻吗？

　　B：我愿意。

4) <u>不论</u>人们是否认识经济规律，它<u>都</u>对社会生活产生作用。

【中284】任……都……

形式：任……都……

　　　任……也……

意义：第一个小句（任……）以事物、行为的任何状态、变化作为条件，第二个小句（都/也……）指出事情不会随之变化，从而强调结果不受此条件影响。

用法：1)"任"位于第一个小句的开头。"任……"可以用疑问形式表示条件覆盖很大的程度、范围，但只能用疑问词（例句1~2），区别于"不管/无论……";也可以用表示极致的事物或情况来表示条件覆盖很大的程度、范围(例句3)。

2)两个小句的主语相同时,通常省略第二个小句的主语(例句1);两个小句的主语不同时,第二个小句的主语在"都/也"的前面(例句2~3)。

**例句:**

1)<u>任</u>你是谁,<u>也</u>躲不过生老病死。
2)<u>任</u>朋友怎么说,他<u>都</u>听不进去。
3)<u>任</u>校长、市长来邀请,他<u>也</u>不会给面子,坚决不去。

## 8. 让步复句

这种复句先表示接受某个不理想的条件(即所谓"让步"),接着指出结果仍无变化。多用于强调结果稳定不变或条件没有影响。

**【中285】即使……也……**

**形式:** 即使……也……

**意义:** 第一个小句(即使……)表示接受一个程度过高或过低的不理想情况,第二个小句(也……)指出结果或结论没有变化,用来强调结果或结论不变。

**用法:** 1)第一个小句(即使……)的主语一般在"即使"的后面(例句1、例句3),也可以在前面(例句4)。

2)两个小句的主语相同时,可以省略第一个小句或第二个小句的主语(例句1~2、例句4);两个小句的主语不同时,第一个小句的主语在"即使"的后面,第二个小句的主语在"也"的前面(例句3)。

例句：

1）即使机器能够解决任何问题，也永远不可能提出一个问题。

2）即使已经被拒绝一百次，我也绝不放弃。

3）即使困难再大，我们也要想办法解决。

4）他这样的人即使是一个天才，也可能过不好这一生。

## 【中286】就算……也……

**形式**：就算……也……

就是……也……

**意义**：第一个小句（就算……）接受一个主观认为程度过高或过低的不理想情况，第二个小句（也……）指出结果或结论没有变化，用来强调结果或结论不变（例句1），或者条件没有影响（例句2）。

**用法**：1）第一个小句的主语可以在"就算/就是"的前面，也可以在后面（例句1~2）。

2）"就算/就是"的后面可以出现小句（例句1）、动词性成分（例句2~5），"就是"的后面还可以出现名词性成分（例句6）。

3）两个小句的主语相同时，可以省略其中一个小句的主语（例句3）。

4）"就算/就是……也……"具有口语风格。

5）"就算……"中的事物或动作常常具有"极高量"的特征，多带有较为明显的主观色彩，区别于"即使……"具有"很少有"这一语义特征（例句4）。

例句：

1）就算我原谅你，你所造成的伤害也不可能消失。

2）公司就是不发工资，我也愿意留下来，跟大家一起克服眼前的困难。

3）你们就算经过这次的系统培训，也不可能立刻完全掌握这个软件的使用方法。

4）就算下特大暴雨，也挡不住球迷看比赛的热情。

5）就算是陌生人，得到别人帮助时也会说一声"谢谢"吧。

6）就是经验丰富的工程师，也会觉得这个项目不容易完成。

【中287】哪怕……也……

形式：哪怕……也……

哪怕……还……

哪怕……都……

意义：第一个小句（哪怕……）接受一个程度过高或过低的假设情况，第二个小句（也/还/都……）指出结果或结论没有变化，用来强调结果、结论不变（例句1），或者条件没有影响（例句2）。

用法：1）"哪怕……"提到的事情一般是假设的，区别于"即使/就算……"提到的事情可以是真实的或假设的。

2）第一个小句"哪怕……"的主语可以在"哪怕"的前面（例句2），也可以在后面（例句1）。

3）"哪怕"的后面可以出现小句（例句1）、动词性成分（例句2）或者名词性成分（例句3）。

4）两个小句的主语相同时，可以省略其中一个小句的主语（例句1～2、例句4）。

5）"哪怕……也/还/都……"具有口语风格。

例句：

1）哪怕你再有能力，也不可能一个人活在这个世界上。

2）我们哪怕花光家里所有的钱，也要给你治病。

3）考试的时候一定要认真，哪怕一个句号、一个数字，也不能写错或写漏。

4）哪怕在小说里，你也不可能找到完美的人。

## 9. 转折复句

转折复句的小句间具有转折关系，即第一个小句先说一种情况，第二个小句转而强调存在着与之相对或相反的情况。

【中 \*\*\*】……，倒……（参见【中 147】）

形式：……，倒……

　　　……，倒是……

意义：第一个小句先说明某个情况，第二个小句（倒/倒是……）转而说明与之相反的情况。

用法：1)"倒/倒是"出现在后一个小句中，意思相当于"却、反而"。

　　　2) 小句主语相同，省略第二个小句的主语（例句 2、例句 4）。

　　　3) "倒"只能出现在主语的后面（例句 1），"倒是"可以出现在小句主语的前面或后面（例句 3、例句 5）。

　　　4) "……，倒/倒是……"具有口语风格。

例句：

1) 该来的不来，不该来的倒来了。
2) 你们看起来不像父子，倒像兄弟。
3) 孩子不来看他，倒是邻居常常上门照顾、帮忙。
4) 这位外国朋友不喜欢西方的油画，倒是对中国的水墨画很感兴趣。
5) 我对他关心不够，他倒是常常想着我。

【中 288】虽说……可是……

形式：虽说……可是……

　　　虽说……但是……

　　　虽说……不过……

意义：第一个小句（虽说……）先承认/接受某个事情或情况，第二个小句（可是/但是/不过……）转而强调相对或相反的情况。

用法：1）两个小句的主语相同时，第二个小句的主语一般省略（例句1）。

2）"虽说……"也可以说"虽说是"，具有口语风格。

例句：

1）她们<u>虽说</u>是亲姐妹，<u>可是</u>一点儿也不像。

2）<u>虽说</u>他还是个孩子，<u>可是</u>你不能轻视他。

3）外卖<u>虽说</u>方便很多，<u>但是</u>存在的卫生问题也很大。

4）<u>虽说</u>是朋友多了路好走，<u>不过</u>这种人还是离远点儿吧。

## 【中289】虽……却……

形式：虽……却……

虽……但……

虽……可……

虽……也……

意义：第一个小句（虽……）先承认/接受某个事情或情况，第二个小句（却/但/可/也……）转而强调存在着与之相对或相反的情况。

用法：1）"虽"只能出现在主语的后面，区别于"虽然"可以出现主语的前面或后面。

2）两个小句的主语相同时，可以省略其中一个小句的主语（例句1、例句3、例句5）；两个小句的主语不同时，第二个小句的主语在"却/也"的前面（例句2），或者"但/可"的后面（例句4）。

3）"虽……"具有书面语风格。

例句：

1）建筑队人员<u>虽</u>不足80人，<u>却</u>在短短五年内建成了五个饭店。

2）生活有时<u>虽</u>关上了一扇门，其他的门<u>却</u>为你开着。

3）<u>虽</u>仍落后8分，<u>但</u>我们球队逐渐适应了对方的打法。

4）这个单位<u>虽</u>在市区，<u>可</u>我找了三个多小时。

5）童年<u>虽</u>好，<u>也</u>只剩回忆和怀念了。

【中290】……其实……（参见 p126 "其实"）

形式：……其实……

意义：第一个小句提出某种情况，第二个小句（其实……）转而指出与之相对或相反的实际情况，表示主观上强调对上文进行修正或补充。

用法：1）"其实"可以出现在主语的前面或后面。

2）两个小句的主语相同时，一般省略第二个小句的主语（例句1）；两个小句的主语不同时，第二个小句的主语一般在"其实"的后面（例句2～3）。

例句：

1）这个动作看起来很难，其实做起来很简单。

2）她总说家里人不关心她，其实孩子们每个星期都去看她。

3）人们都说春城昆明是冬季旅游的理想选择，其实四百多年前的徐霞客也知道。

【中291】……仍然……

形式：……仍然……

……仍旧……

……仍……

意义：第一个小句提出某种情况，第二个小句（仍然/仍旧/仍……）转而强调某行为、状态等维持原样，并不受这一情况影响。

用法：1）"仍然/仍旧/仍……"前面可以出现"可是/但是/但/却"等凸显转折关系的词语。

2）两个小句的主语相同时，一般省略第二个小句的主语（例句1、例句3）；两个小句的主语不同时，第二个小句的主语一般在"仍然/仍旧/仍……"的前面（例句2、例句4）。

3）"仍然"具有口语风格，"仍、仍旧"具有书面语风格。

例句：

1）他每次去都穿得很厚，仍然冻得全身发冷。

2）他又问了一声，售货员仍然没有理他。

3）他似乎没听见，仍旧低头写着什么。

4）他心里很不满意，但态度仍很客气。

## 【中292】……反而……（参见 p135"反而"）

形式：……反而……

不但……反而……

意义：第一个小句提出某种情况（……）或否定按理应该出现的情况（不但……），第二个小句（反而……）转而指出与之有关但违反常理的情况。从而说明根据事理应该出现的没出现，而实际出现的是不合理的相反情况。

用法：1）两个小句的主语不同时，第二个小句的主语一般在"反而"的后面（例句1），也可以在"反而"前面（例句2）；两个小句的主语相同时，一般省略第二个小句的主语（例句3）。

2）"不但"的后面为否定形式"不/没有……"（例句3）。

例句：

1）没怎么打扮的姐姐自信大方，反而仔细打扮过的妹妹看起来没有自信。

2）我已站在你面前了，为什么你反而不说了？

3）丢车票的人不但没有着急，反而笑了。

## 【中293】固然……但是……

形式：固然……但是……

固然……可是……

固然……不过……

意义：第一个小句（固然……）先承认他人提出或公认的事实事理是对的，第二个小句（但是/可是/不过……）转而肯定与这一事实预期相对、相反的其他情况，从而表示主观上更加接受后面的情况。

两个小句提到的情况存在对立矛盾关系（区别于"固然……也……"）。

用法：1)"固然"出现在第一个小句的主语和谓语之间。

2)"但是"的转折语气较重，"可是/不过"转折语气相对较轻。

3)两个小句的主语相同时，一般省略第二个小句的主语（例句1）；两个小句的主语不同时，第二个小句的主语一般在"但是/可是/不过"的后面（例句2~3）。

例句：

1)他固然谈得比较少，但是认真记下了大家的很多意见。

2)得到幸福固然不易，可是保持幸福更难。

3)租来的房子固然是别人的，不过生活是你自己的。

【中294】固然……也……

形式：固然……也……

意义：第一个小句（固然……）先确认他人提出或公认的某个事实是对的，第二个小句（也……）转而追加与之相关的其他事实，从而表示主观上更加接受后面的情况。两个小句提到的事实不存在矛盾关系（区别于"固然……但是……"）。

用法：1)"固然"出现在第一个小句的主语和谓语之间。

2)两个小句的主语相同时，一般省略第二个小句的主语（例句1）；两个小句的主语不同时，第二个小句的主语在"也"的前面（例句2）。

例句：

1)这其中固然有道德问题，也有法律问题。

2)你说的固然没错，他说的也有道理。

【中295】尽管……，但是……

形式：尽管……，但是……

尽管……，可是……

尽管……，还是……

**意义**：第一个小句（尽管……）先对某件事或某个情况表示接受、承认，第二个小句（但是/可是/还是……）转而肯定相对或相反的其他情况。

**用法**：1）"尽管"出现在第一个小句主语的前面。

2）两个小句的主语相同时，一般省略其中一个小句的主语（例句2~3）。

3）在特定语境中，"尽管……"作为第二个分句出现，表示追补一个与上文预期相反的情况（例句3）。

**例句**：

1）<u>尽管</u>卖出去的产品在减少，<u>但是</u>公司的利润仍在上升。

2）<u>尽管</u>大家什么都没说，<u>可是</u>心里都明白问题出在哪儿。

3）<u>尽管</u>已经是中年人，<u>可是</u>他还像少年一样对生活充满热情与好奇。

4）我们总是有说不完的话，<u>尽管</u>天天见面。

## 【中***】……，而……（参见【中198】）

**形式**：……，而……

**意义**：第一个小句先说明某个情况，第二个小句（而……）转而说明与之相反的情况。

**用法**：1）"而"出现在第二个小句主语的前面。

2）小句主语相同时，省略第二个小句的主语（例句2）。

3）"……，而……"具有书面语风格。

**例句**：

1）世界很大很大，<u>而</u>我只想留在有你的地方。

2）他的音乐在今天大受欢迎，<u>而</u>当时竟得不到人们的称赞。

## 【中296】……，则……

**形式**：……，则……

……，而……则……

**意义**：第一个小句先说明某人或事物的情况，第二个小句（则……）转而说明另一人或事物与前者相反或不同的情况。

用法：1）两个小句主语不同，"则"出现在第二个小句主语的后面。

2）第二个小句的开头可以出现"而"

3）"……，则……"具有书面语风格。

例句：

1）兄弟俩一动一静，哥哥爱好文学，<u>而</u>弟弟<u>则</u>喜欢歌舞。

2）黑棋夺得胜利，白棋<u>则</u>输得很惨。

3）酒瓶里存放红酒要用木头塞子，<u>而</u>白酒<u>则</u>不需要。

【中297】……，就是……

形式：……，就是……

意义：第一个小句先说明某个具有积极义的情况，第二个小句（就是……）接着同一话题，补充一个具有消极义的相关情况。用来表示遗憾或美中不足。

用法：1）"就是"出现在小句主语的前面。

2）小句主语相同时，省略第二个小句的主语（例句2）。

3）在对话中，"就是……"可以单独出现，表示接着对方具有积极义的话，说出一个具有消极义的相关情况（例句3）。

4）"……，就是……"具有口语风格。

例句：

1）这件衣服质量不错，式样也好看，<u>就是</u>价格太高了。

2）你的设计方案很有创意，<u>就是</u>很难实现。

3）A：这个房间不错，正对花园。

B：<u>就是</u>太小了。要不看看双人间？

# 10. 紧缩复句

一个完整的复句由两个或两个以上的小句组合而成，小句间有语音停顿，通常还有形式上的关联标记（关联词语）。但在实际的语言交际中，如果小句间的逻辑关系明确，并有某些相同的句法成分，受汉语经济性原则的影响，这些相同成分可能被省略，导致句子长度缩减；同时，小句间的语音停顿消失（书面上取消逗号分隔），句子形式更加紧凑，由此形成了紧缩复句。

紧缩复句虽然长度和结构类似单句，但仍保持着说明逻辑语义关系的表达功能。因此，其内部仍存在并列、承接、递进、因果、条件或转折等逻辑语义关系，并且很多时候保留着相应的关联词语。跟一般复句相比，紧缩复句在表达上更加紧凑、明快，是汉语的经济性和精练表达的体现。

【中 298】不……也不……

形式：不……也不……

意义：并列复句的一种紧缩形式。表示同时否定两种性质或行为。

用法："不"的后面可以是动词性成分或形容词性成分。

例句：

1）你<u>不</u>说<u>也不</u>写，怎么能学会汉语？

2）他对女孩儿<u>不</u>主动<u>也不</u>拒绝。

【中 299】是……还是……

形式：是……还是……

　　　　……还是……

意义：并列复句的一种紧缩形式。表示两种可选择的情况或行为。

用法：1）"是……还是……"带有疑问语气。

　　　2）"是"在紧缩复句中常常省略。

例句：

1）老人的病情得告诉他本人，<u>是</u>你说<u>还是</u>我说？

2）打电话<u>还是</u>写邮件，你自己决定吧。

【中 300】只……不……

形式：只……不……

意义：并列复句的一种紧缩形式。表示肯定只有一种情况或行为，同时否定另一种情况或行为。

**用法**："只、不"的后面是动词性成分。

**例句**：

1）最近几年学习汉语的人数持续上升，"汉语热"<u>只</u>增<u>不</u>减。

2）你不应该<u>只</u>问结果<u>不</u>看过程。

## 【中 301】不……不……

**形式**：不……不……

　　　　不……别……

**意义**：1）假设性条件复句的一种紧缩形式。意思是"如果不……，就不……"。区别于表示并列关系的连动结构"不……不……"（如"不哭不闹"）。

　　　2）第二个小句常用"不行、不成"做谓语来表达"如果没有某个行为或某件事作为条件，情况就不可接受"（例句3）。

**用法**："不"的后面可以是动词性成分或形容词性成分。

**例句**：

1）A：你的西瓜甜不甜？<u>不</u>甜我<u>不</u>要啊！

　　B：您放心。<u>不</u>甜<u>不</u>要钱。

2）A：昨天我看见你跟一个女孩儿一起打球。是你女朋友吧？

　　B：你<u>不</u>知道<u>别</u>乱说。她是我妹妹！

3）A：为了赶时间，他已经连续工作了40个小时。

　　B：快让他回家睡觉，人<u>不</u>休息<u>不</u>行。

## 【中 302】没……不……

**形式**：没……不……

　　　　没……别……

**意义**：1）假设性条件复句的一种紧缩形式。意思是"如果没有……，就不……"。

　　　2）第二个小句常用"不行、不成"做谓语来表达"如果没有某人或事物作为条件，情况就不可接受"（例句1）。

用法："没"的后面是名词性成分，"不"的后面是动词性成分或形容词性成分，"别"的后面是动词性成分。

例句：

1）A：总是说"钱、钱、钱"，你就那么爱钱吗？

B：我不是爱钱，而是生活里没钱不行啊！

2）工作很忙，身体需要时间休息。两个人也需要时间互相了解。现在我的体会就是：没时间别谈恋爱。

## 【中 303】不……也……

形式：不……也……

意义：具有让步性条件关系的紧缩复句。第一部分"不……"提出否定某种行为状态的假设条件，第二部分（也……）强调另一个行为、事情不受否定条件的影响。

用法：1）主语在"不……"的前面。

2）两个部分的主语相同（例句1）或相关（例句2）。第二个小句的主语省略。

例句：

1）为了活下去，你不想干也得干。

2）你的想法不对也可以说出来。

## 【中 304】再……也……

形式：再……也……

意义：具有让步性条件关系的紧缩复句。第一部分"再……"假设动作重复多次或状态达到很高程度，第二部分"也……"指出结果仍是某种情况，从而强调这个结果不受条件影响，稳定不变。

用法：1）"再+动词+也……"表示动作重复多次，情况依然不受影响（例句1）；"再+形容词+也……"表示性质状态达到较高程度，情况依然不受影响（例句2）。

2）两个小句的主语不同时，第一部分"再……"的主语位于"再"的前面，第二部分"也……"的主语位于"也"的前面（例句1）；两个部分的主语相同时，一般省略第二部分的主语（例句2），也可以省略第一部分的主语（例句3）。

**例句：**

1）妈妈<u>再</u>说他<u>也</u>听不进去。

2）个人<u>再</u>厉害<u>也</u>比不过好团队。

3）<u>再</u>生气你<u>也</u>不能说这样伤人的话。

## 【中305】非……不……

**形　式：** 非……不……

**意　义：** 具有推知性条件关系的紧缩复句，表示"如果不是……，就不……"。这个结构用来表达对条件的强烈肯定，强调条件在情理、事理上必不可少（例句1~2），或者主观上对条件的坚持（例句3）。

**用　法：** 1）主语在"非……"的前面。

2）"非"的后面可以是动词性成分（例句1），也可以是名词或代词（例句2~3）。

**例句：**

1）他知道这次错得厉害，<u>非</u>道歉<u>不</u>能得到原谅。

2）这里是厨房，<u>非</u>工作人员<u>不</u>得入内。

3）我<u>非</u>你<u>不</u>娶，这是我对你的承诺。

## 【中306】非……不可

**形　式：** 非……不可

　　　　非……不行

　　　　非……不成

**意　义：** 表示"一定要、一定会、必须有"。用双重否定的形式，表示对某些人、事、行为的强烈肯定。

用法：1）这一结构属于具有推知性条件关系的紧缩复句。这一结构用来表达（克服不利条件）主观坚持的强烈意愿（例句1），也可以表达客观必需的条件（例句2），或者推测某种（不太满意）结果的必然发生（例句3）。

2)"非……不可/不行/不成"偏向于口语风格。

例句：

1）对手为什么会知道他的计划，他决定非弄清楚不可。

2）您是我们公司的投资人，所以明天的开业典礼，您非去不行。

3）你们不注意安全，非出事不可。

【中307】没有……就没有……

形式：没有……就没有……

没有……就不……

意义：具有假设性条件关系的紧缩复句。第一部分"没……"以假设某人、某物或某状态特征不存在为条件，第二部分"就没有……"推论出另一个事物或者状态随之不存在，从而强调条件对结果有很大的影响力。

用法：1）"没有 + 名词/名词词组 + 就没有 + 名词/名词词组"强调事物对另一事物的影响（例句1~2）；"没有 + 名词/名词词组 + 就不 + 形容词词/形容词词组"强调事物对某种性质状态的影响（例句4）。

2）两个小句的主语不同时，第一部分的主语位于"没有"的前面，第二部分的主语位于"就没有"的前面（例句1）；两个部分的主语相同时，一般省略第一部分或第二部分的主语（例句3~4）。

例句：

1）生活没有希望，个人就没有幸福。

2）没有家人的爱就没有温暖的亲情。

3）你没有信用就没有朋友。

4）没有和平，世界就不美好幸福。

**【中 308】愈……愈……**

形式：愈……愈……

　　　愈是……愈是……

意义：具有条件关系的紧缩复句。第一部分"愈/愈是……"以某事物状态程度或动作频率加深为条件，第二部分"愈/愈是……"推论出另一种情况的程度随之加深，从而强调事物的状态或动作对结果有巨大的影响力。

用法：1）"愈/愈是"的后面可以是动词性成分（例句1～3）、形容词性成分（例句3～4）。

2）两个部分的主语相同时，主语位于第一个"愈/愈是"的前面（例句1）；两个小句的主语不同时，两个部分的主语分别位于两个"愈/愈是"的前面（例句2）。

3）"愈……愈……""愈是……愈是……"具有书面语风格，区别于"越……越……""越是……越是……"具有口语风格。

**例句：**

1）我愈学愈发现自己的无知。

2）人们愈安慰，她愈哭得厉害。

3）我爸爸是个心理学家，他愈是生气愈是冷静。

4）愈是寒冷，梅花愈是格外精神。

# 第二十二章　类固定词组

每个语法单位都有特定的信息容量，但在语言交际中，由于特定的表达需要，有时要用一个更简短的形式（甚至是下级语法单位的形式）来表达等量的信息，因此会带来语言结构上的"紧缩"。在汉语中，除了句子层面的紧缩，词组也存在紧缩的结构——类固定词组。

类固定词组是一种介于固定词组与自由词组之间的特殊词组。它在结构形式上类似于固定词组，有固定的构造模式和标记，多为四音节组合，具有节奏感和韵律美；在语义表达上类似于自由词组，能更换其中的某些成分，从而能根据语境较为自由地表达较为丰富的信息，是固定词组的"活用"。

正确使用类固定词组，既要求掌握其结构规律和形式标记，又需要发挥个人在语义表达上的创造性，因此是汉语语法教学的难点之一，具有一定的教学价值。

### 【中309】大A大B

**意义**：概括地表示某类规模大的事物、强度大的动作，或程度比较深的性质。

**用法**："大"的后面一般是名词（例句1）、动词（例句2），也可以是形容词（例句3）。

**例句**：

1）即使没有<u>大鱼大肉</u>，家常菜也可以吃得很舒服。

2）情绪失去了控制，他开始对着司机<u>大喊大叫</u>。

3）周瑜在这场战斗中有<u>大智大勇</u>的表现，这使他成了著名的历史人物。

【中310】东A西B／东一A西一B

意义：表示动作在一个较广的范围内多次反复（例句1～3），或事物在一个较广的范围内无序出现（例句4～6）。

用法："东、西"的后面可以是相同或语义相近的动词性成分（例句1～3）、数量词组（例句4～5）、名词词组（例句6）。

例句：

1) 他在外面东躲西藏多年，最终还是被警察抓住了。
2) 王小姐很喜欢逛街，即使什么也不买，也要在街上东看看西瞧瞧，一直到太阳落山才回家。
3) 他喝醉了，东一拐西一转地走着，差点儿掉进路边的水沟里。
4) 她说话缺乏逻辑，东一句西一句。
5) 复习的时候要系统地整理知识，不要东一下西一下，最后什么都没记住。
6) 看看你的房间，东一堆书西一堆书。就不能整理一下，放到书架上吗？

【中311】不A不B

意义：表示程度在A、B两种性质之间，用来表达程度适中（例句1）或对性质状态的不满（例句2）；也可以表示不做A、B一类的行为（例句3）。"不A"和"不B"的语义是并列关系。

用法：1) "不"的后面是语义相对的形容词，或语义相关的动词。
2) "不A不B"具有口语风格。

例句：

1) 售货员递给我的鞋不大不小，正合适。
2) 这样打扮不男不女，还是赶紧把衣服换了吧。
3) 孩子病得厉害，他却不管不顾。

【中312】多A多B

意义一：表示事物A多就会使事物B多。"多A"和"多B"在语义上是"条件—结果"关系。用来强调条件A具有重要的影响。

**用法：**"多"的后面是语义相近或相关的名词性成分。

**例句：**

1）在中国传统文化中，石榴象征着"多子多福"。

2）我报名做志愿者，其实就是想着多一个人多一份力量。

**意义二：** 表示某类事物或相关事物A、B数量多。"多A"和"多B"的语义是并列关系。

**用法：**"多"的后面是语义相近的名词性成分。

**例句：**

3）幼儿园的老师会画画儿、唱歌、跳舞、讲故事，真是多才多艺。

4）祝您在新的一年平安健康，多财多福，心想事成！

## 【中313】各A各的

**意义：** 意思是不同的人或事物有不同的情况或行为。用来强调个体的差别，说明"每个都不相同"。

**用法：** A一般是单音节动词，它的宾语可以出现在"各的"的后面（例句1），如果根据上下文可以确定这个宾语，"各的"后面的宾语也可以省略（例句2）。

**例句：**

1）幸福的家庭都是一样的，不幸的家庭各有各的不幸。

2）考试的时候，只能各写各的，不要看其他同学的试卷。

## 【中314】忽A忽B

**意义：** 意思是一会儿是情况A，一会儿是情况B。表示两种情况反复交替出现，用来说明事物或事情没有规律、不稳定或富有变化。

**用法：**"忽"的后面一般是语义相反的形容词（例句1）、动词（例句2）或名词（例句3），也可以是语义相近的词语（例句4"忽喊忽叫"）。

**例句：**

1）血压忽高忽低，可能是一些常见疾病造成的。

2）人一旦有了期待，心情就会忽起忽落。

3）他的选择忽左忽右，总是随便改变想法。

4）坐过山车的时候，我们忽上忽下，忽左忽右，忽喊忽叫，真是又刺激又好玩儿。

## 【中315】或A或B

**意义**：意思是"或者A，或者B"，表示实际情况或可能的选择是A和B中的一个（例句1），或者表示A、B所代表的情况（例句3）。

**用法**：1）A、B一般是形容词、动词、名词等（例句1~4），也可以是词组（例句5~6），它们在语义上可以是相对、相反的关系（例句1~4），也可以是并列关系（例句5~6）。

2）"或A或B"偏向于书面语风格。

**例句**：

1）这件事或对或错，你总要做出判断。

2）其实人的两只脚或多或少存在大小差别，并非完全一样。

3）人生一路，或哭或笑，或喜或悲，总有风雨阳光相随。

4）出国留学，总会遇到或这或那的麻烦，我们要学着去解决，学着去调整。

5）房间里陆续来了不少人，或三个或五个彼此交谈着，还不时发出一阵笑声。

6）或在田间或在河边，或在山里或在树尖，春天的绿一点儿点儿、一片片，映入我们眼底，来到我们心里。

## 【中316】A来A去

**意义**：表示动作或状态在持续与反复的过程中。下文一般接着说出后续的结果（例句2~3）或原因（例句1）。

**用法**："来、去"的前面常常是单音节动词（例句1~2），也可以是双音节动词（例句3）。

**例句：**

1）优秀员工留不住，说<u>来</u>说<u>去</u>无非就是钱没给够。

2）我才发现，女朋友挑<u>来</u>挑<u>去</u>，原来最初的"她"才是最合适的人。

3）为了给孩子取名字，一家人商量<u>来</u>商量<u>去</u>，还是没有想到一个好名字。

## 【中 317】连 A 带 B

**意义**：表示两个动作同时发生（例句1），或者表示包括两个事物或行为（例句2~3）。

**用法**："连、带"的后面可以都是动词（例句1、例句3），或都是名词（例句2）。

**例句：**

1）爸爸突然拿出了礼物，女儿激动得<u>连</u>蹦<u>带</u>跳。

2）这条山路特别难走，一不小心就可能<u>连</u>人<u>带</u>车翻下山去！

3）<u>连</u>理发<u>带</u>染发，您一共消费了500元。

## 【中 318】没 A 没 B

**意义一**：表示没有 A，也没有 B（例句1）；或者没有 A、B 所代表的某一类事物（例句2）。

**用法**：1）A、B 可以是名词，也可以是动词。

2）"没 A 没 B"倾向于口语风格。

**例句：**

1）老头儿<u>没</u>儿<u>没</u>女，一个人住在这个小房子里。

2）家里<u>没</u>吃<u>没</u>喝，我们又不太会用手机，怎么办？

**意义二**：表示不区分 A、B。常用来评价某种行为、做法，多带贬义。

**用法**："没 A 没 B"倾向于口语风格。

**例句：**

3）你<u>没</u>日<u>没</u>夜地工作，要注意休息啊！

4）小伙子说话<u>没</u>轻<u>没</u>重，让领导很生气。

## 【中 319】说 A 就 A

**意义**：意思是提到一个行为马上就去做，表示动作出现或变化得快。

**用法**：1)"说、就"的后面是相同的动词或形容词。

2)"说 A 就 A"倾向于口语风格。

**例句**：

1) 那么贵的手机，<u>说不要就</u>不要了？

2) 真想来一次<u>说走就走</u>的旅行！

## 【中 320】无 A 无 B

**意义一**：表示没有 A，也没有 B（例句 1~2）；或者没有 A、B 所代表的某一类事物（例句 3）。

**用法**：1) A、B 可以分别是两个词（例句 2），也可以是一个双音节合成词的两个部分（例句 1、例句 3 "无依无靠"）。

2) "无 A 无 B"倾向于书面语风格。

**例句**：

1) 这位科学家认为宇宙可能在重复循环，<u>无始无终</u>。

2) 两人结婚 11 年，虽<u>无儿无</u>女，却依旧幸福甜蜜。

3) 地震夺走了孩子的所有亲人，从此他<u>无依无靠</u>，<u>无亲无故</u>。

**意义二**：表示不区分 A、B。

**用法**：1) A、B 可以是形容词或名词，语义上常常具有相反、相对的关系。

2) "无 A 无 B"倾向于书面语风格。

**例句**：

4) 法律面前人人平等，<u>无贵无贱</u>！

5) 他人和自我都是世界的一部分，整体来看，世界是<u>无人无</u>我的。

**意义三**：表示"如果没有 A，就没有 B"。

**用法**："无 A 无 B"倾向于书面语风格。

**例句**：

6) <u>无舍无得</u>，若不放弃一些东西，你又怎么会有所得？

【中 321】一 A 一 B

意义一：表示 A、B 同时存在（例句 1～2）、交替重复（例句 3），也可以表示 A、B 所代表的某一类行为或事物（例句 4）。

用法：1）A、B 可以是动词、名词、形容词；主要是单音节词，也可以是双音节词（例句 5）。

2）"一 A 一 B"偏向于书面语风格。

例句：

1）银行门口一左一右立着两只石狮子。

2）这两人一高一矮，一胖一瘦，却是无话不说的好朋友。

3）一问一答式的聊天儿很容易让人不舒服，难以实现交流和沟通的目的。

4）他的一举一动都跟他爸爸很像。

5）公众人物要特别注意自己的形象，一举手一投足都会让很多人关注。

意义二：表示 A 拥有或具有 B 的特点。

用法：1）A、B 一般是名词。

2）"一 A 一 B"具有书面语风格。

例句：

6）汉字有很长的历史和深厚的文化，可以说一字一故事。

7）一花一世界，说的就是再微小的事物也是一个大大的世界。

【中 322】以 A 为 B

意义：意思是把一个东西当成……，用来说明给事物某种角色、地位、作用等。

用法：1）"以、为"的后面是名词性成分。

2）否定形式是"不以 A 为 B"。

3）"以 A 为 B"具有书面语风格。口语里说"拿 A 当 B"。

例句：

1）我们学院的学生以留学生为主。

2）在任何时代，商业都是以客户为中心。

3）她多次以考试为借口，拒绝对方的邀请。

4）德国哲学家康德的观点是"以人为目的，不以人为手段"。

## 【中 323】有 A 有 B

**意义一**：表示同时有 A、B（例句 1），或有 A、B 所代表的某一类事物（例句 3）。

**用法**：1）A、B 可以分别是两个词（例句 1～3），也可以是一个双音节合成词的两个部分（例句 4）。

2）"有 A 有 B"偏向于口语风格。

**例句**：

1）他们家有儿有女，组成一个"好"字。

2）一家人有说有笑地吃着饭，大家都很珍惜这样的幸福时光。

3）人这辈子有吃有喝就行了，其他都不重要。

4）就算是一个人，她照样可以把生活过得有滋有味。

**意义二**：表示在一组相关的行为、事物 A、B 中，强调有 A 也要有 B。

**用法**：1）A、B 可以是动词（例句 5），也可以是名词（例句 6）。

2）"有 A 有 B"偏向于口语风格。

**例句**：

5）有借有还，再借不难。

6）认真做事的人，能把事情处理得有头有尾。

**意义三**：表示有用 A、B 所比喻的某种事物。

**用法**：1）A、B 一般是名词；常常是单音节词，也可以是双音节词（例句 8）。

2）"有 A 有 B"偏向于口语风格。

**例句**：

7）奥运冠军也是有血有肉的人，他们是凭着顽强拼搏的运动精神拿下金牌的。

8）这件事被大家说得有鼻子有眼，我差点儿就以为是真的了。

【中 324】A 这 A 那

意义：表示动作多次发生，并涉及很多事物、对象。

用法："这、那"泛指各种人或事物。它们的前面一般是相同的单音节动词，也可以是双音节动词，还可以用动词重叠的形式。

例句：

1）有的女人刚怀孕的时候，总是想吃这吃那。

2）整天看你们讨论这讨论那，我觉得自己就像个局外人。

3）小孩子第一天到幼儿园，心里充满了好奇，喜欢摸摸这摸摸那。

【中 325】左 A 右 B

意义：可以表达动作交替发生或反复持续多次，也可以表示事物数量多。

用法：1）A、B 常常是相同的词语（例句 1~3），也可以是意思相近或表示同类的词语（例句 4~5）。

2）A、B 可以是动词性成分（例句 1~3），或"一 + 量词"（例句 5），也可以是名词性成分（例句 4）。

例句：

1）迈克左看看右看看，还是没发现这两个杯子的不同。

2）我左说右说，他就是不听。

3）今天菜市场太热闹了，左也是人，右也是人。

4）他一直给左村右邻的村民看病，大家都说他是"最美乡村医生"。

5）孩子刚学会说话，左一句"妈妈"，右一句"爸爸"，让夫妻俩觉得自己是世界上最幸福的人。

# 第二十三章　句群

当单独的句子或复句提供的信息量不足时，需要将句子串联成组，围绕一个中心思想形成信息流，使事物或事件的信息更加充分。汉语用"句群"来满足这一表达需求。

句群是语流中语意连贯的一群句子的组合，是最大的一级语法单位。

句群具有"结构独立、语义连贯、形式连接"的基本特点。句群内部包含两个及以上的句子。它们在形式结构上相对独立，彼此间的分隔表现为口头语音停顿或书面标点符号（如"。？！……"）。这些句子围绕一个共有的中心思想，在逻辑语义上相连成串。在结构连接上，句群内部的简略现象特别多，体现出汉语在表达上具有力求简约的民族语言心理，即"汉语的经济性"。

## 【中326】代词复指

**用法**：词语接应的方法之一。在前后句相间使用各种代词（指示代词、人称代词）指代同一事物、人。

**例句**：

1）其实生活是充满意外的，突然冒出一个"没想到"可能带给你惊喜，也可能带来打击和伤悲……但<u>这</u>就是生活。<u>它</u>会给你知识和经验，助你成长。（指示代词＋人称代词）

2）听说我想看照片，<u>他</u>就从包里取出两张小儿子的照片，孩子天真可爱，作为父亲，<u>他</u>得意地笑着。<u>这</u>就是10年前著名的奥运冠军。（人称代词＋指示代词）

## 【中 327】时间词语连用

**用法**：词语接应的方法之一。句群内部的句子用时间词语（时间名词、时间副词、表示时点或时段的词组）说明人物、事件或行为在时间序列中的相继出现或变化。

**例句**：

1) <u>最初</u>我的个儿矮，必须仰头才能看到花朵。<u>后来</u>，我逐渐长高了，夹竹桃在我眼中也就逐渐矮了起来。<u>等到我眼睛平视就可以看到花的时候</u>，我离开了家。（季羡林《夹竹桃》）

2) <u>原来</u>的生活节奏很慢，我们可以慢慢地等着远方的一封信，一生只够爱一个人。<u>现在呢</u>，不等我们喝完杯茶，新的邮件已经塞满邮箱。新手机、快时尚成为人们的追求。身边的人跟它们一样，来来去去，可我们却不曾耐心听完他们的一个故事。

## 【中 328】表序数、数量的词语连用

**用法**：词语接应的方法之一。句群内部的句子用表示序数、数量的词语说明逻辑关系、行为过程。

**例句**：

1) 有些人年纪不大，思想却很深刻。我觉得原因大概有三点。<u>第一</u>，他们善于观察和思考，既能够安静独处，又乐观好奇地探索世界；<u>第二</u>，这样的人敢于创新，思维活跃，在解决问题和处理事情上有着独立思考的能力；<u>第三</u>，还有一种人因为遇到过伤害和痛苦，在危机中积极思考，努力求生，对生活形成了深刻的感受和思维能力。

2) <u>一个人</u>，自己吃饭，自己工作，独自承担生活。<u>两个人</u>，一起吃饭，各自工作，共同承担生活。<u>一个人</u>久了，就习惯一个人了；<u>两个人</u>久了，就会怀念一个人。<u>一个人</u>和<u>两个人</u>的区别，就在于一个世界的独立和两个世界的连接，这都是生命中美好的一部分。

3) 有人说成功的职业发展有<u>五个阶段</u>。<u>首先</u>你得行，也就是要找到自己的独特价值或者说核心能力。<u>其次</u>得有人说你行，这意味着你得到了别人

和社会的认可。<u>再次</u>，说你行的人得行，意思是你的能力得到了具有某种资格或地位的人的认可。<u>然后</u>呢，没人敢说你不行，说明你的能力得到了所有人的认可。<u>最后</u>，你说谁行谁就行。这时，你成了那个具有某种资格或地位的人，可以去认可别人的能力。

## 【中329】处所词语连用

**用法**：词语接应的方法之一。句群内部的句子用处所词语（处所名词，表处所的方位词组、名词性词组、介词词组）说明、描写某个环境，或事物、人物在不同空间的情况。

**例句**：

1）小区的<u>南边</u>是一个小公园，每天有很多人在这儿散步、下棋。<u>北边</u>有一个大超市，买东西很方便。<u>东边</u>离地铁站不远。<u>西边</u>没有房子，远远地可以看到西山，风景很漂亮。(《博雅汉语》)

2）<u>在家</u>，她是老公口中的"公主"，别说洗衣做饭，连一个碗都不碰。<u>在公司</u>，她是同事眼中的女强人，总把别人觉得不可能的事变成"可能"。

## 【中330】语气词连用

**用法**：词语接应的方法之一。句群内部的句子用语气词、语气副词强化句子语气上的贯通或变化。

**例句**：

莫非她翻车了<u>么</u>？莫非她被电车撞了<u>么</u>？（鲁迅《伤逝》）

## 【中331】省略主语

**用法**：成分省略的方法之一。省略前后句相同的主语。具体有两种情况：一是"承上省"，即主语在前一句出现，在后续句子中省略；二是"蒙下省"，即主语在前面的句子中省略，在后续句子中出现。

**例句**：

1）<u>这些小贩</u>进村来卖针线的，能和妇女打交道，卖玩具的，能和小孩儿打交道，（　）都是规规矩矩，语言和气，不管生意多少，买卖不成人情在，

（　）和村民建立了深厚的感情。（　）再进村，（　）就成了熟人、朋友。如果有的年轻人调皮，年老的就告诫说，小本买卖，不容易，不要那样。（孙犁《小贩》）（承上省）

2)（　）在路上走了三天半，才跑到鲁山镇。这时腿也跑肿了，脚也打泡了，可是她还满心高兴。（李准《马小翠的故事》）（蒙下省）

## 【中332】省略宾语

**用法：** 成分省略的方法之一。省略前后句相同的宾语。

**例句：**

蚊子特别善于上下飞行，而且它们整天隐藏在阴暗潮湿的地方，不要说打（　），能够看见它们都不容易。我只能仔细地在卫生间的墙角、卧室的床下寻找（　）。

# 第二十四章　话语标记

　　话语标记是话语片段中的信息关联标记，它们插入句中的位置相对灵活，不充当句法成分，其主要作用是提示前后话语的语义关系和逻辑关系，体现话语表达时的情感态度。话语标记使语句在整体上保持形式连贯和语义流畅，是组织话语的重要语用手段。

　　话语的表达与理解是语言教学的重要内容之一。汉语的话语标记体现了汉语的话语结构特点和民族语言心理，是掌握地道、生动的汉语表达时必学必会的内容，因此具有重要的语法—语用教学价值。

【中333】说起……

形式：说起……

　　　说起……来

　　　说起来

意义：意思是"开始说……"，用来引出一个新话题。

用法：1）"说起……""说起来""说起……来"可以出现在话语片段的开头，起到开启话题的作用（例句1）；也可以出现在话语中间，起到转换话题的作用（例句3）。

　　　2）"说起"的后面一般用词或词组表示话题（例句1~2）。"说起……"还可以在前后两句中重复使用，表示对比（例句2）。

　　　3）"说起来"可以出现在话题的前面（例句3），也可以出现在后面（例句4）。

　　　4）"说起……来"只能带着话题出现在话语片段的开头，话题一般用词或词组表示（例句5）。

例句：

1）说起奥运会，我不得不说说乒乓球项目。我第一次看奥运会，就是2008年北京奥运会的乒乓球比赛。

2）说起丁绍光，可能熟悉这个名字的人不多，可如果说起他的作品《艺术女神》，肯定有很多人在上海大剧院看过。

3）父亲抬起头，回答我："我没有睡着，只是闭着眼睛，在回忆一件事情。"他喝了一口热茶，接着说："说起来已经是五十多年前的事了。那时我跟你妈刚结婚……"父亲就这样开始讲起了他的故事。

4）他决定学习汉语，原因说起来还跟一本介绍中国的书有关。

5）说起中国的书法家来，你知道中国古代四大书法家都是谁吗？

【中334】说到……

形式：说到……

意义：用来引出一个新话题（例句1），或重新引出前面提到过的话题（例句2），区别于"说起"。

用法：1）"说到"的后面可以出现"了"（例句1）。

2）如果跟假设义的词语或具有话题转换功能的词语连用，"说到"只能用来引出新话题（例句3~4）。

例句：

1）我在日本奈良看到的古寺都带有浓浓的中式风格。不过说到了奈良，印象最深的还是奈良的鹿。

2）腾讯的总部在深圳，而它的"微信"却把办公室放在广州。最近他们在广州招聘与技术开发、市场运营有关的职位。说到腾讯，其实在距离"微信"办公室一公里的地方，还有QQ邮箱、腾讯手机管家等事业部，有数百名员工在那里工作。

3）在电影史上，如果说到喜剧，查理·卓别林的电影可以代表一种独特的类型。

4）人类对风的关注，更多地集中在它的破坏力上。至于说到对风的利用，数量还十分有限。

## 【中335】算了

**形式**：算了

**意义**："算了"意思是"不计较"，用来表达放弃或劝阻，在话语中具有结束话题的作用。

**用法**：1）"算了"可以单用，可以重复（表示强烈的情感程度）（例句2），还可以跟语气助词连用（例句3）。

2）"算了"可以出现在话语的开头或结尾（例句1~2）；也可以出现在中间，表示结束前面的话题，后面常常会说明原因，或转换为另一个新话题。

**例句**：

1）A：我说什么他都不愿意来。

B：强迫他来也不会有好结果，<u>算了</u>。

2）请把这个本子给赵老师，再让她交给周老师……<u>算了算了</u>，还是我直接去找周老师吧。

3）A：我现在也没钱。前天姐姐借了两千块，昨天邻居又借了五百。要不等年底发了奖金，我再借钱给你？

B：<u>算了吧</u>。不想借就直接说。

## 【中336】别提了

**形式**：别提了

**意义**："别提了"意思是"不要说了"，用来表达不满、失望、后悔等消极情感，也可以用来表示结束话题。

**用法**：1）"别提了"常出现在对话的应答句中，可以单独成句（例句1），也可以出现在句子或句群中（例句2）。

2）"别提了"的后面出现所指的消极事件，或者作为插入语出现在句子中间的时候，"别提了"主要传递对话语信息的消极情感（例句2~3）。

3）"别提了"单独出现，或者后面出现新的话题的时候，主要起到结束前面的话题、对话的作用（例句1、例句4）。

例句：

1）A：考试结果怎么样？

B：别提了。

2）A：你给自己做的衣服怎么样？

B：别提了，袖子一只长一只短，根本穿不了。

3）我们这段时间，别提了，能有饭吃就不错了。

4）A：你找到手机了吗？

B：别提了，还是先去吃点儿东西吧，饿死了。

【中337】得了$_2$

形式：得了$_2$

得了吧

意义："得了"的意思是"完成了"，用来表示结束前面的对话，有时带有对前面的话强烈否定或不耐烦的主观情感。

用法：1)"得了/得了吧"一般单独使用（例句1）；或用在话语结束句的句首（例句2），与前后的语句存在语音停顿。

2)"得了"重叠表示强烈制止对话，带有不耐烦、不满意的情感（例句3）。

3)"得了/得了吧"具有口语风格。

例句：

1）A：谁说我谈恋爱了？我还是单身呢。

B：得了吧。我们都看到你和人家的照片了。

2）得了，就按大家说的办。

3）得了，得了，你们都少说两句，就吵不起来了。

【中338】可不是

形式：可不是

可不

**意义**："可不是/可不"的意思是"可不是吗"，表示对他人的话做出肯定的回应，用于同意观点或确认事实。

**用法**：1)"可不是/可不"与后面语句存在"观点—同意—理由"的语义关系，通常是一人说观点，另一人表示同意，并给出具体证据。

2)"可不是/可不"一般单独成句，与前后的语句存在语音停顿。

3)"可不是/可不"具有口语风格。

**例句**：

1) A：做木工活儿真不是一件容易的事。

   B：<u>可不是</u>。你看看，师傅们手上都带着伤。

2) A：昨天领导找你谈话了？

   B：<u>可不</u>。聊了整整一个小时。

## 【中 339】可也是

**形式**：可也是

倒也是

也是

**意义**："可也是/倒也是/也是"表示自己对他人的话做出肯定的回应，同时暗示自己之前的看法与对方不同，经过思考后现在也觉得对方的话有道理，也就是委婉地表示同意。

**用法**：1)"可也是/倒也是/也是"一般出现在对话的回应句中，而且是单独成句，与前后的语句存在语音停顿。

2)"可也是/倒也是/也是"具有口语风格。

**例句**：

1) A：那里地形复杂，你们对当地也不熟悉，还是找个向导吧。

   B：<u>可也是</u>。看地图也不能解决问题。

2) A：没想到在广州喝早茶要排这么长的队，太费时间了。

   B：喝早茶的人大多很空，他们是来打发时间的，自然能接受排队等待。

   A：<u>倒也是</u>。不用赶时间去公司上班，还着什么急？

3）A：英国跟我们有时差，你现在给麦克打电话，他应该还在睡觉吧。

B：<u>也是</u>。还好你提醒我，谢谢！

## 【中 340】没说的

**形式**：没说的

没什么说的

**意义**："没说的 / 没什么说的"的意思是"没有什么可以说的，没有说的必要"，表示对人或事情接受或肯定的主观态度。

**用法**：1）"没说的 / 没什么说的"一般单独成句，出现在话语的开头或末尾，与前后的语句存在语音停顿。

2）"没说的 / 没什么说的"具有口语风格。

**例句**：

1）各位同学，大家都准备好了吗？<u>没说的</u>，出发！

2）A：小王，能麻烦你帮我检查一下这些数据吗？

B：<u>没说的</u>。就是加班也帮你做完。

3）A：谢谢你帮忙照顾我的孩子。

B：大家住在同一个楼，应该互相帮助的，<u>没说的</u>。

## 【中 341】才怪

**形式**：才怪

**意义**："才怪"表示前面提到的情况或观点是没道理的、不可能的，用于对对方的话表示强烈否定。

**用法**：1）"……才怪"出现在对话的回应句中。可以单独成句（例句1）；也可以先重复对话话语中的信息焦点，再说"才怪"（例句2）。

2）"才怪"可以带语气词，表示感叹、生气等强烈情绪，与后面的语句存在语音停顿（例句2）。

3）"才怪"具有口语风格。

例句：

1）A：他把书还你了吧？

　　B：才怪。早知道就不借给他了。

2）A：听说王经理跟吴经理关系很好。

　　B：好才怪呢！都影响到公司的正常工作了。

【中342】好你个……

形式：好你个……

意义："好你个……"的意思是"某人（或其行为、言语）不好"，主要用于面向说话对象表达强烈的负面评价，带有强烈的感叹语气。

用法：1）"好你个……"中可以出现表示指称的名词（例句1、例句3），也可以是引用他人在之前说的话（例句2）。

　　　2）"好你个……"主要用于表达愤怒、贬斥、责备与埋怨等，在特定情境中也用作一种"说反话"的形式，来表达赞美、赞叹、惊喜等（例句3）。

　　　3）"好你个……"具有口语风格。

例句：

1）好你个黄经理，竟然不打招呼，就把我的人赶走了。

2）A：你放心，钱我一定会尽快还你的。有借有还，再借不难。

　　B：好你个"再借不难"，以后还想找我借钱哪！

3）好你个刘敏，做好事不留名，以为我们不会知道啊！

【中343】话是这么说

形式：话是这么说

　　　 话是这样讲

意义：表示接受上文（他人）提到的情况，重在提示下文（自己）要说的内容将在语义上出现转折。用来表示让步接受或尊重某种看法，再缓和地说出或补充不同看法。

**用法：** 1）"话是这么说/话是这样讲"一般出现在句首（例句1）或句中（例句2）。

2）"话是这么说/话是这样讲"后面的话语中常常出现表示转折义的"但/但是、可/可是、却、不过"等，体现出"让步—转折"的过渡过程。

3）在特定的交际情境中，为了更委婉地表示不同意，"话是这么说/话是这样讲"也可以作为对话的应答句单独出现，而省略后面具有转折义的具体话语（例句3）。

**例句：**

1）A：爱一个人就要相守到老。

B：<u>话是这么说</u>，但要做到就没那么容易了。

2）很多人讲"钱并非万能"，<u>话是这么说</u>，但是没钱真的活不下去。

3）A：他自己不努力，你去帮他只会浪费自己的时间。

B：<u>话是这样讲</u>……

## 【中344】话说回来

**形式：** 话说回来

话又说回来

**意义：** 表示接着上文（他人）提到的看法，引出下文（自己）要从其他角度说出或补充不同看法，用于缓和地表示转移话题或补充修正之前的话语。

**用法：** "话说回来/话又说回来"出现在新话题的前面，一般起到转移话题的作用（例句1）；在中间出现时，主要作用是延续话题，补充修正内容，从而使看法更全面、客观（例句2）。

**例句：**

1）A：真糟糕，我的笔丢了。

B：水笔丢了，那先用铅笔写作业吧。

A：现在也只能这样了。<u>话说回来</u>，你怎么知道我丢的是水笔？

2）他说话的速度的确有点儿慢,不过<u>话又说回来</u>,他的发音真的很标准。

## 【中\*\*\*】再说（参见【中258】）

**形式**：再说

**意义**："再说"意思是"又要说一件事",在话语中具有话语标记的功能,提示下文要追加原因、补充理由等信息。

**用法**：1)"再说"出现在前后话语之间,与后一段话语之间可以有短暂的语音停顿,书面用","表示,引导听者、读者形成接收新信息的心理期待。

2)"再说"的后面可以附加语气助词"了、啦"等（例句2）。

3)"再说"可以重叠使用,其话语作用是以委婉的方式结束前面的话题,终止交际片段,此时,"再说"不再具有提示追补信息的功能。

**例句**：

1）我不想放弃我们的公司,经过那么长时间的努力,我们的产品已经被市场接受了,品牌也有了一定的知名度。<u>再说</u>还有几家投资公司对我们有兴趣,也许它们能帮我们解决资金问题。

2）A：原来他来自那样的家庭啊!

B：他家虽然没有钱,但是父母给了他良好的家庭教育和温暖的爱。<u>再说了</u>,自己努力干事业,照样能成为别人眼中的"高富帅"。

3）A：周末我想去公园走走,一起去吧。

B：<u>再说再说</u>,我现在得去上课了。

## 【中345】这样一来

**形式**：这样一来

**意义**："这样一来"具有连接前后话语的功能,所连接的话语在语义上具有承接关系（例句1）、因果关系（例句2）或者"条件—结果/结论"关系。

**用法：** 1)"这样一来"出现在前后话语之间，与后一段话语之间可以有短暂的语音停顿，书面用"，"表示（例句2）。

2)"这样一来"的前面可以出现"但、所以"等连词，进一步凸显前后话语的语义关系（例句3）。

**例句：**

1) 有一个最简单的办法，我可以给你的电脑重新安装一个操作系统，但这样一来保存在电脑里的资料就没了。

2) 公司的新规定是每周一早上开部门会议，这样一来，以后我都没办法送孩子去学校。

3) 超市可以通过会员费赚得利润，但这样一来消费者对低价和品质会更加敏感。

## 【中346】眼看$_2$

**形式：** 眼看$_2$
　　　　眼看着

**意义：** "眼看"具有连接话语的功能，用来提示所在句子表达某种情况即将变化。

**用法：** 1)"眼看"所在的句子提供某种情况即将变化的时间点，后续句转而说明一个违背期待或紧急突发的事情。话语整体表达出无奈（例句1）或庆幸（例句2）。

2)"眼看"主要出现在句子开头（例句1），也可以出现在句子主语后面（例句2）。

**例句：**

1) 眼看时间一天一天过去，他的病却不见好转。

2) 足球比赛眼看要结束了，两个队还是0：0。

3) 眼看着就要迟到了，还好遇到个好心的司机把我们送到了机场。

## 【中347】看来

**形式**：看来

　　　　如此看来

　　　　由此看来

**意义**："看来/如此看来"表示后续的部分是根据前文做出的推测、判断，用来衔接前后语句，提示上下文存在"条件—结果/结论"语义关系。

**用法**：1)"看来"作为插入语，可以出现在句子主语的前面或者后面（例句1），具有判断、推测的语气。

　　　　2)"看来"也可以出现在句子或句群之间，与后面的话语之间可以有短暂的语音停顿，书面用"，"表示（例句2）。

**例句**：

1) A：李大哥跟小红结婚了。

　　B：马明伟说的<u>看来</u>是真的。/<u>看来</u>马明伟说的是真的。

2) 天阴沉沉的，<u>看来</u>，一场大雨即将到来。

3) 截至今年第三季度，我们的销售量已经超过去年全年的销售量，<u>如此看来</u>，产品真是得到了市场的认可。

4) 行业里的主要企业纷纷加入价格战，<u>由此看来</u>市场竞争已经到了相当激烈的程度。

## 【中348】看上去

**形式**：看上去

**意义**："看上去"表示从表面、表象进行评价、判断。

**用法**：1)"看上去"作为插入语，可以出现在主语和表示评价的谓语之间（例句1），也可以出现在主语前面（例句2），还可以出现在定语中（例句3）。

　　　　2)"看上去"侧重于从表象进行评价，上下文可以有语义上的相承（例句4）或转折（例句1、例句3）。

例句：

1）当时的情况<u>看上去</u>很复杂，其实只要找到大家的共同需求，就能想出解决方案。

2）飞过太平洋，去一个历史悠久的国家学一种古老的语言，<u>看上去</u>这是一个非常疯狂的计划，我还是很认真地实现了它，没想到竟会给自己的人生带来了如此多的惊喜和机会。

3）我现在才明白，这是一个<u>看上去</u>没有什么明显缺点的人，其实他只是把真实的自己藏得很深。

4）这个安排<u>看上去</u>就很完美，后来我们才知道它经过了多次讨论。

## 【中349】总的来说

**形式：** 总的来说

总而言之

**意义：** "总的来说、总而言之"的意思是"从总体上的情况来说"，用来提示下文将要总结概括上文提到的情况。

**用法：** 1）"总的来说"可以出现在话语片段的开头或中间，主要用来表达对话题相关情况的总体评价或主观态度（例句1~2）。

2）"总的来说、总而言之"出现在话语末尾句的开头，表示对前面的内容进行总结，提示话语片段即将结束（例句3~4）。

3）"总的来说"偏向于口语风格，"总而言之"偏向于书面语风格。

例句：

1）从买车到现在，已经有一年时间了。<u>总的来说</u>我还是很满意的。当时是因为外观和价格才选了这款车，七万多的价格，各方面的配置都达到中高档水平，这车真的值这个价。

2）<u>总的来说</u>，我认为在他们两个人中，金大勇更合适你。你别看韩灿宇长得帅，年轻又时尚，会唱会跳的，但喜欢他的女孩儿太多了。金大勇呢，长得也不差，虽然年纪大一点儿，但更成熟，适合结婚。

3）这部电影是根据真人真事写的，故事很有吸引力，人物角色各有性格特点，画面优美，总的来说是一部非常优秀的影视作品。

4) 早上不要太早去锻炼身体，运动时间不要太长，不要喝太冷的水，也别吃得太饱。总而言之，希望您注意身体，健康长寿！

## 【中350】听说

**形式**：听说

听……说

**意义**："听说""听……说"是指示信息来源的话语标记。"听说"表示下文所说的内容是转述的，用来指明信息来源并非是自己。"听……说"指出下文信息的具体来源。

**用法**：1) "听说""听……说"作为插入语，出现在所引用内容的前面。它们之间可以有短暂的语音停顿，书面用"，"表示（例句2）。

2) "听说"的前面可以出现"我"（区别于"据说"），表明表达的角度是说话者本人。去掉"我听说"并不影响句子的基本语义。

3) "听……说"指明的信息来源可以是具体明确的（例句2），也可以是模糊的（例句4）。

**例句**：

1) 听说你们现在出门都不带钱包、钥匙，一个小小的手机就能解决衣食住行的所有问题。甚至有一些设备还能通过语音、人脸、指纹来控制，连手机都可以不用了。这是真的还是假的？

2) 听政府说，我们这里要建一个公园，里面有篮球场、足球场，还有很多健身设施。公园中间是一个广场，附近居民可以在那里唱唱歌、跳跳舞。

3) 我听说你把钱都拿去开公司了，家里人的生活怎么办？他们没有意见吗？

4) 听他们说，陈明是你们学校的学生，跟其他学生一起上课时，常常坐在最后一排，他还作为学生代表在毕业典礼上发言。

## 【中 351】据说

**形式**：据说

据……说

**意义**："据说""据……说"是指示信息来源的话语标记。"据说"表示下文所说的信息是转述的，并非来自自己。"据……说"指出信息的具体来源。

**用法**：1）"据说""据……说"作为插入语，出现在所引用内容的前面。它们之间可以有短暂的语音停顿，书面用"，"表示（例句2）。

2）下文所说的信息是时间久远、具有历史性的内容（例句1），或者不太确定信息的可靠程度（例句2），倾向于用"据说"（区别于"听说"）。

3）"据……说"指明的信息来源一般是明确的（例句2）。

4）"据说""据……说"倾向于书面语风格。

**例句**：

1）山下的村子里有一棵很古老的树，据说有2000多年的历史，而且是当时的国王亲手种下的。

2）据科学家说，有人发明了一种机器人，模样看起来跟真人很像，还能跟人对话，表达需要和情感。如果这样的机器人真的存在，那么人工智能技术就达到了一个很高的水平。

## 【中 352】有人说

**形式**：有人说

**意义**："有人说"是指示信息来源的话语标记，表示下文所说的信息来自别人而非自己。

**用法**：1）"有人说"作为插入语，出现在引用内容的前面。它们之间可以有短暂的语音停顿，书面用"，"表示（例句2）。

2）"有人说"所指示的信息来源是模糊的，区别于"听……说"。

**例句：**

1）<u>有人说</u>商场如战场，企业之间的竞争不只是产品、销售上的竞争，还有内部管理模式的竞争。战争有结束的时候，而商场的竞争却没有终点。

2）<u>有人说</u>，人生有三大幸运，一是上学时遇到一位好老师，二是工作时遇到一位好师傅，还有一个是恋爱结婚时遇到一个好对象。

## 【中353】拿……来说

**形式：** 拿……来说

**意义：** "拿……来说"表示接着上文提到的观点、道理，提示下文要给出相关例子和分析。"拿……来说"中出现的词语或词组即为下文的话题。

**用法：** 1）"拿……来说"与后面的话语之间一般有短暂的语音停顿，书面用"，"表示（例句1），口语中还可附加语气助词（例句2）。

2）"拿……来说"前面可以出现表示限定范围的"就、仅仅、单、只、光"等副词（例句2）。

**例句：**

1）现在的年轻人越来越重视健康了，<u>拿</u>我的同事<u>来说</u>，每天说得最多的就是运动、健身、健康饮食。

2）人啊，越自律越自由。就<u>拿</u>科比<u>来说</u>吧，坚持每天早上4点起床训练，他才会成为如此传奇且成功的篮球运动员。

## 【中354】也就是说

**形式：** 也就是说

**意义：** "也就是说"表示接着上文提到的内容，提示下文要进行解说（例句1）或推论（例句2）。主要用于解释观点、引导理解，或推论分析。

**用法：** "也就是说"作为插入语，一般出现在解说话语的前面。它们之间可以有短暂的语音停顿，书面用"，"表示。

**例句：**

1）到那时，老年人口将会达到总人口的三分之一左右，<u>也就是说</u>，每三个人中就有一个老人。

2）A：去年 BYD 公司销售了 40 多万辆汽车，SQ 集团销售了 360 多万辆。

B：<u>也就是说</u>，SQ 集团的销售量是 BYD 的 9 倍！

3）他已经和公司解除合同，<u>也就是说</u>他现在是一个自由人了。

## 【中 355】……地说

**形式**：……地说

**意义**："……地说"提示下文将延续上文的意思和观点态度，并且在语言表达的风格、方式上更进一步。

**用法**：1）在"……地说"中出现的词语一般是说明语言风格、方式的形容词，常见的形式如"概括地说、简单地说、大致地说"提示下文会简要说明整体情况（例句1），"具体地说、详细地说"提示下文会给出更多的细节信息（例句2），"准确地说"提示下文会有更符合实际或标准的信息（例句3）。

2）"……地说"作为插入语，一般出现在后续话语的前面。它们之间一般有短暂的语音停顿，书面用","表示。

**例句**：

1）人生就是一次又一次地选择，走在人生路上的我们，时刻都面对着各种各样的选择，大到事业、婚姻、居住地等，小到日常的衣食住行。<u>简单地说</u>，选择就是决定"要"还是"不要"。

2）我们为这所国际学校设计的校园活动区，可以满足将近 2000 人的学习和生活需求，为他们提供工作、学习和生活的基本设施。<u>具体地说</u>，它将包括一个图书馆、一个艺术中心、一个体育馆、一个游泳池、一个有 1000 个座位的大剧院和一个艺术工作室。

3）警察调查发现吴小梅并没有买过去广东的票。<u>准确地说</u>，她没有买过从当地出发去任何一个地方的火车票或是机票。

## 【中 356】不知怎么搞的

**形式**：不知怎么搞的

　　　不知为什么

**意义**："不知怎么搞的、不知为什么"表示不知道为什么出现话语所说的情况，用来指明不明原因的主观态度。这个结构本身没有疑问语气，没有追问原因的意愿。

**用法**：1）"不知怎么搞的、不知为什么"作为插入语，可以出现在句子的开头或者主语的后面（例句1）。它和后面的句子或句子成分之间一般有短暂的语音停顿，书面用","表示。

2）"不知怎么搞的、不知为什么"出现在复句的后一分句时，可以在"但、后来"等连词的后面、主语的前面（例句2）。

3）"不知怎么搞的"具有口语风格。

**例句**：

1）A：你的调查报告写完了吗？

B：别提了。<u>不知怎么搞的</u>，电脑突然罢工了。

2）小两口一开始很相爱，后来<u>不知为什么</u>，竟像陌生人一般。

## 【中357】对……来说

**形式**：对/对于……来说

对/对于……而言

**意义**："对/对于……来说""对/对于……而言"表示"从某人、某事的角度来看"，提示后面话语表达的观点所针对的对象。

**用法**：1）"对/对于……来说""对/对于……而言"这一结构先给出某种观点的持有者，作为背景信息，后面的话会接着说出具体的看法或判断作为主要内容，从而使观点的表达更为严密准确。

2）"对/对于……来说""对/对于……而言"作为插入语，可以出现在句子的开头（例句1）或者主语的后面（例句1～2）。它和后面的句子或句子成分之间可以有短暂的语音停顿，书面用","表示（例句1）。

3）"对/对于……来说"具有口语风格，"对/对于……而言"具有书面语风格。

例句：

1）大黄<u>对</u>你<u>来说</u>是一只小狗，可<u>对</u>我<u>来说</u>，它就是我们家的一员。

2）他对你没有感觉，你的爱和付出<u>对于</u>他<u>而言</u>是一种困扰。

## 【中358】从……来说

形式：从……来说

　　　　从……来看

意义："从……来说/来看"表示某种观点、判断的角度。

用法：1)"从……来说/来看"这一结构先给出观点的角度作为背景信息，后面的话会接着说出具体观点作为主要内容，从而使观点的表达更严密准确。

　　　2)"从……来说/来看"出现在句子的开头或者主语的后面。它和后面的句子之间有短暂的语音停顿，书面用"，"表示（例句1）。

例句：

1）<u>从</u>个人角度<u>来说</u>，我完全理解你的想法，但也请你试着理解公司的做法。

2）<u>从</u>职业发展<u>来看</u>，转行未必不可以。

## 【中359】在……看来

形式：在……看来

意义："在……看来"表示某种观点的所有者，可以是人及组织（例句1、例句3）、时间段（例句2）、理论流派（例句4）。

用法：1)"在……看来"这一结构先给出观点的所有者作为背景信息，后面的话会接着说出观点看法或提出建议。

　　　2)"在……看来"出现在句子的开头（例句2~3）或者主语的后面（例句1）。它和后面的句子之间有短暂的语音停顿，书面用"，"表示。

　　　3)"看来"的前面可以出现时间的状语（例句5）。

例句：

1）投资<u>在</u>有经验的人<u>看来</u>，永远是机会与风险同时存在的。

2）<u>在</u>今天<u>看来</u>，年轻人就应当出去走走看看，不留遗憾。

3）<u>在</u>学校<u>看来</u>，孩子的健康成长离不开家长的支持。

4）<u>在</u>环保主义<u>看来</u>，有必要通过多种方式，提高汽车的"绿色"程度。

5）<u>在</u>奶奶当时<u>看来</u>，女孩子不读书，就不能理解世界和人，也就不会有自己的人生。

## 【中 360】出于……

**形式：** 出于……

**意义：** "出于……"表示某种行为的原因、目的。这一结构先给出某种行为的背景信息（原因、目的），后面的话会接着说出具体行为作为主要内容，从而使行为的表达显得更合理或详细。

**用法：** 1）"出于……"出现在句子的开头或者主语的后面，和后面的句子之间有短暂的语音停顿，书面用","表示（例句1）。

2）"出于"的后面一般是词组（例句1），可以是词（例句2）。

例句：

1）<u>出于</u>保护环境和节约能源的目的，这里的公交车将逐步更换为电动的。

2）他<u>出于</u>好奇，伸手去摸小猫，结果被猫妈妈狠狠地咬了一口。

## 【中 361】到……为止

**形式：** 到……为止

**意义：** "到……为止"表示某种情况的截止点，常常是时间点，也可以是空间点、数量点等。

**用法：** 1）"到……为止"中出现的是名词性成分（表时间义）（例句1）或动词性成分（例句2）。

2）"到……为止"作为话语标记提示情况的结束点，后面的话接着说出具体的情况作为主要内容。所以这一标记一般出现在句子的开头或者主语的后面，和后面的句子之间有短暂的语音停顿，书面用"，"表示（例句1）。

3）"到……为止"也可以出现在句中做谓语、补语等成分，但没有话语标记的功能（例句4）。

**例句：**

1）到目前为止，没有人表示对此事件负责。

2）到记者发稿为止，已有45人在事故中死亡。

3）到第20个人为止，没有一个人认识这个汉字，也没有一个人读对它的发音。

4）这个事故的责任应该追究到哪一级为止？

## 【中362】看你说的

**形式：** 看你说的

瞧你说的

**意义：** "看你说的、瞧你说的"表示对对方刚说的话有不同意见和看法，用来把不同意、反对或不接受的态度反馈给对方。

**用法：** 1）"看你说的、瞧你说的"出现在对话中，一般出现在应答句的开头。

2）"看你说的、瞧你说的"具有口语风格。

**例句：**

1）A：我想请你男朋友帮忙。事情有点儿麻烦，他不会愿意吧？

B：看你说的。你是我们的大恩人，他一定会想办法帮助你。

2）A：你今天为什么来我家？要借钱还是借东西？

B：瞧你说的，我是因为想你才来的。

## 【中363】可以说

**形式：** 可以说

可以说是

**意义：** "可以说、可以说是"表示对上文说的事物、情况做出进一步的判断、评价。带有缓和、委婉的语气。尤其是在表达具有消极义的判断、评价时，为了顾及对方感受，可以用"可以说、可以说是"，显得尊重对方、有礼貌（例句1）。

**用法：** 1)"可以说、可以说是"可以出现在句子的开头（例句1）或者主语的后面（例句2）。

2)"可以说"和后面的句子或句子成分之间可以有短暂的语音停顿，书面用","表示（例句3）。

**例句：**

1) 你现在五十岁了，<u>可以说</u>生命已经走完了一大半。

2) 调查进行到现在，真相<u>可以说是</u>完全清楚了。

3) 我之所以是今天的"我"，<u>可以说</u>，跟那些年遇到的人、读过的书、走过的路有很大的关系。

## 【中364】值得一提的是

**形式：** 值得一提的是

值得一说的是

**意义：** "值得一提的是"提示下文将选择一个和上文相关且重要的话题，展开具体的表述。

**用法：** 1)"值得一提的是"一般出现在语段的开头，和后续话语之间一般有短暂的语音停顿，书面用","表示。

2)"值得"的前面可以出现"最、更、特别"等程度副词，用来提示下文的内容具有重要价值，值得言说和关注（例句2）。

**例句：**

1) 这个景区风景优美，空气清新。<u>值得一提的是</u>，这里不收门票，儿童乐园、运动场地也是免费的。

2) 留学生活令人难忘，特别<u>值得一说的是</u>，我在这里遇到了真爱。

【中 365】说……的

形式：说……的

　　　说……话

　　　说句……的（话）

意义："说……的""说……话""说句……的（话）"意思是"自己说的是……"，通过评价自己在后面的话，传递主观态度、情感等信息。

用法：1）"说……的""说……话""说句……的（话）"一般出现在话语的开头。

　　　2）"说……的""说……话"中出现的是词，常见的说法有"说真的、说实在的、说实话、说心里话"等（例句1~2）。

　　　3）"说句……的（话）"中出现的是形容词或形容词词组，常见的说法有"说句好听的、说句认真的、说句悄悄话、说句难听的话、说句开玩笑的话、说句现实又残酷的话"等（例句3~4）。

　　　4）"说……的""说……话""说句……的（话）"具有口语风格。

例句：

1）A：你看起来很累，应该早点儿休息。

　　B：说实在的，事太多了，真是没时间睡觉。

2）都说我们感情好，可说实话，分隔两地的恋爱真的太辛苦了！

3）说句好听的，您的这位朋友活在自己的世界里；说句难听的，其实就是自私。

4）说句现实又残酷的话，没有永远的朋友，也没有永远的敌人，只有永远的利益。敌人还是朋友，是由利益关系决定的。

【中 366】一般来说

形式：一般来说

　　　一般说来

　　　一般而言

意义："一般来说、一般说来"提示后续的话说的是概括、普遍的情况。

**用法：** 1)"一般来说、一般说来、一般而言"出现在句首（例句1）或句中（例句2）。和后面的句子或句子成分之间一般有短暂的语音停顿，书面用","表示（例句1）。

2)"一般而言"具有书面语风格（例句4）。

**例句：**

1) <u>一般来说</u>，大部分孩子都是在六岁左右进入换牙期。
2) 总是说"我……""我……""我……"，这样的人<u>一般来说</u>都很自私。
3) <u>一般说来</u>，我爸爸的钱是我妈妈的，我妈妈的钱是她自己的。
4) <u>一般而言</u>，人口在整体上是从农村流向城市，而不是从城市流向农村。

## 【中367】不管怎么样

**形式：** 不管怎么样

**意义：** 表示"不管条件怎样变化"，用来表达后面提到的情况不会随之改变。

**用法：** 1)"不管怎么样"一般出现在句子开头（例句1），和后面的句子或句子成分之间一般有短暂的语音停顿，书面用","表示。"不管怎么样"也可以出现在主语后面（例句2）。

2)"不管怎么样"在话语中具有转折（例句1）、总结（例句2）等功能，能够表达出说话人对后面的话坚决肯定，体现坚定、不满、责怪等主观情感。

**例句：**

1) 我谈过几次恋爱，跟别人说过分手，别人也跟我说过分手。<u>不管怎么样</u>，我还是相信爱情。
2) 他不爱你的时候，你的沉默是错，你的关心是错，你的眼泪是错，你<u>不管怎么样</u>，做什么都是错。

## 【中368】无论如何

**形式：** 无论如何

**意义：** "无论如何"意思是"不管怎么样"，用来表达对后面的话持有坚决肯定的主观态度。

**用法**：1)"无论如何"一般出现在句子开头(例句1)或主语后面(例句2)。

2)"无论如何"后面可以出现助动词、表示情态的副词(例句3~4),还可以跟"都/也"搭配出现(例句1、例句5)。

**例句**:

1) 我知道你心情不好,但无论如何你也别伤了家人的心,管好自己的嘴。

2) A:病人的情况不太好,你们要有思想准备。

　　B:大夫,您无论如何要救救他!

3) 既然要在这工作一段时间,无论如何应该找个住的地方,交几个朋友。

4) 作为一名会计,工作里整天都是数字,无论如何决不能出现计算错误。

5) 他太过分了!把宠物扔掉这种事,我无论如何都做不出来。

# 附录一：固定格式（62项）

**【中369】A 不 A 无所谓**

1）鞋子贵不贵无所谓，关键是我喜欢它的样子。

2）参加公司面试，最重要的是积累经验，通过不通过无所谓。

**【中370】A 得不能再 A**

1）那时，我已经穷得不能再穷了，人生仿佛到了最低点。

2）即使是看上去普通得不能再普通的衣服，只要搭配得好，也能显出独特气质。

**【中371】A 的 A，B 的 B**

1）在体育课上，孩子们跳的跳，跑的跑。

2）志愿者来到李奶奶家，扫地的扫地，擦窗的擦窗，除草的除草，大家都忙起来。

**【中372】A 点儿就 A 点儿吧**

1）衣服旧点儿就旧点儿吧，没破没坏，能穿就行。

2）重要的是结果，过程麻烦点儿就麻烦点儿吧。

**【中373】A 跟/和 B 有……关系/有关/无关**

1）他的病跟长期不吃早饭有直接的关系。

2）产品价格和生产成本以及市场需求有关。

3）A：跟小丽分手后，我就没见过她。她现在怎么样？

B：她过得好不好已经跟你无关。大家还是关心各自的生活吧。

### 【中 374】A 有 A 的 X，B 有 B 的 X/Y

1）去有去的好处，不去有不去的好处，你自己决定吧。

2）树有树的高大，花儿有花儿的美丽，这就是大自然的美。

### 【中 375】没有比……更/再……的（+名词）了

1）没有比父母更了解孩子的了。

2）没有比"一"再简单的汉字了。

### 【中 376】A 了又 B，B 了又 A

1）烧制花瓶是一个很辛苦的过程，想要做出令人满意的作品，常常是做了又扔，扔了又做。

2）猴子很喜欢爬树，上了又下，下了又上。

### 【中 377】……得什么似的

1）手机丢了，妈妈急得什么似的。

2）一说起孩子，你瞧她笑得什么似的。

### 【中 378】A 是 A，但是/可是/不过/就是……

1）跳舞我喜欢是喜欢，但是现在没有那么多时间去练习。

2）这个人聪明是聪明，可是不喜欢跟人合作，所以我没有邀请他。

3）你喜欢是你喜欢，不过人家不喜欢你，又能怎么样？

4）这衣服好看是好看，就是价格不好看。

### 【中 379】A 是 A，B 是 B

1）过去是过去，现在是现在，以前的经验早就不适用啦！

2）从今往后，你是你，我是我，我们再无关系。

## 【中 380】A 也 A 不……，B 也 B 不……

1）这种员工像孩子一样，说也说不了，骂也骂不得，领导实在没办法。
2）他的话真让我为难，留也留不得，走也走不掉。

## 【中 381】A 一 + 量词，B 一 + 量词

1）他今天吃坏了肚子，总往厕所跑，左一趟，右一趟。
2）大家就这样你一票我一票，最终选出了参赛代表。

## 【中 382】A 着 A 着……

1）走着走着人群就散了。
2）有的明星红着红着突然消失不见了。
3）一开始大家只是平静地说出自己的看法，讨论着讨论着，最后就变成了没有结果的吵架。

## 【中 383】A 着也是 A 着

1）咱们去桂林旅游吧，反正闲着也是闲着。
2）儿子小时候的衣服现在已经穿不下了，放着也是放着，干脆送给有孩子的朋友。

## 【中 384】……般的 / 般地

1）他给了我家人般的温暖。
2）他俩才认识一个星期，便闪电般地领了结婚证。

## 【中 385】不 + 动词……，一 + 动词……

1）臭豆腐这种食物不吃不知道，一吃忘不掉。
2）这部电视剧不看还好，一看就停不下来。

## 【中 386】……不说，……还……

1）我的舞蹈老师，长得好看不说，舞还跳得特别好。
2）大学生创业，钱少不说，还缺乏方方面面的经验和关系。

【中387】不知 / 不知道……（才）好

1）手里塞满了大家给我的学费，我一时不知说什么好。

2）想出去走走，却不知去哪儿才好。

【中388】动词 + 到 A 头上来

1）有的人想把你弟弟带走，那就是欺负到我们头上来了。

2）别人都骑到你头上来了，你还能忍啊？

【中389】动词 / 动词词组 + 一 + 量词 + 是 + 一 + 量词

1）垃圾食品对身体不好，少吃一口是一口。

2）老人快100岁了，他常常说自己这么大岁数了，活一天是一天。

【中390】A 也得 A，不（想）A 也得 A

1）为了活下去，这份工作你做也得做，不做也得做。

2）这个面试很重要，我去也得去，不去也得去。

【中391】放着……不……

1）你放着那么多的工作不处理，却在这里打游戏。

2）唐玄宗放着那么多美女不要，11年里只喜欢杨玉环一个人。

【中392】跟(和)……过不去

1）同桌总是跟她过不去，处处针对她，时时为难她。

2）他家的鱼一夜之间全部突然死亡，难道是有人和他过不去，偷偷下毒？

【中393】更别提 / 说……了

1）这条路不太宽，走过去都很危险，更别提开车了。

2）同事都受不了她的唠叨，更别说她男朋友了。

【中394】够……的

1）春节前，菜市场里人山人海，够热闹的。

2）今天真够倒霉的，一件事也没办成。

**【中395】管……叫……**

1）我们管受不了一点儿批评的人叫"玻璃心"。

2）他管你叫一声"哥"，是希望拉近彼此的距离。

**【中396】……归……**

1）A：这些人太过分了！气死我了！

　　B：你气归气，可别把身体气坏了。

2）这个沙发好看归好看，但是放在家里太占地方了。

3）A：你要注意啊，朋友归朋友，女朋友归女朋友。

　　B：放心吧，友情和爱情我分得清楚。

**【中397】还……呢**

1）连这个汉字都不认识，还中文博士呢。

2）A：我们能不能出国去玩儿？

　　B：还出国呢，你的脚没完全好，能到附近公园走走就不错啦。

**【中398】还是……好**

1）月饼还是手工做的好，保留了传统的味道。

2）还是你的办法好，又省时间又省钱。

**【中399】……好比……**

1）学写字就好比学钢琴，看着容易，自己动手才发现很难。

2）有的书值得看一次又一次。好比《我的大学》，每多看一遍，就多一分理解和成长。

**【中400】仅……就……**

1）这篇文章质量不行，仅第一段就有十来个错字。

2）她仅在门口望了一眼，就匆匆离开了。

## 【中 401】就看 / 全看……了

1）咱们能不能拿下今天的比赛，就看你的了。

2）孩子将来什么样，就看家长怎么教育了。

3）能不能顺利毕业，全看学位论文的得分了。

## 【中 402】看 / 瞧 + 人 + 动词性成分 + 的

1）瞧他乐的，假牙都笑掉了。

2）看他们把公司搞的，我实在待不下去了。

## 【中 403】看把 A……的

1）凯叔真会讲故事，看把孩子们乐的。

2）看把人逼的，连梦里都是考题。

## 【中 404】A 了就 A 了

1）巧克力你吃了就吃了呗，不用买来还我。

2）书拿错了就拿错了，没什么大不了的，反正学校发给我们的都是一样的。

## 【中 405】没怎么……/ 不怎么……

1）她有一张娃娃脸，都 30 岁了，看起来还没怎么长大。

2）饭还没怎么吃，他又被叫回医院去处理紧急情况了。

3）只想着自己的人，最后往往都不怎么快乐。

## 【中 406】没什么好 A 的

1）这是原则问题，没什么好商量的。

2）又不是冠军，第二名没什么好开心的。

## 【中 407】没有……不……

1）没有哪个一个冬天不会过去，我相信一切会好起来的。

2）曾老师在我们班很受欢迎，没有人不喜欢她的汉语课。

【中 408】哪有 A 这么 / 那么……的

1）每次都让我请客，哪有你这么不讲道理的？

2）成人学外语，哪有孩子学说话那么容易的？

【中 409】你 A 你的，我 A 我的

1）A：这样吧，你说你的，我吃我的。

　　B：那怎么好意思？让您边听边吃。

　　A：没关系，这样节省时间，什么事都可以完成。

2）你快乐你的，我伤心我的。别管我！

【中 410】什么 A 不 A 的

1）A：你应该用软件把自己的照片处理得好看点儿。

　　B：什么好看不好看的，我想活得真实些。

2）我根本不在乎什么钱不钱的，成功才是我唯一的目标。

【中 411】让 / 叫 + 人 +A，……就 A

1）A：这礼物太贵重了，我不能要。

　　B：周爷爷叫你收下你就收下，不要客气。

2）只要是重要的工作，让我做我就做。

3）A：作为秘书，老板的要求我必须做到。

　　B：那得看是什么事吧。他让你跳河，你还真就跳河呀？

【中 412】说什么都 / 也……

1）我已经连续三年没回家了，今年春节说什么都要回去过年。

2）老妈昨晚做了个梦，今天早上她说什么也想不起来了。

【中 413】为……说句话

1）有人说经理听不进别人的意见，我想为他说句话，如果不是他的坚持，我们集团哪有今天的规模？

2）我得为你们批评的这几位演员说句公平的话，这部戏不好看是导演的责任，不是演员的问题。

【中414】为 / 为了……而……
1）人，为活着而存在，这就是生命的意义。
2）父亲为了自己的孩子而变成"超人"。

【中415】要 A 有 / 没有 A，要 B 有 / 没有 B
1）人到中年，他的事业终于成功，现在他要钱有钱，要名有名。
2）这种企业要利润没有利润，要名气没有名气，我建议你还是不要买它的股票了。

【中416】一 + 量词 + 比 + 一 + 量词
1）他们家的五姐妹一个比一个漂亮！
2）你的成绩怎么一次比一次考得差？

【中417】一 + 动词 + 就是……
1）说好了还会再见，可一别就是一辈子。
2）他一开口就是演唱会级别，难怪被称之为"歌神"。

【中418】一来……二来……
1）我常去旅行，一来可以了解世界，二来可以放松心情。
2）她一句话不说，一来是因为心事被说中了，二来是自己太在乎别人的眼光。

【中419】（自）……以来
1）改革开放以来，中国经济发生了巨大而深刻的变化。
2）自我结婚以来，每年都收到老婆送的生日礼物。
3）自到我校工作以来，她出色地完成了教学和研究工作。

【中420】有什么（好）……的

1）我不知道每天的工作报告有什么写的。

2）这事做了就做了，有什么好后悔的？

3）大家没有什么好说的，心里都明白这样的做法不合适。

【中421】由……组成

1）这颗星完全由气体组成。

2）居民身份证由四个部分组成。

【中422】再……不过了

1）如果您能在您写的这本书上签个名，那就再好不过了。

2）一家人因为各种大大小小的事情出现矛盾，再正常不过了。

【中423】再也没／不……

1）他倒在地上，再也没有醒来。

2）没有父母的故乡，再也不是我的家了。

【中424】在……方面

1）老王在工作方面一直表现出色，从来没有出过安全事故。

2）在金钱方面，他总是很大方，甚至过于大方了。

【中425】怎么……也……不／没

1）A：玛丽接受了你们的建议吗？

　　B：我们怎么说她也不同意。

2）如果孩子对学习没有兴趣，别人怎么说也没用。

3）工作太多了，我怎么做也做不完，身体快受不了了。

【中426】怎么着也得A

1）到昆明旅游，你们怎么着也得爬爬西山，吃碗米线。

2）A：抱歉，昨天因为有事，没能参加你们的活动。

B：现在说有什么用？怎么着你也得提前给我打个电话吧！

## 【中427】这/那也不/没 A，那/这也不/没 A

1）与老公在一起的日子过得很没意思，他这也不想，那也不想，家里没有什么乐趣。

2）李经理总是嫌我那也没做对，这也没做对。

## 【中428】……之类

1）我建议组织足球、篮球、排球之类的球类比赛。

2）她演的角色总是妻子、母亲之类的。

## 【中429】……总可以吧

1）不能让孩子站在高高的树上，站在这块石头上总可以吧。

2）不让我去看他，我们通个电话总可以吧。

## 【中430】最……的要数……

1）在我的书柜里，最多的要数中文书了。

2）在今年的音乐节上，最让人惊喜的乐队要数"新裤子"了。

# 附录二：惯用语（21项）

**【中431】好容易 / 好不容易**

1）辛苦忙了一周，好容易到了周末，要好好放松一下。

2）小孩儿想骑牛，好不容易爬到牛背上去。

**【中432】来得及 / 来不及**

1）绘画这门艺术啊，只要你想学，不管年纪多大都来得及。

2）他们终于发现这个严重的问题，但已经来不及了。

**【中433】怪不得**

1）他一直坚持健身，怪不得身材那么好。

2）怪不得你不让我打开这个盒子，原来里面藏着秘密呀！

**【中434】说不定**

1）如果我当时能成熟些，我们说不定会有不一样的结果。

2）原谅别人，也是给自己机会，说不定以后你会得到他的帮助。

**【中435】巴不得**

1）肚子饿得受不了，巴不得直接把饭倒进肚子里。

2）爸妈巴不得他们早点儿结婚生子。

**【中436】不得不**

1）我不得不说，他的球踢得真是太烂了。

2）现实让他不得不放弃最初的理想，留下来照顾家人。

3）他本不愿骗任何人，现在却不得不这样。

### 【中 437】不得了（liǎo）

1）这男孩儿那么小就会三种语言，长大以后语言能力肯定不得了。

2）今年的几个愿望都实现了，心情真的好得不得了。

### 【中 438】不敢当

1）A：王老师，您今天真漂亮！

　　B：不敢当。已经是当奶奶的人了，哪有你们小年轻好看？

2）我的书学术价值不高，有人称我是"哲学家""艺术家"，实在不敢当。

### 【中 439】不见得

1）两个人分手并不见得都是坏事，可能本来就不合适。

2）A：这两家公司要合作开发3号地块了。

　　B：不见得吧。没签合同前，什么都有可能发生。

### 【中 440】不像话

1）他们把孩子扔给爷爷奶奶，只是周末偶尔来看一下，真是太不像话了！

2）昨天回来得晚，今天回来得更晚，你真是越来越不像话了。

3）收拾一下房间吧，你看看，乱得不像话！

### 【中 441】不由得

1）大学毕业时，我不由得开始回顾校园里的种种经历。

2）有些事，我们心里不愿意接受它是真的，可事实不由得你不信。

### 【中 442】不至于

1）离婚虽然不是好事，但也不至于活不下去。

2）A：冰红茶简直是世界上最难喝的饮料！

　　B：不至于吧。

## 【中 443】动不动

1）如果你的孩子动不动就哭，请一定保持冷静，引导他们正确控制自己的情绪。

2）老板动不动就给我发消息，要我干这个干那个。

## 【中 444】对得起/对不起

1）做人要有基本原则，要对得起道德和自己的心。

2）他对得起所有学生，就是对不起自己的孩子。

## 【中 445】恨不得

1）快放假了，我恨不得马上飞回家，出现在爸妈面前。

2）瞧你这样，好像恨不得对方明天就跟你结婚。

## 【中 446】忍不住

1）他终于忍不住，给前妻打了个电话。

2）忍不住地时时想着对方，我体会到了想念的苦。

## 【中 447】无所谓

1）我要找的女朋友，胖瘦无所谓，性格最重要。

2）A：周末你想去哪儿玩儿？

　　B：无所谓。只要是跟你们一起去就行。

## 【中 448】用不着

1）你不喜欢他，也用不着跟他吵架啊。

2）要解决这个问题，用不着您亲自动手。

3）A：我帮你写作业吧。

　　B：用不着。你会的还没我多呢！

## 【中 449】由不得

1）此事由不得你，不管你愿不愿意，今天都必须上台发言。

2）时代前进的方向由不得一个人决定。

3）皇帝决定把女儿嫁给他，由不得公主同意不同意。

【中450】有利于/不利于……

1）喝茶有利于身体健康。

2）公司一直没有找到合适的人担任总经理，这很不利于公司的发展。

【中451】有两下子

1）二哥真有两下子，几分钟就把电脑问题解决了。

2）能一脚把坏人踢倒在地上，这小伙子还是有两下子的。

# 索引一(按类别)[1]

## 第一章 名词与句子的表达

1. 名词与表达

1.1 集合名词

【中 001】集合名词 / 43

1.2 名词的指称

【中 002】本₁ / 44

【中 ***】此 / 44

【中 003】某些 / 44

1.3 名词多项修饰语的顺序

【中 004】多项定语 / 45

1.4 名词的连接

【中 005】与 / 46

【中 ***】以及 / 46

2. 名词(词组)的句法功能

【中 006】同位词组 / 46

## 第二章 数词、量词与句子的表达

1. 数词与数目的表达

1.1 数目的读法

【中 007】小数 / 48

【中 008】分数 / 49

【中 009】百分数 / 49

1.2 数目与表达

1.2.1 倍数的表达

【中 010】倍 / 49

1.2.2 分数的表达

【中 011】成 / 50

1.2.3 概数的表达

【中 012】三五 / 50

【中 ***】来₁ / 51

【中 ***】把 / 51

2. 量词与事物的计量

2.1 名量词

2.1.1 个体量词

【中 013】特定种类事物计量 / 52

【中 014】特定形状事物计量 / 53

2.1.2 集合量词

【中 015】事物按组计量 / 53

2.1.3 部分量词

【中 016】事物按内部的结构单位计量 / 54

---

[1] 同一类目、项目下的结构形式按正文中的出现顺序排列。

### 2.1.4 抽象名词的量词

【中 017】用类似事物搭配的量词 / 54

### 2.1.5 借用名量词

【中 018】借用容器做量词 / 55

【中 019】借用所在处所做量词 / 55

## 2.2 动量词

### 2.2.1 专用动量词

【中 020】根据动作行为的次数计量 / 55

### 2.2.2 借用动量词

【中 021】借用相关事物做量词 / 56

## 第三章 时间词与句子的表达

### 1. 时间词与时点的指称

#### 1.1 用时间排序来指称时点

【中 022】一个星期的某一天 / 57

【中 023】一个月的 10 天 / 57

【中 024】初 / 58

【中 025】末 / 58

#### 1.2 用参照时点指称相应的时间

【中 026】以说话的"现在"为参照指称时间 / 59

【中 027】以事件的过程为参照指称时间 / 59

【中 028】以"模糊的时点"指称时间 / 59

### 2. 时间词与时段的表达

【中 029】以"星期"为单位计算时长 / 60

【中 030】以"天"为单位计算时长 / 60

## 第四章 方位词、处所词与句子的表达

### 1. 方位词与表达

【中 031】上$_1$ / 61

【中 032】下$_1$ / 62

【中 033】内 / 以内 / 62

【中 034】中 / 62

### 2. 处所词与表达

【中 035】间 / 63

【中 036】旁 / 63

【中 037】其中 / 63

【中 038】一带 / 64

## 第五章 动词与句子的表达

### 1. 趋向动词与空间位移的表达

【中 039】开来 / 65

### 2. 趋向动词的引申用法

#### 2.1 简单趋向动词的引申用法

【中 040】出 / 66

【中 041】起 / 66

【中 042】上$_2$ / 67

【中 043】下$_2$ / 67

【中 044】来$_2$ / 68

#### 2.2 复合趋向动词的引申用法

【中 045】起来 / 68

【中 046】上来 / 69

【中 047】上去 / 69

【中 048】下去 / 69

【中 049】下来 / 70

【中050】过来 / 71

3. 动词与相关结果的表达

【中051】动词 + 结果补语 + 数量词组 / 72

【中052】动词 + 中（zhòng）+ 宾语 / 72

4. 动词与相关状态的表达

【中053】动词 + 得 + 词组 / 73

【中054】动词 + 个 + 不 / 没 + 停 / 73

【中055】动词 + 个 + 究竟 / 74

5. 动词与事态可能性的表达

5.1 动词 + 得 / 不 + 结果补语

【中056】动词 + 得 / 不 + 着（zháo）/ 74

5.2 动词 + 得 / 不得

【中057】动词 + 得 / 不得 / 75

6. 动词与时量的表达

【中058】动词 + 时段 + 的 + 宾语 / 76

7. 能愿动词与情态的表达

【中059】得（děi）/ 76

【中060】不得（dé）/ 77

8. 形式动词与语用表达

【中061】进行 / 78

【中062】加以 / 78

9. 动词的修饰

【中063】多项状语 / 79

## 第六章　形容词与句子的表达

1. 形容词与程度的表达

【中064】形容词 + 得 + 不得了 / 81

【中065】形容词 + 得 + 要命 / 81

【中066】形容词 + 得 + 厉害 / 82

【中067】形容词 + 透（了）/ 82

【中068】形容词 + 坏（了）/ 83

2. 形容词与态的表达

**2.1.　性质状态的起始**

【中069】形容词 + 起来 / 84

2.2 性质状态的延续

【中070】形容词 + 下去 / 84

2.3 性质状态的结束

【中071】形容词 + 下来 / 85

## 第七章　代词与句子的表达

1. 人称代词与代称的表达

1.1 自身和别人的代称

【中072】人家（rénjia）/ 86

【中073】各自 / 87

1.2 人称代词的活用

【中074】单数人称代词用作复数 / 87

【中075】第二人称用作第一人称 / 88

2. 指示代词与指代的表达

【中 *** 】本 $_1$ / 88

【中076】此 / 89

【中077】彼此 / 89

【中078】如此 / 90

3. 疑问代词与疑问、非疑问的表达

3.1 问方式、方法

【中079】如何 / 90

3.2 疑问代词的非疑问用法

【中080】疑问代词……疑问代词…… / 91

【中081】否定词+疑问代词/92
【中082】若干/92

## 第八章 副词与句子的表达

### 1. 副词与范围的表达

【中083】大多/93
【中084】大约/94
【中085】大致/94
【中086】仅/94
【中087】至少/95
【中088】至多/96
【中089】只不过/96
【中090】净/97
【中091】处处/97

### 2. 副词与程度的表达

【中092】大大/98
【中093】大体/98
【中094】好/99
【中095】颇/99
【中096】格外/100
【中097】稍微/100
【中098】日益/101
【中099】尤其/101
【中100】毫+否定词/101

### 3. 副词与事件状态的表达

【中101】便/102
【中102】将$_1$/102
【中103】本来$_1$/103
【中104】依旧/103

【中105】顿时/103
【中106】眼看$_1$/104
【中107】早晚/104
【中108】每/105
【中109】每每/105
【中110】往往/106
【中111】偶尔/106
【中112】时刻$_2$/107
【中113】时时/107
【中114】不时/108
【中115】一度/108
【中116】再度/109
【中117】直/109
【中118】历来/109
【中119】至今/110
【中120】一连/110
【中121】一再/110
【中122】再三/111
【中123】从此/112
【中124】一向/112
【中125】一时/112

### 4. 副词与行为方式的表达

【中126】亲自/113
【中127】亲眼/113
【中128】一口气/114
【中129】一心/114
【中130】赶忙/115
【中131】特地/115
【中132】一一/115

5. 副词与肯定、否定的表达

【中133】必定 / 116

【中134】正₂ / 116

【中135】未必 / 117

【中136】不曾 / 118

【中137】从不 / 118

【中138】不用 / 119

【中139】绝+不 / 119

【中140】决+不 / 120

【中141】并₁+否定词 / 120

【中142】并非 / 121

【中143】难以 / 121

【中144】无须 / 121

6. 副词与主观态度的表达

【中145】差点儿 / 122

【中146】倒₁ / 122

【中147】倒₂ / 123

【中148】干脆 / 123

【中149】恰好 / 124

【中150】何尝 / 124

【中151】总算 / 124

【中152】不妨 / 125

【中153】只好 / 125

【中***】其实 / 126

【中154】本来₂ / 126

【中155】好在 / 127

【中156】幸亏 / 127

【中157】明明 / 128

【中158】分明 / 129

【中159】似乎 / 130

【中160】仿佛 / 130

【中161】偏偏 / 130

【中162】偏 / 131

【中163】毕竟 / 131

【中164】反正 / 132

【中165】简直 / 133

【中166】何必 / 133

【中167】万万 / 133

【中168】难怪 / 134

【中169】竟然 / 134

【中170】居然 / 135

【中***】反而 / 135

【中171】不免 / 136

【中172】不禁 / 136

## 第九章 介词与句子的表达

1. 介词与空间、时间的引介

【中173】自 / 138

【中174】于 / 139

【中175】沿着 / 140

【中176】冲（chòng）/ 141

2. 介词与范围的引介

【中177】除 / 142

【中178】关于 / 143

【中179】至于 / 144

【中180】连₂ / 144

3. 介词与对象的引介

【中181】对于 / 145

【中182】替 / 146

4. 介词与相关者的引介

4.1 动作接受者

【中183】将₂ / 147

4.2 动作发出者

【中184】由 / 148

4.3 动作参与者

【中185】同 / 149

5. 介词与原因的引介

【中186】因 / 150

【中***】由 / 151

6. 介词与依据的引介

【中187】根据 / 151

【中188】凭 / 152

【中189】依据 / 153

【中190】作为 / 153

7. 介词与条件的引介

【中191】随着 / 154

【中192】趁 / 155

## 第十章　助词与句子的表达

1. 结构助词与表达

【中193】所 / 157

【中194】给 / 158

2. 比况助词与表达

【中195】似的 / 158

3. 表数助词与表达

【中196】来₁ / 159

【中197】把 / 160

## 第十一章　连词与句子的表达

【中198】而 / 161

【中199】并₂ / 162

【中***】与 / 163

【中200】以及 / 163

【中201】从而 / 163

【中202】因此 / 164

【中203】于是 / 164

【中204】此外 / 165

【中205】甚至 / 165

【中206】以 / 166

【中***】况且 / 166

【中***】何况 / 166

【中207】若 / 167

【中***】要不是 / 167

【中208】要不 / 168

【中209】可见 / 168

【中***】以至 / 169

【中210】总之 / 170

【中211】然而 / 170

【中212】不料 / 171

## 第十二章　语气词与句子的表达

【中213】啦 / 172

【中214】嘛 / 172

【中215】就是了 / 173

【中216】得了₁ / 173

【中217】罢了 / 174

【中218】着呢 / 174

【中219】也好 / 175

### 第十三章　拟声词与句子的表达

【中220】哈哈 / 176

### 第十四章　比较句与句子的表达

1. 表达存在差异

【中221】A 比 B+ 更…… / 177

【中222】A 比 B+ 还…… / 178

【中223】A 比得过 B / 178

【中224】A 比起 B（来），…… / 179

2. 表达差异的程度

【中225】A 比 B+ 形容词 / 动词 + 数量词组 / 180

【中226】A 比 B+ 形容词 / 动词 + 得…… / 180

【中227】A 比 B+ 早 / 晚 / 多 / 少 + 动词性成分 / 181

### 第十五章　"是"字句与句子的表达

1. 表判断的"是"字句

【中228】"的"字词组 + 是…… / 183

2. 表强调的"是"字句

【中229】是 + 小句 / 184

### 第十六章　"是……的"句与句子的表达

【中230】……是 + 动宾词组 + 的 / 186

【中231】……是 + 动宾词组 + 动词（重复）+ 的 / 187

### 第十七章　"有"字句与句子的表达

1. 表达事物拥有某种状态或事物

【中232】主语 + 有 + 着…… / 188

【中233】……有 + 所 + 动词 / 189

2. 表达某处包含、存在某种事物

【中234】动词 + 有…… / 190

【中235】有 + 兼语 + 是……的 / 191

### 第十八章　兼语句与句子的表达

【中236】……使 A …… / 192

【中237】……给 A+ 直接宾语 + 动词 / 193

### 第十九章　"把"字句与句子的表达

1. 以变化结果为信息焦点

【中238】……把 A+ 动词 + 成 +B / 194

2. 以动作特征为信息焦点

【中239】……把 A+ 动词 + 数量词组 / 195

【中240】……把 A+ 状语 + 动词 / 196

【中241】……把 A+ 动词重叠形式 / 197

### 第二十章　被动句与句子的表达

【中242】……给（A）+ 动词 + 补语 / 198

【中243】……被 A+ 动词 + 补语 / 199

【中244】……被 A+ 给 + 动词 + 补语 / 199

【中245】……被 A+ 所 + 动词 / 200

# 第二十一章 复句

## 1. 并列复句

【中 246】一面……一面…… / 202

【中 247】一时……一时…… / 202

【中 248】不是……而是…… / 202

【中 249】是……而不是…… / 203

【中 250】……，相反，…… / 204

## 2. 承接复句

【中 251】……就…… / 204

【中 252】……又…… / 205

【中 253】首先……，其次…… / 205

【中 ***】……于是…… / 206

## 3. 递进复句

【中 254】不仅……而且…… / 206

【中 255】不仅仅……也…… / 207

【中 256】……，况且…… / 208

【中 ***】……，甚至…… / 208

【中 257】……，何况…… / 209

【中 258】……，再说…… / 210

## 4. 选择复句

【中 259】要么……要么…… / 210

【中 260】或者……或者…… / 211

【中 261】与其……，不如…… / 212

【中 262】与其……，宁可…… / 212

【中 263】宁可……，也…… / 213

## 5. 因果复句

【中 264】由于…… / 214

【中 265】……，以致…… / 215

【中 266】……，以至…… / 215

【中 267】多亏……，才…… / 216

【中 268】既然……就…… / 216

【中 269】之所以……是因为…… / 217

## 6. 目的复句

【中 270】……，好…… / 217

【中 271】……，以…… / 218

【中 272】……，以便…… / 218

【中 273】……，省得…… / 219

【中 274】……，免得…… / 219

## 7. 条件复句

【中 275】凡是……都…… / 220

【中 ***】……，可见…… / 221

【中 276】假如……就…… / 221

【中 277】一旦……，…… / 222

【中 278】万一……，…… / 223

【中 279】除非……才…… / 224

【中 280】除非……否则…… / 224

【中 281】……要不是…… / 225

【中 282】……不然…… / 226

【中 283】不管……都/也…… / 226

【中 284】任……都…… / 227

## 8. 让步复句

【中 285】即使……也…… / 228

【中 286】就算……也…… / 229

【中 287】哪怕……也…… / 230

## 9. 转折复句

【中 ***】……，倒…… / 231

【中 288】虽说……可是…… / 231

【中289】虽……却…… / 232

【中290】……其实…… / 233

【中291】……仍然…… / 233

【中292】……反而…… / 234

【中293】固然……但是…… / 234

【中294】固然……也…… / 235

【中295】尽管……，但是…… / 235

【中***】……，而…… / 236

【中296】……，则…… / 236

【中297】……，就是…… / 237

**10. 紧缩复句**

【中298】不……也不…… / 238

【中299】是……还是…… / 238

【中300】只……不…… / 238

【中301】不……不…… / 239

【中302】没……不…… / 239

【中303】不……也…… / 240

【中304】再……也…… / 240

【中305】非……不…… / 241

【中306】非……不可 / 241

【中307】没有……就没有…… / 242

【中308】愈……愈…… / 243

## 第二十二章 类固定词组

【中309】大 A 大 B / 244

【中310】东 A 西 B / 东一 A 西一 B / 245

【中311】不 A 不 B / 245

【中312】多 A 多 B / 245

【中313】各 A 各的 / 246

【中314】忽 A 忽 B / 246

【中315】或 A 或 B / 247

【中316】A 来 A 去 / 247

【中317】连 A 带 B / 248

【中318】没 A 没 B / 248

【中319】说 A 就 A / 249

【中320】无 A 无 B / 249

【中321】一 A 一 B / 250

【中322】以 A 为 B / 250

【中323】有 A 有 B / 251

【中324】A 这 A 那 / 252

【中325】左 A 右 B / 252

## 第二十三章 句群

【中326】代词复指 / 253

【中327】时间词语连用 / 254

【中328】表序数、数量的词语连用 / 254

【中329】处所词语连用 / 255

【中330】语气词连用 / 255

【中331】省略主语 / 255

【中332】省略宾语 / 256

## 第二十四章 话语标记

【中333】说起…… / 257

【中334】说到…… / 258

【中335】算了 / 259

【中336】别提了 / 259

【中337】得了$_2$ / 260

【中338】可不是 / 260

【中339】可也是 / 261
【中340】没说的 / 262
【中341】才怪 / 262
【中342】好你个…… / 263
【中343】话是这么说 / 263
【中344】话说回来 / 264
【中***】再说 / 265
【中345】这样一来 / 265
【中346】眼看₂ / 266
【中347】看来 / 267
【中348】看上去 / 267
【中349】总的来说 / 268
【中350】听说 / 269
【中351】据说 / 270
【中352】有人说 / 270
【中353】拿……来说 / 271
【中354】也就是说 / 271
【中355】……地说 / 272
【中356】不知怎么搞的 / 272
【中357】对……来说 / 273
【中358】从……来说 / 274
【中359】在……看来 / 274
【中360】出于…… / 275
【中361】到……为止 / 275
【中362】看你说的 / 276
【中363】可以说 / 276
【中364】值得一提的是 / 277
【中365】说……的 / 278
【中366】一般来说 / 278

【中367】不管怎么样 / 279
【中368】无论如何 / 279

## 附录一：固定格式

【中369】A 不 A 无所谓 / 281
【中370】A 得不能再 A / 281
【中371】A 的 A，B 的 B / 281
【中372】A 点儿就 A 点儿吧 / 281
【中373】A 跟 / 和 B 有……关系 / 有关 / 无关 / 281
【中374】A 有 A 的 X，B 有 B 的 X/Y / 282
【中375】没有比……更 / 再……的（+名词）了 / 282
【中376】A 了又 B，B 了又 A / 282
【中377】……得什么似的 / 282
【中378】A 是 A，但是 / 可是 / 不过 / 就是…… / 282
【中379】A 是 A，B 是 B / 282
【中380】A 也 A 不……，B 也 B 不…… / 283
【中381】A 一 + 量词，B 一 + 量词 / 283
【中382】A 着 A 着…… / 283
【中383】A 着也是 A 着 / 283
【中384】……般的 / 般地 / 283
【中385】不 + 动词……，一 + 动词…… / 283
【中386】……不说，……还…… / 283
【中387】不知 / 不知道……（才）好 / 284

【中388】动词 + 到 A 头上来 / 284
【中389】动词 / 动词词组 + 一 + 量词 + 是 + 一 + 量词 / 284
【中390】A 也得 A，不（想）A 也得 A / 284
【中391】放着……不…… / 284
【中392】跟（和）……过不去 / 284
【中393】更别提 / 说……了 / 284
【中394】够……的 / 284
【中395】管……叫…… / 285
【中396】……归…… / 285
【中397】还……呢 / 285
【中398】还是……好 / 285
【中399】……好比…… / 285
【中400】仅……就…… / 285
【中401】就看 / 全看……了 / 286
【中402】看 / 瞧 + 人 + 动词性成分 + 的 / 286
【中403】看把 A ……的 / 286
【中404】A 了就 A 了 / 286
【中405】没怎么…… / 不怎么…… / 286
【中406】没什么好 A 的 / 286
【中407】没有……不…… / 286
【中408】哪有 A 这么 / 那么……的 / 287
【中409】你 A 你的，我 A 我的 / 287
【中410】什么 A 不 A 的 / 287
【中411】让 / 叫 + 人 +A，……就 A / 287
【中412】说什么都 / 也…… / 287

【中413】为……说句话 / 287
【中414】为 / 为了……而…… / 288
【中415】要 A 有 / 没有 A，要 B 有 / 没有 B / 288
【中416】一 + 量词 + 比 + 一 + 量词 / 288
【中417】一 + 动词 + 就是…… / 288
【中418】一来……二来…… / 288
【中419】（自）……以来 / 288
【中420】有什么（好）……的 / 289
【中421】由……组成 / 289
【中422】再……不过了 / 289
【中423】再也没 / 不…… / 289
【中424】在……方面 / 289
【中425】怎么……也……不 / 没 / 289
【中426】怎么着也得 A / 289
【中427】这 / 那也不 / 没 A，那 / 这也不 / 没 A / 290
【中428】……之类 / 290
【中429】……总可以吧 / 290
【中430】最……的要数…… / 290

### 附录二：惯用语

【中431】好容易 / 好不容易 / 291
【中432】来得及 / 来不及 / 291
【中433】怪不得 / 291
【中434】说不定 / 291
【中435】巴不得 / 291
【中436】不得不 / 291

【中437】不得了（liǎo）/ 292
【中438】不敢当 / 292
【中439】不见得 / 292
【中440】不像话 / 292
【中441】不由得 / 292
【中442】不至于 / 292
【中443】动不动 / 293
【中444】对得起 / 对不起 / 293

【中445】恨不得 / 293
【中446】忍不住 / 293
【中447】无所谓 / 293
【中448】用不着 / 293
【中449】由不得 / 293
【中450】有利于 / 不利于…… / 294
【中451】有两下子 / 294

# 索引二（按音序）[①]

## B

【中435】巴不得 / 291

【中197】把 / 160

【中***】把 / 51

【中238】……把 A+ 动词 + 成 +B / 194

【中239】……把 A+ 动词 + 数量词组 / 195

【中241】……把 A+ 动词重叠形式 / 197

【中240】……把 A+ 状语 + 动词 / 196

【中217】罢了 / 174

【中009】百分数 / 49

【中384】……般的 / 般地 / 283

【中010】倍 / 49

【中243】……被 A+ 动词 + 补语 / 199

【中244】……被 A+ 给 + 动词 + 补语 / 199

【中245】……被 A+ 所 + 动词 / 200

【中002】本$_1$ / 44

【中***】本$_1$ / 88

【中103】本来$_1$ / 103

【中154】本来$_2$ / 126

【中223】A 比得过 B / 178

【中221】A 比 B+ 更…… / 177

【中222】A 比 B+ 还…… / 178

【中224】A 比起 B（来），…… / 179

【中226】A 比 B+ 形容词 / 动词 + 得…… / 180

【中225】A 比 B+ 形容词 / 动词 + 数量词组 / 180

【中227】A 比 B+ 早 / 晚 / 多 / 少 + 动词性成分 / 181

【中077】彼此 / 89

【中133】必定 / 116

【中163】毕竟 / 131

【中101】便 / 102

【中328】表序数、数量的词语连用 / 254

【中336】别提了 / 259

【中199】并$_2$ / 162

【中141】并$_1$+ 否定词 / 120

【中142】并非 / 121

【中301】不……不…… / 239

【中311】不 A 不 B / 245

【中060】不得（dé）/ 77

【中436】不得不 / 291

---

[①] 以汉字的音序为依据，汉字前面出现的标点符号、字母不作为依据。

【中437】不得了（liǎo）/ 292
【中385】不 + 动词……，一 + 动词……/ 283
【中152】不妨 / 125
【中438】不敢当 / 292
【中283】不管……都 / 也……/ 226
【中367】不管怎么样 / 279
【中439】不见得 / 292
【中172】不禁 / 136
【中254】不仅……而且……/ 206
【中255】不仅仅……也……/ 207
【中212】不料 / 171
【中171】不免 / 136
【中282】……不然……/ 226
【中114】不时 / 108
【中248】不是……而是……/ 202
【中386】……不说，……还……/ 283
【中369】A 不 A 无所谓 / 281
【中440】不像话 / 292
【中303】不……也……/ 240
【中298】不……也不……/ 238
【中138】不用 / 119
【中441】不由得 / 292
【中136】不曾 / 118
【中387】不知 / 不知道……（才）好 / 284
【中356】不知怎么搞的 / 272
【中442】不至于 / 292

# C

【中341】才怪 / 262
【中145】差点儿 / 122
【中192】趁 / 155
【中011】成 / 50
【中176】冲（chòng）/ 141
【中040】出 / 66
【中360】出于……/ 275
【中024】初 / 58
【中177】除 / 142
【中279】除非……才……/ 224
【中280】除非……否则……/ 224
【中091】处处 / 97
【中329】处所词语连用 / 255
【中076】此 / 89
【中\*\*\*】此 / 44
【中204】此外 / 165
【中137】从不 / 118
【中123】从此 / 112
【中201】从而 / 163
【中358】从……来说 / 274

# D

【中092】大大 / 98
【中309】大 A 大 B / 244
【中083】大多 / 93
【中093】大体 / 98

【中 084】大约 / 94
【中 085】大致 / 94
【中 326】代词复指 / 253
【中 074】单数人称代词用作复数 / 87
【中 361】到……为止 / 275
【中 146】倒₁ / 122
【中 147】倒₂ / 123
【中 ***】……，倒…… / 231
【中 355】……地说 / 272
【中 371】A 的 A，B 的 B / 281
【中 228】"的"字词组 + 是…… / 183
【中 370】A 得不能再 A / 281
【中 216】得了₁ / 173
【中 337】得了₂ / 260
【中 377】……得什么似的 / 282
【中 059】得（děi）/ 76
【中 075】第二人称用作第一人称 / 88
【中 372】A 点儿就 A 点儿吧 / 281
【中 310】东 A 西 B / 东一 A 西一 B / 245
【中 443】动不动 / 293
【中 388】动词 + 到 A 头上来 / 284
【中 057】动词 + 得 / 不得 / 75
【中 056】动词 + 得 / 不 + 着（zháo）/ 74
【中 053】动词 + 得 + 词组 / 73
【中 389】动词 / 动词词组 + 一 + 量词 + 是 + 一 + 量词 / 284
【中 054】动词 + 个 + 不 / 没 / 停 / 73
【中 055】动词 + 个 + 究竟 / 74
【中 051】动词 + 结果补语 + 数量词组 / 72

【中 058】动词 + 时段 + 的 + 宾语 / 76
【中 234】动词 + 有…… / 190
【中 052】动词 + 中（zhòng）+ 宾语 / 72
【中 444】对得起 / 对不起 / 293
【中 357】对……来说 / 273
【中 181】对于 / 145
【中 105】顿时 / 103
【中 312】多 A 多 B / 245
【中 267】多亏……，才…… / 216
【中 004】多项定语 / 45
【中 063】多项状语 / 79

# E

【中 198】而 / 161
【中 ***】……，而…… / 236

# F

【中 275】凡是……都…… / 220
【中 292】……反而…… / 234
【中 ***】反而 / 135
【中 164】反正 / 132
【中 160】仿佛 / 130
【中 391】放着……不…… / 284
【中 305】非……不…… / 241
【中 306】非……不可 / 241
【中 158】分明 / 129
【中 008】分数 / 49
【中 081】否定词 + 疑问代词 / 92

## G

【中 148】干脆 / 123
【中 130】赶忙 / 115
【中 096】格外 / 100
【中 313】各 A 各的 / 246
【中 073】各自 / 87
【中 194】给 / 158
【中 242】……给（A）+ 动词 + 补语 / 198
【中 237】……给 A+ 直接宾语 + 动词 / 193
【中 187】根据 / 151
【中 020】根据动作行为的次数计量 / 55
【中 392】跟 ( 和 )……过不去 / 284
【中 373】A 跟 / 和 B 有……关系 / 有关 / 无关 / 281
【中 393】更别提 / 说……了 / 284
【中 394】够……的 / 284
【中 293】固然……但是…… / 234
【中 294】固然……也…… / 235
【中 433】怪不得 / 291
【中 178】关于 / 143
【中 395】管……叫…… / 285
【中 396】……归…… / 285
【中 050】过来 / 71

## H

【中 220】哈哈 / 176
【中 100】毫 + 否定词 / 101
【中 270】……，好…… / 217
【中 094】好 / 99
【中 399】……好比…… / 285
【中 342】好你个…… / 263
【中 431】好容易 / 好不容易 / 291
【中 155】好在 / 127
【中 166】何必 / 133
【中 150】何尝 / 124
【中 257】……，何况…… / 209
【中 ***】何况 / 166
【中 445】恨不得 / 293
【中 314】忽 A 忽 B / 246
【中 343】话是这么说 / 263
【中 344】话说回来 / 264
【中 397】还……呢 / 285
【中 398】还是……好 / 285
【中 315】或 A 或 B / 247
【中 260】或者……或者…… / 211

## J

【中 285】即使……也…… / 228
【中 001】集合名词 / 43
【中 268】既然……就…… / 216
【中 062】加以 / 78
【中 276】假如……就…… / 221
【中 035】间 / 63
【中 165】简直 / 133
【中 102】将$_1$ / 102
【中 183】将$_2$ / 147
【中 018】借用容器做量词 / 55

【中019】借用所在处所做量词 / 55

【中021】借用相关事物做量词 / 56

【中086】仅 / 94

【中400】仅……就…… / 285

【中295】尽管……，但是…… / 235

【中061】进行 / 78

【中090】净 / 97

【中169】竟然 / 134

【中251】……就…… / 204

【中401】就看 / 全看……了 / 286

【中297】……，就是…… / 237

【中215】就是了 / 173

【中286】就算……也…… / 229

【中170】居然 / 135

【中351】据说 / 270

【中140】决 + 不 / 120

【中139】绝 + 不 / 119

## K

【中039】开来 / 65

【中403】看把 A ……的 / 286

【中347】看来 / 267

【中362】看你说的 / 276

【中402】看 / 瞧 + 人 + 动词性成分 + 的 / 286

【中348】看上去 / 267

【中338】可不是 / 260

【中209】可见 / 168

【中***】……，可见…… / 221

【中339】可也是 / 261

【中363】可以说 / 276

【中256】……，况且…… / 208

【中***】况且 / 166

## L

【中213】啦 / 172

【中196】来$_1$ / 159

【中***】来$_1$ / 51

【中044】来$_2$ / 68

【中432】来得及 / 来不及 / 291

【中316】A 来 A 去 / 247

【中118】历来 / 109

【中180】连$_2$ / 144

【中317】连 A 带 B / 248

【中404】A 了就 A 了 / 286

【中376】A 了又 B，B 了又 A / 282

## M

【中214】嘛 / 172

【中302】没……不…… / 239

【中318】没 A 没 B / 248

【中406】没什么好 A 的 / 286

【中340】没说的 / 262

【中375】没有比……更 / 再……的（+ 名词）了 / 282

【中407】没有……不…… / 286

【中307】没有……就没有…… / 242

【中405】没怎么…… / 不怎么…… / 286

【中 108】每 / 105
【中 109】每每 / 105
【中 274】……，免得…… / 219
【中 157】明明 / 128
【中 025】末 / 58
【中 003】某些 / 44

## N

【中 353】拿……来说 / 271
【中 287】哪怕……也…… / 230
【中 408】哪有 A 这么 / 那么……的 / 287
【中 168】难怪 / 134
【中 143】难以 / 121
【中 033】内 / 以内 / 62
【中 409】你 A 你的，我 A 我的 / 287
【中 263】宁可……，也…… / 213

## O

【中 111】偶尔 / 106

## P

【中 036】旁 / 63
【中 162】偏 / 131
【中 161】偏偏 / 130
【中 188】凭 / 152
【中 095】颇 / 99

## Q

【中 290】……其实…… / 233

【中 ***】其实 / 126
【中 037】其中 / 63
【中 041】起 / 66
【中 045】起来 / 68
【中 149】恰好 / 124
【中 127】亲眼 / 113
【中 126】亲自 / 113

## R

【中 211】然而 / 170
【中 411】让 / 叫 + 人 +A，……就 A / 287
【中 072】人家（rénjia）/ 86
【中 446】忍不住 / 293
【中 284】任……都…… / 227
【中 291】……仍然…… / 233
【中 098】日益 / 101
【中 078】如此 / 90
【中 079】如何 / 90
【中 207】若 / 167
【中 082】若干 / 92

## S

【中 012】三五 / 50
【中 031】上$_1$ / 61
【中 042】上$_2$ / 67
【中 046】上来 / 69
【中 047】上去 / 69
【中 097】稍微 / 100
【中 410】什么 A 不 A 的 / 287

索引二（按音序）　313

【中205】甚至 / 165
【中***】……，甚至…… / 208
【中273】……，省得…… / 219
【中332】省略宾语 / 256
【中331】省略主语 / 255
【中327】时间词语连用 / 254
【中112】时刻₂ / 107
【中113】时时 / 107
【中236】……使 A …… / 192
【中016】事物按内部的结构单位计量 / 54
【中015】事物按组计量 / 53
【中378】A 是 A，但是 / 可是 / 不过 / 就是…… / 282
【中230】……是 + 动宾词组 + 的 / 186
【中231】……是 + 动宾词组 + 动词（重复）+ 的 / 187
【中249】是……而不是…… / 203
【中299】是……还是…… / 238
【中379】A 是 A，B 是 B / 282
【中229】是 + 小句 / 184
【中253】首先……，其次…… / 205
【中434】说不定 / 291
【中334】说到…… / 258
【中365】说……的 / 278
【中319】说 A 就 A / 249
【中333】说起…… / 257
【中412】说什么都 / 也…… / 287
【中195】似的 / 158
【中159】似乎 / 130

【中335】算了 / 259
【中289】虽……却…… / 232
【中288】虽说……可是…… / 231
【中191】随着 / 154
【中193】所 / 157

**T**

【中131】特地 / 115
【中014】特定形状事物计量 / 53
【中013】特定种类事物计量 / 52
【中182】替 / 146
【中350】听说 / 269
【中185】同 / 149
【中006】同位词组 / 46

**W**

【中167】万万 / 133
【中278】万一……，…… / 223
【中110】往往 / 106
【中413】为……说句话 / 287
【中414】为 / 为了……而…… / 288
【中135】未必 / 117
【中368】无论如何 / 279
【中447】无所谓 / 293
【中320】无 A 无 B / 249
【中144】无须 / 121

**X**

【中032】下₁ / 62

【中043】下₂/67
【中049】下来/70
【中048】下去/69
【中250】……，相反，……/204
【中007】小数/48
【中064】形容词+得+不得了/81
【中066】形容词+得+厉害/82
【中065】形容词+得+要命/81
【中068】形容词+坏（了）/83
【中069】形容词+起来/84
【中067】形容词+透（了）/82
【中071】形容词+下来/85
【中070】形容词+下去/84
【中156】幸亏/127

## Y

【中175】沿着/140
【中106】眼看₁/104
【中346】眼看₂/266
【中208】要不/168
【中281】……要不是……/225
【中***】要不是/167
【中259】要么……要么……/210
【中415】要A有/没有A，要B有/没有B/288
【中380】A也A不……，B也B不……/283
【中390】A也得A，不（想）A也得A/284

【中219】也好/175
【中354】也就是说/271
【中366】一般来说/278
【中038】一带/64
【中277】一旦……，……/222
【中417】一+动词+就是……/288
【中115】一度/108
【中022】一个星期的某一天/57
【中023】一个月的10天/57
【中128】一口气/114
【中418】一来……二来……/288
【中120】一连/110
【中416】一+量词+比+一+量词/288
【中381】A一+量词，B一+量词/283
【中246】一面……一面……/202
【中125】一时/112
【中247】一时……一时……/202
【中124】一向/112
【中129】一心/114
【中132】一一/115
【中321】一A一B/250
【中121】一再/110
【中104】依旧/103
【中189】依据/153
【中080】疑问代词……疑问代词……/91
【中206】以/166
【中271】……，以……/218
【中272】……，以便……/218

索引二（按音序）

【中 200】以及 / 163
【中 ***】以及 / 46
【中 028】以"模糊的时点"指称时间 / 59
【中 027】以事件的过程为参照指称时间 / 59
【中 026】以说话的"现在"为参照指称时间 / 59
【中 030】以"天"为单位计算时长 / 60
【中 322】以 A 为 B / 250
【中 029】以"星期"为单位计算时长 / 60
【中 266】……，以至…… / 215
【中 ***】以至 / 169
【中 265】……，以致…… / 215
【中 186】因 / 150
【中 202】因此 / 164
【中 448】用不着 / 293
【中 017】用类似事物搭配的量词 / 54
【中 099】尤其 / 101
【中 184】由 / 148
【中 ***】由 / 151
【中 449】由不得 / 293
【中 264】由于…… / 214
【中 421】由……组成 / 289
【中 374】A 有 A 的 X，B 有 B 的 X/Y / 282
【中 235】有 + 兼语 + 是……的 / 191
【中 450】有利于 / 不利于…… / 294
【中 451】有两下子 / 294

【中 352】有人说 / 270
【中 420】有什么（好）……的 / 289
【中 233】……有 + 所 + 动词 / 189
【中 323】有 A 有 B / 251
【中 252】……又…… / 205
【中 174】于 / 139
【中 203】于是 / 164
【中 ***】……于是…… / 206
【中 005】与 / 46
【中 ***】与 / 163
【中 261】与其……，不如…… / 212
【中 262】与其……，宁可…… / 212
【中 330】语气词连用 / 255
【中 308】愈……愈…… / 243

## Z

【中 422】再……不过了 / 289
【中 116】再度 / 109
【中 122】再三 / 111
【中 258】……，再说…… / 210
【中 ***】再说 / 265
【中 304】再……也…… / 240
【中 423】再也没 / 不…… / 289
【中 424】在……方面 / 289
【中 359】在……看来 / 274
【中 107】早晚 / 104
【中 296】……，则…… / 236
【中 425】怎么……也……不 / 没 / 289
【中 426】怎么着也得 A / 289

【中 324】A 这 A 那 / 252
【中 427】这 / 那也不 / 没 A，那 /
　　　　  这也不 / 没 A / 290
【中 345】这样一来 / 265
【中 134】正₂ / 116
【中 428】……之类 / 290
【中 269】之所以……是因为…… / 217
【中 117】直 / 109
【中 364】值得一提的是 / 277
【中 300】只……不…… / 238
【中 089】只不过 / 96
【中 153】只好 / 125
【中 088】至多 / 96
【中 119】至今 / 110
【中 087】至少 / 95

【中 179】至于 / 144
【中 232】主语 + 有 + 着…… / 188
【中 218】着呢 / 174
【中 383】A 着也是 A 着 / 283
【中 382】A 着 A 着…… / 283
【中 173】自 / 138
【中 419】（自）……以来 / 288
【中 349】总的来说 / 268
【中 429】……总可以吧 / 290
【中 151】总算 / 124
【中 210】总之 / 170
【中 430】最……的要数…… / 290
【中 325】左 A 右 B / 252
【中 190】作为 / 153

# 参考文献

**著作类**

崔淑燕、许晓华、魏鹏程（2018）《基于HSK语料库的特殊句式化石化现象研究》，北京：首都经济贸易大学出版社。

邓守信（2010）《对外汉语教学语法》，北京：北京语言大学出版社。

范开泰、张亚军（2000）《现代汉语语法分析》，上海：华东师范大学出版社。

国家对外汉语教学领导小组办公室（2002）《高等学校外国留学生汉语教学大纲（长期进修）》，北京：北京语言文化大学出版社。

国家对外汉语教学领导小组办公室（2002）《高等学校外国留学生汉语言专业教学大纲》，北京：北京语言文化大学出版社。

国家对外汉语教学领导小组办公室汉语水平考试部（1996）《汉语水平等级标准与语法等级大纲》，北京：高等教育出版社。

国家对外汉语教学领导小组办公室教学处（2003）《对外汉语教学语法探索》，北京：中国社会科学出版社。

国家对外汉语教学领导小组办公室教学业务部（1991）《中高级对外汉语教学论文选》，北京：北京语言学院出版社。

国家汉语国际推广领导小组办公室（2007）《国际汉语能力标准》，北京：外语教学与研究出版社。

国家汉语国际推广领导小组办公室（2008）《国际汉语教学通用课程大纲》，北京：外语教学与研究出版社。

教育部中外语言交流合作中心（2021）《国际中文教育中文水平等级标准（国家标准·应用解读本）第三分册：语法》，北京：北京语言大学出版社。

刘月华（1998）《趋向补语通释》，北京：北京语言文化大学出版社。

刘月华、潘文娱、故铧（2001）《实用现代汉语语法》（增订本），北京：商务印书馆。

卢福波（2011）《对外汉语教学实用语法》（修订本），北京：北京语言大学出版社。

卢福波（2016）《汉语语法点教学案例研究：多媒体课件设计运用》，北京：商务印书馆。

陆庆和（2006）《实用对外汉语教学语法》，北京：北京大学出版社。

吕叔湘（1999）《现代汉语八百词》（增订本），北京：商务印书馆。

吕文华（1999）《对外汉语教学语法体系研究》，北京：北京语言文化大学出版社。

吕文华（2014）《对外汉语教学语法讲义》，北京：北京大学出版社。
马真（1997）《简明实用汉语语法教程》，北京：北京大学出版社。
欧洲理事会文化合作教育委员会（2008）《欧洲语言共同参考框架：学习、教学、评估》，北京：外语教学与研究出版社。
齐沪扬（2005）《对外汉语教学语法》，上海：复旦大学出版社。
孙瑞珍（1995）《中高级对外汉语教学等级大纲（词汇·语法）》，北京：北京大学出版社。
王还（1995）《对外汉语教学语法大纲》，北京：北京语言学院出版社。
吴为章、田小琳（2000）《汉语句群》，北京：商务印书馆。
吴勇毅（2012）《对外汉语教学法》，北京：商务印书馆。
吴勇毅、吴中伟、李劲荣（2016）《实用汉语教学语法》，北京：北京大学出版社。
邢福义（2001）《汉语复句研究》，北京：商务印书馆。
徐晶凝（2017）《汉语语法教程：从知识到能力》，北京：北京大学出版社。
张斌（2010）《现代汉语描写语法》，北京：商务印书馆。
张旺熹（2006）《汉语句法的认知结构研究》，北京：北京大学出版社。
张谊生（2014）《现代汉语副词分析》，上海：上海三联书店。
中国对外汉语教学学会汉语水平等级标准研究小组（1988）《汉语水平等级标准与语法等级大纲（试行）》，北京：北京语言学院出版社。
朱德熙（1982）《语法讲义》，北京：商务印书馆。

## 论文类

陈珺、周小兵（2005）比较句语法项目的选取和排序，《语言教学与研究》第2期。
崔山佳（2009）"有+着"历时考察，《现代语文（语言研究版）》第1期。
刁晏斌（2004）形式动词"加以"三题，《锦州医学院学报（社会科学版）》第2期。
段沫（2004）"A+复趋"格式的句法语义特点研究，上海：上海师范大学。
段沫（2008）"A+复趋"的形式动态语义考察，齐沪扬主编《现代汉语虚词研究与对外汉语教学（第二辑）》，上海：复旦大学出版社。
段沫（2022）基于语法能力视角的对外汉语教学语法大纲，《对外汉语研究》第2期。
段晓燕（2012）《"有所"的句法、语义和词汇化研究》，北京：北京大学。
方清明（2012）介词"随着"的句法、语义特点及教学策略探析，《华文教学与研究》第1期。
耿直（2012）"比"字句的语体差异考察，《新疆大学学报（哲学人文社会科学版）》第40卷增刊。
黄梦迪（2021）二十年国内话语标记研究现状及展望，《语文学刊》第5期。
黄月圆、杨素英、高立群、张旺熹、崔希亮（2007）汉语作为第二语言"被"字句习得的考察，《世界汉语教学》第2期。
竟成（1999）我们究竟需要什么样的语法大纲，《世界汉语教学》第3期。
柯彼德（1991）汉语作为外语教学的语法体系急需修改的要点，《世界汉语教学》第2期。

李泉、金允贞（2008）对外汉语教学语法体系研究纵览，《海外华文教育》第4期。

李晓琴（2020）现代汉语换言标记构式研究，上海：上海师范大学。

刘彦琳（2019）基于语料库的"X 着呢"探析，《黑龙江工业学院学报（综合版）》第9期。

卢福波（2002）对外汉语教学语法的体系与方法问题，《汉语学习》第2期。

罗青松（2006）美国《21世纪外语学习标准》评析——兼谈《全美中小学中文学习目标》的作用与影响，《世界汉语教学》第1期。

吕文华（1987）汉语教材中语法项目的选择和编排，《语言教学与研究》第3期。

吕文华（2015）修改对外汉语教学语法体系二题，《国际汉语教学研究》第1期。

马喆（2012）方位对叠结构的语义增值与功能拓展——以"东A西B""左A右B"为例，《汉语学报》第1期。

牟云峰、姚艺琳（2020）副词"净""全""尽"的对比分析，《汉语国际教育学报》第3期。

聂雪琴、李思旭（2020）情状副词"一口气"的句法语义分析，《河北科技师范学院学报（社会科学版）》第1期。

彭小川、杨江（2006）说"一旦"，《世界汉语教学》第1期。

齐沪扬、韩天姿、马优优（2020）与对外汉语教学语法体系建构相关的一些问题的思考，《杭州师范大学学报（社会科学版）》第1期。

齐沪扬、张旺喜（2018）革新对外汉语教学语法体系 满足时代需求，《中国社会科学报》第1583期。

强星娜（2020）无定预期、特定预期与反预期情状的多维度考察——以"竟然""偏偏"等为例，《中国语文》第6期。

石定栩、孙嘉铭（2016）频率副词与概率副词——从"常常"与"往往"说起，《世界汉语教学》第3期。

史冠新（2006）对外汉语教学中的句式教学研究，《山东社会科学》第4期。

史金生（2005）"要不"的语法化——语用机制及相关的形式变化，《解放军外国语学院学报》第6期。

孙德金（2016）汉语作为第二语言教学语法体系研究中的两个理论问题，《语言教学与研究》第2期。

孙嘉铭、石定栩（2021）反素副词的意义构成与句法功能——以"早晚""大小""反正"为例，《华文教学与研究》第1期。

唐曙霞（2004）试论结构型语言教学大纲——兼论汉语教学语法体系分级排序问题，《世界汉语教学》第4期。

田煜（2019）近三十年来的汉语比较句研究，《现代语文》第2期。

王珏（2007）现代汉语"作为"及其语法化历程，《华东师范大学学报（哲学社会科学版）》第1期。

王文颖（2018）"是……的"句的两种焦点结构，《语言教学与研究》第5期。

王忠慧、赵春利（2021）"眼看"话语标记的性质界定与话语关联，《华文教学与研究》第2期。

肖奚强（2018）关于对外汉语教学语法体系的再思考，《广西师范大学学报（哲学社会科学版）》第 5 期。

徐萍、鹿士义、高玲燕（2019）外国留学生"是……的"句习得的实证研究，《国际汉语教学研究》第 2 期。

徐媛媛（2009）现代汉语"亲 X"类情态副词研究，上海：上海师范大学。

薛宏武（2009）"有所"的语法化及其表量功能的形成，《古汉语研究》第 3 期。

颜力涛（2011）复合被字句中的"所"与"给"及相关的焦点标记问题，《长春大学学报》第 5 期。

姚永娜（2015）无主句之"是"字句结构分析，《亚太教育》第 1 期。

应玮、骆健飞（2019）初中级留学生形式动词"进行"的习得研究，《华文教学与研究》第 4 期。

张斌、孙敏（2016）虚义动词"加以"在中高级汉语书面语教学中的偏误分析与教学策略，《对外汉语教学与研究》第 1 期。

张建（2012）汉语复句关联标记模式的组合经济性，《汉语学报》第 4 期。

张旺熹（2003）关注以句子为核心的三重关系研究——谈对外汉语教学语法系统的建设，国家对外汉语教学领导小组办公室教学处编《对外汉语教学语法探索》，北京：中国社会科学出版社。

张旺熹（2004）汉语介词衍生的语义机制，《汉语学习》第 1 期。

张旺熹（2018）基于认知语法研究的汉语教学语法体系建构，《对外汉语研究》第 1 期。

张渊、吴福祥（2021）谈语气助词"着呢"的来源及演变，《古汉语研究》第 2 期。

赵曾（2011）基于 HSK 动态作文语料库的现代汉语兼语句习得研究，重庆：四川外语学院。

赵金铭（1996）对外汉语语法教学的三个阶段及其教学主旨，《世界汉语教学》第 3 期。

赵金铭（2002）对外汉语教学语法与语法教学，《语言文字应用》第 1 期。

赵金铭（2018）汉语作为第二语言教学语法：格局 + 碎片化，《语言教学与研究》第 2 期。

周小兵、邓小宁（2002）"一再"和"再三"的辨析，《汉语学习》第 1 期。

# 后 记

本大纲是国家社科基金重大项目"对外汉语教学语法大纲研制和教学参考语法书系（多卷本）"（17ZDA307）之大纲系列的一个分册。它与同系列的分级大纲、分类大纲一样，是一部来自教学、服务教学且力求创新的语法大纲。作为一名长期从事对外汉语教学和语法研究的一线教师，一直希望能有这样一本大纲式的简明语法手册，解答教授和学习汉语语法时遇到的种种"疑"与"惑"。因此，当项目总负责人齐沪扬教授将中级大纲的编写重任交予我手中时，既有摩拳擦掌的兴奋，也倍感挑战之艰巨。

而今大纲终于成稿，回望研究和编写过程，首先要衷心感谢齐沪扬教授和张旺熹教授的悉心指导！他们对汉语和教学的深刻洞见为大纲提供了有力的理论支持，并指明了创新方向。齐沪扬教授多次组织讨论会，请来学界专家"把脉会诊"，使大纲从体系架构的确立到资料文本的分析，从体例设计到项目排布，每个阶段的工作都得以高质高效地完成。在此也郑重感谢郭晓麟、李铁范、张亚军、胡建锋、刘慧清、范伟、李贤卓、邵洪亮、唐依力、黄健秦、朱建军、崔维真、李宗宏等多位专家提出宝贵意见与建议！

本大纲也离不开整个项目团队的大力支持。分级大纲的基础研究、体系设计、项目分析等工作主要是与负责编写初级大纲的张小峰老师共同完成的。我们反复讨论，协调内容，分享资料，互相支持，彼此鼓励，确保以相同的进度推进研制工作。感谢张小峰老师带来如此顺利的编写过程和舒心的团队氛围！

项目的检索和比对工作还得到了黄健秦、那日松两位老师的支持，郭晓麟老师提供了研究用的部分教材，在此一并真诚致谢！

行文成书是专业实践和研究思考的阶段性凝练，学海无涯，文中难免有疏漏不当之处，恳请学界时贤、学友、读者批评指正。

段 沫

2022 年 8 月 31 日